大数据时代
社情民意研究与应用

贾志科　梁永生　著

WUHAN UNIVERSITY PRESS
武汉大学出版社

图书在版编目(CIP)数据

大数据时代社情民意研究与应用/贾志科,梁永生著.—武汉：武汉大学出版社,2023.11(2024.12 重印)

ISBN 978-7-307-23794-0

Ⅰ.大…　Ⅱ.①贾…　②梁…　Ⅲ.民意测验—社会调查—研究—中国　Ⅳ.D668

中国国家版本馆 CIP 数据核字(2023)第 096945 号

责任编辑:郭　静　　责任校对:鄢春梅　　版式设计:韩闻锦

出版发行：**武汉大学出版社**　(430072　武昌　珞珈山)

(电子邮箱:cbs22@ whu.edu.cn　网址：www.wdp. com.cn)

印刷:武汉邮科印务有限公司

开本:720×1000　1/16　印张:17.5　字数:252 千字　插页:1

版次:2023 年 11 月第 1 版　2024 年 12 月第 2 次印刷

ISBN 978-7-307-23794-0　定价:68.00 元

序　言

随着信息化社会的到来，党政机关领导的决策越来越走向科学化。大数据、人工智能的普遍应用，为我们开启了一个全新的时代。在这样的时代背景下，社会生活的基本情况日益复杂，人民群众的意见愿望越来越多元化，如何快速、高效地获取有效信息，准确了解社情民意，更好地为各级党和政府的科学决策提供可靠依据，无疑是当前面临的一项重要课题。

所谓社情民意，简单来说，就是社会的情况和人民的意愿，具体指的是社会生活的基本情况和人民群众的意见愿望。时任全国政协主席李瑞环同志曾有这样一段精辟论述："社情不等同于民意，但社情包含着民意；民意不等同于社情，但民意是最重要的社情。在许多情况下，社情就是民情。因此，了解和反映社情民意，最主要的是了解和反映民情民意。"

作为党政机关的工作人员、人大代表、政协委员，掌握如何收集、整理和分析社情民意的方法和技术，学会如何撰写社情民意信息，为领导和上级提供科学决策的信息、依据和参考，越来越成为一项基本工作技能。在这种背景下，该书从社情民意调查研究的现状与趋势谈起，对社情民意研究进行了概要论述，主要介绍了社情民意数据收集与分析、社情民意信息撰写规范等基本内容，并基于实际部门的工作分析了社情民意的具体应用，指出了社情民意队伍建设中存在的主要问题和建设原则、路径和未来趋势，并分析了当社情民意上升为舆情后的政府应急管理，明确了社情民意在人大、政协、民主党派中发挥的作用，最后阐述了社情民意作为党和人民群众联系纽带的重要地位。

通读全书，可以发现，该书在撰写过程中注重科学规范、简明实用。一方面，作者遵循社会科学的一般规律和基本认识，严格遵守学术逻辑和规范对社情民意调查研究做了较为系统的阐述与分析；另一方面，考虑到信息化时代的到来给现实工作带来的挑战，作者综合运用了不少现实案例来进行分析，以达到理论与实际相结合的基本目标。尽管全书在一些理论知识的介绍和现实案例的选取上，可能还存在一定的缺陷和不足，但是不可否认，该书对新形势下社情民意调查研究的顺利开展所做的探索和分析可以有力地推动该领域相关研究的不断发展。

希望该书的出版能够给社情民意调查研究相关领域带来一些新的启发和思考，也欢迎该书的读者，包括实际部门的工作者、相关专业的师生以及本研究领域的专家学者能够提出宝贵意见和批评建议，以便于作者在不断学习、不断实践的过程中对此书进行逐步改进和完善。

南京大学特聘教授　**风笑天**

2023 年 10 月

目　录

第一章　绪　　论

民意调查是社会的“晴雨表”，是观察政治问题的“晴雨表”，是做出政府决策的重要依据，也是起草政府文件必不可少的“信息源”。习近平总书记曾经针对社情民意的重要性进行多次强调：“一切好的方针政策都要来自人民，都要符合人民的意愿和思想。党正确的领导方式，是把群众的意见集中起来，形成正确的决定，传播给群众，转化为群众的行动，并在实践中检验正确与否。”民意是人民历史动力的外在表现形式。只有把握社会的趋势、发展和规律，了解人民群众的思想、关切、希望和愿望，才能为领导决策提供更可靠的依据，才能使政府起草的文件更具针对性和实用性。

第一节　社情民意调查时代的来临

一、社情民意调查在世界范围内的推广与流行

民意调查起初孕育于西方民主社会，在西方已经发展了近 80 年，一套较为纯熟的民意调查方法得以形成。城邦体制下的希腊奴隶民主制度是古代社会看重民意调查的杰出模范。在这一时期，民意具有最高的裁决地位，是通过口头方式进行的直接的民意调查。19 世纪初，专门以了解民意为目的的调查在美国出现。最早，被美国媒体用来预测总统大选是民意调查的最主要目的。之后在 1912 年美国进行总统选举时，

《文学文摘》杂志成功预言当年的总统选举结果，在此之后，民意调查影响力逐渐增强。

进入21世纪以来，随着全球化的加深、信息经济的发展、传播技术的进步，可以发现多国对社情民意调查的重视，大兴调查研究之风，以提高决策水平。① 例如，美国盖洛普（Gallup）咨询公司，它有全球知名的民意测验和商业调查，力求民意调查的科学性与有效性，宣告了民意调查时代的来临，它的影响力处于全球的领先地位；英国市场上最为活跃的民意调查公司尤戈夫（YouGov），历史悠久，是一家基于互联网的国际性市场调查公司，在英国政界和媒体界坐拥庞大的资源，在英国的线上调研领域占据着主导地位，且尤擅长网络调查，足有“民调可以左右世界舆论”的态势；在中国，中国各级人民政治协商会议都对了解和掌握社情民意十分重视，取得了令人瞩目的成就。在为各级党政机关的相应工作、决策等提供了许多实用的信息的同时，社情民意信息活跃在各级中国人民政治协商会议履行职能的各项工作中。此外，各类民间民意调查组织也在迅速发展，赢得了各级领导的强烈重视，也得到了社会各界的好评。

随着信息技术和互联网的发展，民意测验方式发生深刻转变，网络调查在业内被广泛采用。在如今网络兴盛、媒体发达的时代，人们自由表达他们对社会公共问题的意见和观点，并经由互联网的汇聚成为网络民意。在国外，民意调查经过数十年的发展，一套较为纯熟的运作过程和方法体系已经形成。随着现代高精尖技术的发展，进行民意调查和研究的方法与日俱进，新技术设备也层出叠见。目前，国外已经逐渐出现了新的面对面访谈方法，称为计算机辅助人员访谈（computer-aided personnel interview，CAPI），在调查的真实性和及时性方面都有很大程度的提高，并能对被调查者的隐私起到有效的保护作用。② 这些变化大

① 董海军，汤建军．国外民意调查的历史与现状分析［J］．学习与实践，2012（2）：103-108.

② 温淑春．国外民意调查发展研究综述［J］．理论与现代化，2007（1）：125-127.

大促进了数据质量的提高和信息收集的有效。

二、社情民意调查在中国

古人言“得民心者得天下”，要得民心，先要听民意。在我国古代，为了收集民意，朝廷会派采风官摇着木舌铜铃走村串户，深入百姓家中听取民声民意，并将民声民意汇编成奏文，供国家决策者参考，作为制定政策的民意依据。而“从群众中来，到群众中去”则是中国共产党取得胜利的重要法宝。民意调查的出现是时代发展的要求。民意调查的最大优点，在于调查更广泛、更专业、更规范，结果更为准确全面，而且政府居于主动地位了解民意，对政府一些决策更有参考价值。

近年来，随着我国民主化进程的加快，民众对公平和公正的追问意识增强，城市管理、社会发展乃至国家立法、政府决策、干部的选拔任用、官员的政绩考核评价、升迁等诸多方面的工作，都不同程度地引入了民意调查程序。同时，越来越多的民众也逐渐认知并参与这项社会活动。中央党校政法部黄小勇副教授分析了这番蓬勃景象后面的社会背景，“现代化使得政府决策越来越复杂，越来越依赖于知识而非简单的经验，民意调查能让决策者客观地获得关于决策事项所包含的丰富信息，为政府科学、民主、依法执政带来了新契机。在此基础上，畅通社情民意通道，了解民意所向，决策者才能最大限度地做出正确决策。这是汇聚民智、提升执政能力的重要手段”①。

民意调查的出现，是时代发展的要求，顺应了科学发展和注重民生的需要。民意信息已经逐步进入政府决策咨询程序，政府正以更为积极的姿态，倾听来自民众的声音，这将是构建和谐社会的一项基础工作。

（一）“社会矛盾凸显期”催生民调时代兴起

我国民意调查机构的兴起，有其深刻的社会背景和政治背景。当

① 李松．中国迎民调时代［J］．瞭望，2010（8）：22-26.

前，我国正处在社会转型期，群众利益诉求、意见表达及价值判断呈现多元化特征，各种社会矛盾日益凸显。因此，政府需要倾听民众呼声，了解民意，同时民众也希望获得对政府工作的知情权、参与权、表达权、监督权。中国政法大学政治与公共管理学院鲁照旺教授认为，近年来，群体性事件及个体极端行为时有发生，这是社会矛盾爆发的主要体现，而预警机制的缺失又往往使这些矛盾处于失控状态。在这种情况下，社情民意调查对各级党委政府而言，显得十分迫切而又必要。

现在公众对于参与政府公共政策制定过程的愿望越来越强，不仅表达自己对于现有的公共政策的看法，更多的还希望提出自己的建议和想法。随着互联网的不断深入、蔓延，信息网络时代已经触及我们生活的各个角落。相关案例俯拾即是，人们可以通过抖音、微博、微信公众号、贴吧等各类社交媒体平台来发表自己的看法和观点，表达对社会的各种意见和建议，甚至是抱怨和吐槽。过去很多事情，政府只需要告诉民众一个结果，或怎么执行政策，但是目前，民众对于知情权的要求大大提高，互联网加速了与政府有关的信息传播的速度，对政府的政务公开提出了更高的要求。政府已经到了一个必须倾听民意的时代。主要的原因有三点：首先，收集民意可增强政策执行的可行性和操作性；其次，收集充分的民意可以看到民意的未来走向，以便于政府尽快做出政策调整，包括建立预警体系；再次，收集民意可多角度保证政策的合理性。

民意对政府的重要性在提升，民意调查机构正是一个科学、系统地把民意传递给政府的重要渠道。民众不满足于仅靠媒体、人民代表表达诉求，还希望继续拓宽诉求渠道。政府开明了，愿意听到民意民声，使决策有更多民意基础。这两方面力量结合，推动了民意调查时代的到来。

（二）对目前中国社情民意调查的简单介绍

目前，我国民意调查呈现事业发展的多元化、资金注入的多元化、调查内容的多元化等特征，民意调查进入飞速发展时期。且我国民意调查机构已呈多元化发展，大概可分为以下五类，即政府型、高校科研机构型、民营型、外资型、媒体型，等等。政府型主要来自国家统计系统。2003 年年底，国家统计局召开专题会议，要求各省市统计部门尽快建立“计算机辅助电话调查（CATI）系统”，积极开展社情民意调查。2004 年 11 月 10 日，江西省成立了隶属于省统计局的民意调查中心。同年底，国家统计局社情民意调查中心正式成立。据国家统计局门户网站显示，国家统计局社情民意调查中心的职能是指导全国统计系统社情民意调查机构的工作，组织实施党中央、国务院有关部门委托的有关社情民意调查任务；开展统计咨询、相关信息资料加工处理与查询服务；负责经济景气发展态势监测、信息发布及相关科学研究。随后，各省市统计系统下的民意调查机构也相继出现，我国政府民意调查机构初步自成体系。

近年来，一些媒体、高校科研机构也纷纷成立民意调查机构，比如中国青年报社会调查中心、人民论坛问卷调查中心、北京大学中国社会科学调查中心、中国人民大学中国调查与数据中心、中国传媒大学调查统计研究所等。民意调查日益为社会所接受，并受到决策部门的重视，各级党政部门、企事业单位和科研教学机构纷纷开展不同规模、不同内容的民意调查。

与此同时，一些以咨询公司、研究中心、调查公司、信息中心等名义注册的民营调查机构更是层出不穷，除上文提到过的零点研究咨询集团（简称“零点”）外，比较活跃的还有北京美兰德信息公司（简称“美兰德”）、新生代市场监测机构（简称“新生代”）、北京数字 100 市场咨询有限公司（简称“数字 100”）、华通现代市场信息咨询有限公司（简称“华通现代”），等等。从 20 世纪 80 年代起，一些外资调查机构也纷纷低调进入我国，让人耳熟能详的有境外一些著名的调查公司，如盖洛普（中国）咨询有限公司（简称“盖洛普”）、澳大利亚的模范市场研究社、AC 尼尔森等，它们或进入大陆市场，或者设立分支机构，给中国民意调查事业带来了全新理念及调查技术，催生了民间独立市场研究与民意调查机构的成立。

在中国的调查机构中，民营的占很大比例，其中专门做民意调查的机构并不多。从目前市场趋势来看，随着中国政府向服务型政府转型的加速，更多的调查机构会越来越多地涉足民意调查领域。依托政府而成立的民意调查机构也将会成为社情民意调查时代中不可逆转的趋势。

三、社情民意社团组织诞生：民意调查进入公共视野

随着舆论监督的范围和强度的空前增加，政府机构始终受到社会形势和舆论的实时关注。正因为如此，全国各级地方政府相关部门高度重视基层社情民意调查组织的建设。纵观我国社情民意调查发展现状，相比于西方国家的民意调查机构大多隶属于民办，在我国，属于政府或半官方性质的民意测验机构占据非常重要的地位。许多省市已经建立社情民意研究中心，并积极开展社情民意调查，这正体现了我国的政治民主化，表明政府采取更加开放的态度，接触基层，倾听民意。①

进入20世纪80年代后，中国大陆从事专业民意调查的机构相继诞生。1986年10月中国人民大学舆论所成立，12月中国社会调查所成立。1988年，广州市社情民意研究中心成立，这是我国大陆最早的民间民意调查机构之一。多年来，该机构一直编撰《民意参考》和《民意内参》两份刊物，前者派发给各学术机构，后者上报广州市各党政领导。同年，北京市委宣传部成立的北京社会心理研究所，也是较早的专门从事民意调查的机构，出版内刊《民意》杂志。1992年零点调查公司成立。2000年中国市场调查行业协会的成立，标志着民意调查开始走上稳步发展的道路。1988年至2002年是我国民意研究发展重要的14年。这期间，我国政府进行民意测验的数量大量增加，内容也更广泛，同时允许民间独立市场研究与民意测验机构合法注册，允许民间组织从事民意调查工作。在这一阶段，民间独立调查机构开始有机会介入一些对于公共项目的评估，如公众安全感的调查、中国大陆地级以上城

① 董海军，周强．我国民意调查的机构类型、问题与发展建议［J］．中国国情国力，2011（7）：28-31.

市投资环境的评估等。而且，媒体开始大量使用民间独立调查机构的相关调查数据（在1992年之前，中国媒体只使用官方数据）。

从2002年开始，我国民意调查行业进入了快速全面变迁的阶段。2003年，不少地方民众对于政府的评价、因SARS而引起的政府信息公开化要求、我国政府领导人倡导的亲民风格和对于民众人权的重视在这一年中获得异常的重视。因此，这一年被许多研究中国问题的学者定义为显示我国社会和政府快速转型、个人自由和权利空间越来越发展的一年。

此外，一些GPO（非营利性组织）和NGO（非政府组织）组织、媒体民意调查机构、学术民意调查机构等组织也在特定领域进行了一些民意调查。在各类民意调查机构中，商业性民意调查机构数量最多，发展最快。截至目前，属于民意与市场调查行业的企业已经超过了2000家。而在这些企业中，颇有代表性的就是成立于1992年的“零点调查公司”。

案例：零点调查公司的专业化发展方向

上海零点市场调查有限公司成立后，在国内的调查行业中发展较好。经过十余年的发展，零点调查公司始终在走一条专业化的发展道路，它着力于在市场调研的领域里进行更多探索，力图为客户提供更加专业化的服务。例如，零点调查公司将研究领域细分为不同的类别：金融研究组、快速变动消费品与房地产汽车研究组等，并探索相应的调查分析技术，追求创新。零点调查公司专业从事市场调查、民意调查、政策调查、市场信息咨询和公共关系咨询服务等业务。该公司每年都会在《中国社会蓝皮书》上发表一份专门的舆情研究报告。此外，零点调查公司始终如一在追求进步。虽然现如今的网络调查比比皆是，而零点调查公司早在1997年就开始进行网上调查。零点调查公司在追求专业化发展的过程中，能够密切关注自身领域的发展方向，敏锐地捕捉前卫的调查技术，使零点调查公司在行业中立足。

近几年，《北京晚报》《改革内参》《南方周末》《北京青年报》等报纸杂志，以及一些电台、电视台，接连不断地刊登、报道由“零点调查公司”无偿提供的各种社会问题调查报告，零点调查公司逐渐为越来越多的人所知晓。①

第二节 社情民意调查与研究的意义

一、社情民意调查有助于获得真实民情

顾名思义，民意调查即了解人民群众意见和态度趋势的社会调查。民意调查自20世纪初出现以来，在世界范围内得到了迅速的发展，在政治、经济和社会管理等诸多领域得以广泛应用。到目前为止，中国社会民意调查也经历了20多年的风雨历程。

社会真实情况指的是人民社会生活的客观情况和人民群众的意见愿望，即广大民众的真实意愿、想法、希望、意见等。人民是党的力量源泉。各级领导机关和干部，都要贯彻党的群众路线，坚持问责原则，执政要民治，协商要民治，谏言要民治。倾听群众声音、重视社情民意，是党和政府的光荣传统。因此，了解民意、倾听群众声音是非常重要的，对于密切党和群众、干部和群众的关系有很大帮助，平衡上下级责任，将对上负责和对下负责相统一，努力实现和维护最广大人民的根本利益。

获取真实民情对于各领域来说都是极为关键、重要的。民众的真实想法和态度，往往能对某项重要活动或事件有着至关重要的作用。“民意不可违”，我国的执政者对此有着深刻的认识。事实上，获取真实民

① 车宏卿，赵春毅．走向辉煌的“中国盖洛普”——北京零点调查公司采访随记［J］．特区与港澳经济，1997（8）：4-6.

意民情的重要性早在古希腊雅典城邦时期就已经被当时的统治者重视，并竭尽制度之力与人力来获取真实的民意。

案例：古希腊雅典通过民主制度获取真实民意巩固政权

作为民主意识及民主制度的奠基者，古希腊雅典一直备受历史学学家和社会学学家的关注。以民主观念为根基的古希腊雅典民主制度开创了公民当家作主，为自己而“从政”的先河，也为后世塑造了一个民主的典范。暂时将彼时古雅典过于简单粗暴的“直接民主”“公民门槛”等弊端姑置勿论，古雅典注重民意，倾听民意表达，获取真实民情的观念非常值得我们深入探究。他们通过“公民大会”“五百人会议”等途径来倾听、获取最真实的民意，也是最“原始的”社情民意调查。每两天召开一次的公民大会将会聚集雅典城邦的所有公民，共同商讨决定每一个重要事件。①每一位公民都享有在公民大会的发言权与投票权，能够为自己的切身利益发表观点，阐明态度。最直接地倾听最真实的民意，为当时的雅典从小城邦成长为大都会积累了不少的群众基础和执政经验。而雅典引以为傲的执政经验和改革灵感，正是“取之于民，用之于民”的最好诠释。

在中国社会主义社会发展的历史进程中，社会问题层出不穷，社会矛盾相互交织，错综复杂，这就需要党政机关人员做到：以维护人民群众的利益为中心，以开放的心态倾听他们的意见，悉心感悟社情民意，并为所做出各项决策更加符合广大人民群众的意愿做出努力，从而获得拥护和支持。要真正做到这一点，最重要的前提是可以得到准确及时的真实民情，而及时全面地掌握社情民意的社情民意调查就起到了至关重要的作用。进行社情民意调查，可以利用自身优势，坚持开展调查研究

① 约翰·索利．雅典的民主［M］．王琼淑，译．上海：上海译文出版社，2001.

的优良传统，深入基层、深入群众、深入生活，了解社会基层具体的真实情况，以便能够解决群众普遍关心的实际问题，通过开展问卷调查等方式，汇集和反映真实民意。

二、社情民意调查有助于辅助科学决策

中国政府历来重视社情民意，认真倾听人民群众的呼声，反映人民群众意愿。习近平总书记就曾指出："领导干部要了解社情民意、发现矛盾问题、引导社会情绪、动员人民群众、推动实际工作。"① 社情民意信息是党和政府科学决策的基础，决定了政策的科学性、民主性以及政策实施的可行性，直接影响到目标的实现。领导干部想要依靠群众来完成各项工作，就必须进入人民群众当中，了解群众想法，认真倾听群众的声音，依循社情民意，实行民主决策；就必须接受群众监督，让群众来评议所做的每一项工作，从而对自己工作的方式方法进行不断的改进。

通过社情民意调查可以更加深入群众，了解群众诉求，倾听群众声音，反映群众要求，有利于政府全面掌握基层群众实际情况和及时了解群众的意愿，从而为政府提供决策依据，为实现群众利益服务；扩大广大人民群众在各级各领域的有序政治参与，充分发挥各族各界人民建言献策的影响，更加充分反映各种意见和想法；可以集中群众智慧，得到广大党员和群众的理解和支持，把社情民意和基层党员的呼声反映上来，为决策提供依据，从而推进决策的科学化、民主化，制定并实施正确的路线和政策，推进各项工作的顺利开展。充分发挥社情民意调查的作用，是扩大、强化民主监督的有效途径，同时也是加强党的建设的重要举措。社情民意调查，可以发挥联系领导同志和群众的桥梁作用，通过开展社情民意信息的汇集和分析，吸取民间智慧，为各级领导提供信息支撑和决策参考，具有很强的政策指导意义和现实意义。

---

① 习近平．习近平谈治国理政（第二卷）［M］．北京：外文出版社，2017.

三、社情民意研究有助于预判风险，加强社会监测

现代社会的迅猛发展与不断增加的社会风险息息相关。这就需要社会监测的质量和综合能力也必须与时俱进，跟上时代的步伐，才能更好地服务社会，回报人民。在社会监测中，人们一般可以获取到多种多样繁杂的有关社会运行和发展状况的数据和资料。但此时更加棘手的问题接踵而至：如何将这些繁杂的资料进行处理、分析与加工，从而进一步地对社会的运行状态和发展机制作出整体性的评价。

人民群众是社会的根基。人民的主观态度总能够反映出一定的社会状况，人民的期望总能代表着一定的社会发展趋势和前进方向；人民的不满意总能映射出当前社会存在着哪些弊端值得修正。“通过人与人之间的比较，态度是可以概念化并且被测量的。”① 通过社情民意调查，完成对人们的关于社会运行状况的测量；通过整理和分析人们对社会状况的主观回答，针对人们的主观社会指标实施有效措施，以快速了解和把握当前社会全面的状态，是一个非常简单和有效的方法。《2005 年中国居民生活质量报告》对 8 个大中城市、7 个小城镇和 8 个农村地区的调查数据显示，“个人经济满意度”对居民总体生活满意度的影响最大，“社会保障满意度”和“个人职业满意度”分别排在第二位和第三位，二者数据接近，“养老担忧”排在第四位。此外，对城镇居民的影响较大的指标还有“物价变动承受能力”“休闲生活满意度”“改革受益预期”等。

社会秩序的稳定是国家各个方面能够向前发展的根本。危机状态造成的紧急状态对正常社会秩序的威胁在可能会造成重大的社会损失和心理冲击的同时，也会影响到政府的形象和声誉，对国家政治、经济和社会的稳定与发展有直接影响。社会管理的可预测性变得极其重要，而社情民意研究在此问题的解决上起到了极大的作用，可以帮助政府及时监测、评估、预防和应对社会危机。

---

① 金盛华．社会心理学［M］．北京：高等教育出版社，2005.

四、社情民意研究提供前瞻性视角，为未来规划做辅助

新时期我国社会在建设独具特色的新型智库框架内，建立了现代调查体系，并进行了民意调查报道和前瞻性预测，起到至关重要的支持民意调查研究和战略转型的作用。进行社情民意研究就必须要努力获取真实信息，这些信息包括人们对重大事件的态度如何、人们的利益诉求是什么以及一些特殊要求等。我们可以利用社情民意研究所获取到的大量各类数据信息，发现社会中潜在的问题和风险，再通过进行多种数据处理来获悉民众真实的情感倾向等信息。这不仅可以促进社会舆论研究向公共智库转型，而且也可以在日益复杂的社会变革背景下为科学决策做辅助，为国家治理提供参考。

综上所述，通过社情民意研究工作，可以有效引导人民群众充分、有序地表达诉求，反映问题，以便党政部门有针对性地调解、处理和化解社会矛盾，保障人民群众的合法权益，促进社会稳定和谐；通过社情民意研究工作，可以有效收集社会舆情信息，开展社会舆情数据分析，做好重大决策社会稳定风险评估工作，强化社会监督；通过社情民意研究工作，可以更系统、更全面、更及时地将分散在各行各业中的意见等信息聚合在一起，并直接反映到党和政府部门，为党和政府能够制定出符合人民意愿的政策提供大量信息；通过社情民意研究工作，可以对党和政府协调关系，化解冲突，凝聚人民意志产生有效帮助，鼓励党和政府积极解决人民群众最关心、最现实的问题。

通过开展社情民意调研，深刻了解社情民意，能有效协助镇（乡、街道）查找出该地区的救助对象，做好上情的下达工作、下情的上报工作；对联系低保、临时救济、自然灾害救济等一些救济工作的展开也起到积极作用；协助做好老龄工作，保障老年人的合法权益，促进老龄人晚年生活的质量。通过社情民意研究工作，可以尽早发现、报道、控制和解决问题，及时将可能引起群体骚乱的各种因素铲除，从而化解萌芽中的矛盾，在初期就解决矛盾；防止因决策不严、工作不严、执法不严造成群体性事件发生，坚决防止发生侵害人民利益的行为。密切关注

社情民意，加强排查化解矛盾纠纷，着力减少群众冲突的源头。

由此可见，研究社情民意，有助于及时将矛盾化解，维护稳定团结的政治局面。及时反映社会状况和民意信息，有助于化解群众的疑虑，解决群众疑惑，并及时做好指导协调工作，理顺群众情绪，促进民主，增进团结；有利于及时预判社会风险，积极进行社会监测，辅助科学决策，为绘制“蓝图”增强信心，同时也为规划未来奠定基础。

第三节　大数据时代社情民意研究的新阶段

一、大数据时代网络社情民意调查的重要性

“大数据”（Big Data）一词，一般被用来描述在信息爆炸时代产生的海量信息，它之所以有价值，是因为它能从中挖掘出实用的信息。没有互联网的时候，社情民意表达主要借助传统媒体进行间接表达。而随着互联网的不断延伸，网络逐步成为公众表达需求、获得社会关注的便捷渠道和最佳选择，社情民意的诉求也在网络中得以充分体现。同样地，面对数亿网民和纷繁的网络言论，对网络民意的监测和分析也越来越离不开大数据的分析技术与平台。

（一）数据化的呈现为社情民意调查提供更高的平台

习近平总书记曾经指出：“网民来自老百姓，老百姓上了网，民意也就上了网。”① 这句话正表明在大数据时代社情民意表达的渠道发生的质变。② 大数据能够完整、清晰地记录和保留社会状况和民意情况。网民在使用网络的过程中产生了大量的数据和记录，他们所表达的思

① 习近平总书记在网络安全和信息化工作座谈会上的讲话［EB/OL］.［2016-4-25］. http：//www. cac. gov. cn/2016-04/25/c_1118731366. htm.

② 白万平．大数据时代的社情民意调查：机遇、挑战与趋势［J］. 现代经济信息，2016（19）：34-35.

想、观点、情感等都是大数据时代现实与网络虚拟进行高度融合的产物。因此，通过分析相关数据，可以更加清晰地了解公众的感受、需求等。而且通过一定的数据分析方法，可以清晰地了解网民之间的社会互动及社会关系，从而改变传统调查的只见内容不见关系的局面。网络民意不仅可以向社会公众传递信息，让人们能够有机会去了解社会上正在发生或已经发生的重大事件以及这些事情对社会和自己所带来的影响；而且随着网民的增加及网络民意与现实生活的日趋紧密，网络民意承担着越来越重要的职责：聚合公众诉求、反映社情民意、开展社会监督、推进社会沟通等。网络也成为民众表达意见、传递意愿、呈现民意的重要固定平台。大数据成为网络社情民意调查的一大利器。

（二）大数据实时了解社情民意，获取动态信息

传统的社情民意调查大多只能处理截面的固定数据，而利用大数据的社情民意调查则能够以实时的动态数据作为基础，这其中的差距为社情民意研究所带来的影响不言而喻。随着网络各种社交媒体逐渐兴盛，大量网民选择在网上表达自己的想法和观点，所以这些都可以被及时地记录下来，因此，这些数据才能够被大数据系统实时捕捉到，并进行实时分析。① 现如今，社会中各种社会问题、大事小情都在网络上进行传播，这种传播及其影响力都呈现出实时、及时、加速传递的特点。原本可能不足以成为讨论热点的事件，经过网络报道，再由网民的跟帖、转发、热议、搜索等进行推动，将可能成为热点、焦点事件，从而网络便形成民意的阵地。网络民意传播过程中的多米诺效应实现了力量的传递、累加、倍增，最终形成改变传统习惯的效应，加速了信息的传播、数据的传递。依托大数据进行社情民意调查，不仅会极大地缩短社情民意调查所需的时间，而且由于有了互联网，民意调查的结果也可及时向公众发布。

---

① 张志安，曹小杰，晏齐宏．从美国大选看大数据与网络舆情研究［J］．汕头大学学报（人文社会科学版），2017，33（1）：83-90.

（三）大数据的预测性可以解决目前社情民意研究的尴尬

大数据的核心即预测，这同样也是大数据最重要的价值所在。目前对网络社会形势和舆情的研究主要就集中在监测上，即对社会上的重大事件进行监测和预判。传统的民意调查大多是被动地事后进行，而利用大数据进行民意调查则能够发挥大数据的预测思维，事前实现问题预测与风险预警，从而防患于未然。利用大数据，可以通过分析来处理整群数据，而无须再依赖大量的随机抽样。通过人工智能等技术，结合经验分析，进行未来社会舆情的预警，发现潜在的社会风险，对社会舆情未来发展的趋势和影响进行初步判定，并以此为基础实现准确预测。另一方面，依托大数据进行社情民意调查更加便捷快速，利用大数据的科学技术也能够使社情民意的分析更加规范与有效。随着大数据在社情民意研究中的应用，借助大数据可以获取广泛、全面、多方位的信息，功能指向也会更加多元化，提供更加综合化的信息。

二、互联网社情民意研究的新价值与新特点

“大数据比你自己更了解你。”很多同时代的人听过这句话。“数据生活”这个在十年前听起来与我们的生活甚是遥远的概念，如今已经与我们的日常生活密不可分。数据与我们的生活的联系从未如此紧密，从没有像今天这样活跃，具体地记录着人类与世界。社情民意这一工作的任务就是围绕着数据而进行的。在大数据时代，网络民意的形成与发展掀开了民意表达的新篇章，依托互联网进行社情民意研究工作呈现出了崭新的样貌。

大数据的特点主要包括：数据量大、类型多、速度快、及时性高以及可以产生复杂的价值。英国尤戈夫民调机构擅长以网络调查取代传统调查，可以通过互联网建立全面的、广泛覆盖的受访者数据库，对每一个存入库内的个体进行细致的划分，并以此来进行民意调查。尤戈夫通过获取比以往传统的媒体和民意调查机构更“庞大”的样本数据、更“先进”的调查方法赢得了英国民调界的一席之地。互联网所拥有的庞

大的数据资源和巨量数据无疑为民意调查提供了充足且丰富的营养土壤，以便让社情民意更好更快地发展和运行。互联网时代社情民意研究也产生了独特的价值与特点。

（一）数据“大”且易得，社情民意研究最基本、最难的问题得以解决

大量性是大数据的基本属性。庞大的数据库有着小数据库无可比拟的价值。相比较传统的民意调查，依托互联网进行社情民意研究，掌握着“全样本”的大数据，在一定条件下比传统的媒体民调报道获得“小数据”的操作方式更加具有话语权。掌握这些信息在如今的日子里也并不是一件难事。互联网的四通八达使得数据变得极易获取，各类应用软件及网络的开放性也让信息的上传下达变得更加快捷简易，依托网络收集获取信息变得不再是难题。通过这些可以了解到大数据通过数据传递来进行广泛收集与多方数据的精准分析，成果发展已经到了人们难以想象的先进程度，让人们感觉到了科技带来的畏惧感和侵入感。诚然，大数据“杀熟”以及类似这种做法无论是在道德伦理上还是法律权益上都是不值得提倡的。将大数据技术合理合法地应用，在完全尊重公民的权利和保护公民信息安全的前提下，运用大数据进行社情民意研究，利用所有的数据，而不再仅仅依靠一小部分数据，如此才能发挥大数据技术对社情民意研究获取信息数据巨大的提升和促进作用。

（二）快节奏时代，效率至上

在大数据时代，数据获取、处理、分析变得更加便捷、更加快速，利用一定技术能够在瞬间提取庞大而多样的数据。处理速度快，可进行实时分析和及时性高都是大数据的重要特点。同样地，这也是大数据区分于传统数据提取分析最明显的特征。利用大数据实行具体的社情民意调查，将会极大地缩短社情民意调查所需的时间，提高研究调查效率。现在的互联网平台上出现了许多新型的调查问卷系统。可以通过手机应用软件、网址网页、微信小程序等多种方式实现网络调查，无论使用的

是手机、平板电脑还是台式机，只要能接入网络，都可以链接调查，并且可以实时回收问卷，实现了数据的快速整合分析。不仅如此，依托互联网技术架构和算法的迭代革新，少数专业的互联网公司可以做到高效处理海量数据，短时间内就可以完成以往需要较长时间才能收集并处理好的调查数据。

三、社情民意在大数据互联网时代的发展趋势展望

大数据时代下，社情民意数据的收集、管理、分析、应用更为便捷，大数据挖掘技术彰显了网络舆情分析的价值和潜能，为社会网络舆情得以进行安全评估提供了有效的获取和分析社情民意信息的方法，但同时也给传统的社情民意研究带来了巨大的挑战。① 大数据技术的突出优势是数据来源广泛、整合处理高效便捷。但获取广泛的数据源的同时并不能保证数据质量，数据良莠不齐，好坏参半。大数据在目前的发展阶段并不能保证所有调查结果的绝对可靠，也不能保证百分之百的有效性。由此将会直接导致某些调研不全面，社情民意分析报告不合理，从而导致舆论误导等更加严重的不良影响产生。因此，大数据背景下，未来社情民意研究的发展趋势，就是不断做好社情民意研究与大数据的更好融合，不断革新社情民意的研究理论、框架和方法体系。

（一）将传统民意调查方法和大数据时代网络调查技术相结合

随着大数据技术的兴起，一些捉摸不定的内容例如人民的态度、想法、倾向等都可以逐渐被数据化，而且对非结构数据进行处理和分析，也是有可能的。但网络数据的真实性和代表性以目前的发展水平来说仍然存在一定的疑问，网络数据理性不足的弊端也尚未得到良好的解决。并且，网民群体并不能覆盖我国的全体社会公众，仍旧有相当庞大数量的人口群体是并不上网或是不会通过网络参与类似活动的。此外，网络

① 上海交通大学舆情研究实验室．大数据与社会舆情研究综述［J］．新媒体与社会，2014（11）．

水军、网络公关、虚假信息等乱象也尚未得到彻底根治，致使一部分网络民意信息受到污染，被操纵。加之网络匿名性、碎片化的特点，互联网数据未必能够代表最完整、最真实的广大民意。

而传统民意调查方式屡次失准的案例也在逐渐向新时代式微。主要原因在于传统的民意调查的方式是单一的和过时的。纸质问卷、电话访问、入户采访等传统手段技术已经不再适合当今快节奏的生活、地区与阶层流动频繁的社会。所以，倘若能够将线上的社情民意调查技术与线下的社情民意调查方法相结合起来，取长补短，那么有可能会获得更加全面、真实，更具有参考价值的数据。发展的路上，顺应时代，寻找到适合当前发展的方式与道路，才不会被时代的洪流抛弃。在当前时代，兼顾网络民意调查与线下民意调查，注重融合两方社情民意监测结果，将带来更具有价值的收益。

（二）将社会科学研究方法和工程技术研究方法相结合①

通过工程技术方法了解传播主体、路径、关系界定和传播网络，采取人工的措施进行干预；建立社会舆情综合研究框架，使用抽样调查、内容分析、大数据挖掘等多种方法，交叉验证，为现实世界中存在的问题提供以实践为导向的解决措施；开辟舆情分析第二战场，挖掘隐形舆情，打捞沉默的声音，比如绕开语义分析的技术瓶颈，通过搜索日志发现隐性舆情；将数据搜索量、数据点击率、网民个人特征数据和其他相关数据等关联起来进行深层次的挖掘研究；从研究的角度来看，内容研究已经由单向度研究向“内容+关系”的多维度研究转变。通过社会网络分析方法，刻画舆论主体之间的关系和信息流动的方向；在数据库支持上，从一个原来简单而有限的数据库发展为整合原有的社交媒体数据、政府业务数据、物理数据以及其他相关的政治、经济、文化数据，从不同来源购买的个人数据、社会调查数据、心理实验数据等信息的数

① 谢耘耕．中国社会舆情与危机管理研究报告［M］．北京：社会科学文献出版社，2014.

据仓库，进行数据融合、知识融合，实现数据的价值最大化；最后，在决策支持创新上，利用数据挖掘技术，建立决策支持系统，建设舆情事件决策知识库和专家智库支持系统，为社会治理创新提供支持。

（三）立足多元主体，共同合作推进社情民意研究

作为信息传递的主要媒介，媒体首先应当明确自己的主体责任。应树立并强化数据信息意识，逐渐整合业内外的资源与数据。需要将“小数据”与大数据相统一，积极地开展社情民意调查并参与后续研究，有计划地收集整理价值高的数据和信息。与此同时，要着重与政府和互联网公司等信息数据智库主体建立合作关系，形成一条独特的关系纽带。要及时了解业内与市场需求，提供良好供给，维系稳定的供需关系，保持良性互动。积极主动与业内数据源数据库提供者、供应公司等交流合作，深入挖掘、探索有价值的研究维度，为社情民意的发展作出贡献。

现如今自媒体发展繁荣，每个人都可以通过极其便捷的方式发表信息，传递态度与观点。社情民意调查和研究的对象就是广大的人民群众，而最有效、最权威的依托往往是政府。我们要重视广大人民群众的自主力量，加强政府与人民群众的合作，站在维护人民权益，发挥我国特色民主制度的独特优势的基础上增进合作，推进社情民意研究的发展。同时要注重加强社会组织之间的合作，弥补政府工作的不足。推进跨区域间的合作，不同地区间的社情民意调查各有特色，各有优势，社情民意研究就是要数据与信息更迭交流，才能迸发进步的火花。要具有国际视野，鼓励向外拓展，了解国际社情民意研究的发展状况，汲取有益成果经验，促进社情民意研究更好更快发展。

【参考文献】

1. 谢鹏程．论司法公信力的建设与测评——以检察公信力为视角［J］．中国司法，2013（10）．

2. 张淑华．网络民意与公共决策：权利与权力的对话［M］．上海：复旦大学出版社，2010.

3. 张淑华．权利与权力双重视角下的网络民意与公共决策［M］．武汉：华中科技大学，2008.

4. 陈佳丽．网络民意调查方式之我见［N］．中国信息报，2009-07-09.

5. 习近平．习近平谈治国理政（第二卷）［M］．北京：外文出版社，2017.

6. ［英］约翰·索利．雅典的民主［M］．王琼淑，译．上海：上海译文出版社，2001.

7. 金盛华．社会心理学［M］．北京：高等教育出版社，2005.

8. 上海交通大学舆情研究实验室．大数据与社会舆情研究综述［J］．新媒体与社会，2014（11）.

9. 谢耘耕．中国社会舆情与危机管理研究报告·序言［M］．北京：社会科学文献出版社，2014.

10. 林竹．国外民意调查与政府决策［M］．天津：天津社会科学院出版社，2013.

11. 何慧媛．大数据时代民调报道的价值、难点和创新［J］．青年记者，2018（9）.

12. 林竹．西方民意调查的发展及其对中国的借鉴［J］．社科纵横，2007（5）.

13. 陈月生．国外政府利用民意调查引导民意研究综述［J］．社科纵横，2007（2）.

第二章　社情民意研究概述

本章简要叙述“民意”一词在中国和西方的起源，以改革开放为节点，对我国社情民意调查的发展阶段进行划分，同时根据不同划分方法将西方发达国家民意调查的历史划分成不同阶段，并简要阐述西方社情民意调查发展的新趋势。而后，以社情民意的基本概念作为研究切入点，阐述社情民意的内涵和特征，并对社情民意的表现形式和传播方式进行列举和区分。此外，简要介绍社情民意研究的定义、对象、内容以及实用领域，并结合当今时代背景，列举社情民意研究的两种研究方法以及新趋势，在此基础上，概述社情民意研究的基本流程。

第一节　社情民意研究的起源与历史发展

一、社情民意概念的起源

《庄子说剑》中提道：“上法圆天以顺三光，下法方地以顺四时，中和民意以安四乡。”此为“民意”一词的最早出现，说明当时的统治阶级开始意识到顺和老百姓共同的、普遍的思想或意愿对于政治权利稳固、百姓生活安宁的重要作用。“清议”即品评人物，汉魏之时，清议之风盛行，其最早出现在东汉后期，后又发展为“发言玄远”的“清谈”。当时的政治腐败，士大夫阶层不满宦官专权，于是希望通过左右乡间舆论的方式来激浊扬清，挽救东汉的衰落局面。此举虽然未能挽救东汉政权，但其评论官吏乃至朝政的风气被历朝历代继承，不失为现代舆论监督的雏形。

在西方，民意的概念源于柏拉图与亚里士多德的哲学观点，在他们的著作中经常提及民众意见及其重要意义。西方民意的传播有口口相传、围立制、辩论或雄辩制以及票决制等各种形式，其内容多为一些对政治问题的公共主张。到了中世纪，“公众的声音就是上帝的声音”这种意识开始普及，在西欧一直延续了几百年。一般认为现代民意起源于卢梭的《社会契约论》，其中提到了同意受治的观念。此外，卢梭还首次界定了 Opinion Publique，即公众意见的概念①。在英语系国家，《牛津英语大辞典》指出 1781 年出现了最早的英文的“公众意见”（Public Opinion）一词。

二、社情民意调查在中国的历史与发展

（一）改革开放前

中国科学的民意调查，尤其是定量的民意调查形式，来源于西方，在此之前，先前的统治者或后来的政府只能通过微服私访、群众座谈以及单独会谈等主观性较强的方法获取民意。由于社会成员数量庞大且分散，获取社情民意没有科学的机制和方法，只能获得少数人的意见信息及部分的社会真实情况。

中国历史上第一次现代意义上的市政民意调查是于 1922 年 11 月 24 日，有丰富美国留学经验的心理学者张耀祥在中国北京高等师范大学（现在的北京师范大学）校庆期间对中国人民进行的一次市政问题的调查。该问卷采用了匿名方式，调查的内容主要包括了宗教信念、总统候选人的投票、公共行政和社会习惯等，调查在各种报纸上公开出版。

---

① 伯纳德·亨那西．民意［M］．赵雅丽，张同莹，曾慧琦，译．台北：五南图书出版公司，2000.

由于历史因素的限制，在1922年到1949年近30年的时间里，民意调查的发展一度停滞，专业性的民意调查机构以及全国性的民意调查活动均销声匿迹。1939年10月10日，毛泽东在《目前形势和党的任务》中提到了民意对于党和革命的重要性，他写道："在我后方，必须迅速地认真地实行政治改革，结束国民党一党专政，召集真正代表民意的有权力的国民大会。"

"文化大革命"期间，"左"的方针占据了主导地位。内乱致使党和政府的各级机构以及各级人民代表大会和政协组织陷于瘫痪和不正常状态。实证社会科学备受打击，党和国家政治生活民主化不能得到顺利发展，高度的个人崇拜思想盛行导致权力过分集中于个人，这个时期的民意调查失去了根基。

（二）改革开放后

有研究者（汤建军等，2012）将改革开放以后我国大陆的民意调查发展划分为3个阶段：

第一个阶段是20世纪80年代至90年代初。在这一阶段，传统的民意研究机构不再适应多样化的民意调查需求，各种各样的企事业单位、科研教学机构和党政部门，乃至商业调查机构都开展了不同规模、不同内容的舆情调查。

1978年，改革开放的实行使中国社会发生了前所未有的深刻变革，政治民主化的提出使得民意不断得到彰显和重视，促进了民意调查的发展，使其趋向日常化和成熟化。由中国社会科学院新闻研究所于20世纪80年代初发起的，《人民日报》《工人日报》《中国青年报》等多家媒体联合举办的基于科学抽样的调查，是中国第一次利用计算机进行科学分析的大规模调查。这次调查作为定量民意调查的代表，在中国民意调查的历史上具有极为重要的意义。80年代中后期，各类民意研究机构相继成立。1987年，中国第一个全国性的民意调查机构——中国社会调查系统成立。此系统依托40个城市的体改委（办），按照科学的抽样方法建立了第一套城市调查网，标志着中国的社会舆论自此开始有了一个稳定的网络。

各类新兴的民意研究机构在这一阶段逐渐替代了传统的调查机构。与此同时，决策部门越来越意识到民意调查工作对促进民生改善的重要作用，越来越多的公众也开始支持民意调查工作。

第二个阶段是 1992 年至 2000 年。1992 年，邓小平的南方谈话将中国的思想解放推向了高潮，中国社情民意的调查也由此进入新的阶段。此阶段对于民意调查的需求迅速增加，政府机关开始创建各种各样的民意调查机构，国外著名研究公司也纷纷在大陆设立分支机构，进入中国市场，为中国民意调查带来了新的思路和研究技术，催生了进行民意调查的独立民间市场研究机构。同年，零点研究咨询集团成立，逐渐在中国获得了较高的知名度。1993 年，以中国青年报社会调查中心成立为标志，新闻媒体也开始介入民意调查领域，民意调查和新闻媒体的结合成为新的发展趋势，为社情民意调查的发展注入了新的活力。

第三个阶段是 2000 年至今。这一阶段的民意调查进入了快速发展时期，其标志是中国市场调查行业协会的成立，民意调查呈现出职业发展多元化、注资多元化、调查内容多样化等特点。除新闻媒体和各类社会调查机构外，2004 年开始，政府越来越多地参与社情民意调查，各省市统计部门陆续建立社情民意调查中心，并逐渐向地级甚至县级市蔓延，民意调查信息量得以大幅增加。

三、西方发达国家社情民意调查的历史与发展

（一）西方社情民意调查的起源

社情民意调研起源于西方社会，西方社会比较系统的民意调研工作发展了将近 80 年。社情民意调查的产生以及其发展与各门学科密不可分，民调已经在统计、心理学以及社会学等各门专业的滋养下渐渐得到了发展。在《解读民调》一书中，作者认为民意调查历史起源的具体实践是无法确切考证的，但是可以确定的是民调一定发源于人们首次通

过系统化的方式提出问题。从民调的历史来讲，现代社会调查研究发展有两个重要源头，即市场研究以及假投票。

市场研究对于民意调查的贡献较大，主要体现在调查方法的研发领域上，以及为民意调查发展培训了的几位核心先驱①。而假投票，也就是一般所认为的模拟投票，多用于政治上的预测，政客或记者非常喜欢用民调来尝试预测选举结果。假投票始于 1824 年，通常是在报纸上打印单子，然后要求读者将散发的清单退还给该机构。当时虚假投票活动在美国许多报纸中广泛进行，最终在 1908 年至 1912 年的总统选举中演变成大规模的虚假投票活动。美国学者伯纳丁在他的《美国人：国家的经验》一书中提到，早期美国人习惯于提前发现选举结果，并向所有美国酒店散布虚假的投票名单。酒店客人可以在表格上填写理想的总统候选人。王石番则认为，20 世纪最著名的虚假投票是美国《文学文摘》从 1916 年至 1936 年进行的民意调查。上述学者的研究说明，最初的民意调查是以模拟投票或假投票来进行的，与选举和新闻媒体密不可分的。

（二）西方社情民意调查的发展阶段

根据不同的划分方法，西方发达国家民意调查的历史可以划分成不同的阶段。温淑春（2007）在总结前人研究的基础上，提出以研究美国的民意调查为主，有两种划分方法，一是以不同年代民意调查的变化特征来划分不同的阶段，二是将民意调查的发展划分为萌芽期、成长期和成熟期。

1. 以不同年代民意调查的变化特征划分的阶段

按照不同年代民意调查的变化特征来划分西方发达国家民意调查的历史，可以划分为 1936 年以前的早期民意调查、1936 年民意调查定型的时期、1936 年以后的专业民意调查迅速发展的十年、1948 年由于调查方

① 温淑春．国外民意调查发展研究综述［J］．理论与现代化，2007（1）．

式的失误开始转变的时期以及1948年以后的民意调查时期①。

1936年以前的民调被认为是早期的民意调查，其主要调查内容是针对选举进行模拟投票，模拟的方式以及方法都相对简单，主要是依靠新闻媒体来开展假投票。在这一时期，人们尝试将市场调查的方法应用于模拟投票中。民意调查的定型时刻是指1936年《文学文摘》对选情进行正确预测之后，民众普遍达成对科学民调方法的认可。在科学民调被广泛认可之后，民意研究实现快速发展。然而，在民意调查的快速成长时期，像《文学文摘》使用的被认为是没有问题的传统民调方法在1948年美国总统大选时出现失误，这让一些人认为所谓的科学民调方法是存在缺陷的，这一时期被称为由于民调方式的失误而开始改变的时期。在1948年总统大选民调失误之后，民调的发展迎来了重大转折点，执行方法有了巨大改变，这一改变主要表现在运用更加科学的方式和方法开展调查，比如规范的抽样方法、更加合理的具有代表性的样本调查以及在接近选举前结束等更加科学的方式。近几十年以来，尤其受益于科学技术的创新，民意调查的方式和方法在不断的争议中逐渐完善并发展。

2. 民意调查的三个时期：萌芽期、成长期和成熟期

王石番在《民意理论与实务》一书中，将民意调查划分为三个时期，即1934年以前的萌芽期、1935年到1960年的成长期以及1960年至今的成熟期。

(1) 萌芽期

美国的盖洛普民意调查研究机构是世界上第一个科学的民意调查机构，成立于1935年，以该机构的成立为标志，王石番将在此之前的这个阶段称为民意调查发展的萌芽期，在此之后的几十年为成长时期。1935年之前的萌芽时期持续了至少十年。

这一时期，各种模拟投票民意测验在一些主要报刊上开展调查，民意调查在依托媒体力量得以快速传播扩大的同时，报刊媒体也受益于民

① 温淑春. 国外民意调查发展阶段划分研究综述［J］. 社科纵横，2007(7).

调，其刊发的民意调查相关信息吸引了许多读者，这一时期被认为是早期报社民意调查和市场调查时期。该时期民调发展以假投票为主，其主要特征体现为“过程草率、方法不够科学，忽略统计分析原则”。总体来看，这段时期的民意调查仍处于萌芽状态。

（2）成长期

随着统计学、心理学以及社会学等学科的快速发展，1935 年之后，民意调查方法的科学性和社会的认同度也进入快速成长时期。这一时期最著名的例子就是《文学文摘》在 1912 年美国总统选举时主办的调查，该民意调查以涉及范围广泛著称。王石番从民意和宣传研究机构的兴起、民意调查重要性提升、政府和学术机构参与民意研究三个方面对该时期的民意调查进行研究和考察。这一时期，人们对民意的关注与日俱增，民意调查在世界范围内蓬勃发展，各国纷纷建立了专门的民意调查机构。1947 年，美国民意研究会（AAPOR）和世界民意研究会（WAPOR）相继成立。自此，民意调查借助科技手段实现了广泛发展。

（3）成熟期

1960 年，美国总统候选人肯尼迪和尼克松各自聘请哈里斯（Louis Harris）和罗宾森（Claude Robinson）为民调顾问，为其提供选情分析，这是民意调查开始系统性地服务于总统竞选的重要年代。基于此，一些研究者（Bradburn and Sudman，1988）将 1960 年迄今的这段时间称为民意调查的成熟期。在这一时期，新技术不断被应用于民意调查过程，使民意调查的真实性和时效性大大提高，并且开始全面渗透到公共政策领域。

（三）西方社情民意调查发展的新趋势

经过漫长的发展，外国民意测验形成了相对成熟的运行过程和方法体系。几十年来，随着经济全球化和计算机化的飞速发展，民意调研日益成为我们现代国家在政治、经济和社会等各个方面中不可或缺的重要组成部分，并且受到越来越多世界各国的关注。在西方国家，民意调研已变得越来越重要，并呈现出新的发展趋势，主要表现为活动制度化、思想理论系统化、运作方式科学化、主题内容广泛化、功能多样化①。

当前，世界各国都对于民意调查工作予以高度的重视，依托多种科学技术手段，不断突破民意调查的局限性，逐渐完善各类活动的制度和机制，不断提升民意调查的权威性和公信力。同时，得益于科学技术的进步，民意调查方法得到了丰富和发展，尤其是信息技术和互联网的发展直接推动了民意调查方法的转变。随着计算机科学的不断发展，越来越多的新技术也被应用于民意调查领域。随着民意调查政治性需求的增加，同时依赖于现代媒体和互联网技术，西方国家民意调查的主题与内容也更加广泛，全球性热点议题、各种社会问题成为民调预测的重要主题。同时，民意调查成为西方民主政治的标志，在政党宣传和竞选中发挥重要作用。尽管民意调查起源于市场研究，但近年来其功能呈现出多样化发展的趋势，其理论系统的政治倾向性也愈加明显。西方各国更加注重民意调查对国家意识形态和社会稳定的重要作用，发挥其对公共舆论和经济的积极影响。

总之，与我国民意调查相比，西方民意调查兴起较早、发展历史较长，在各方面都有可供借鉴的经验。因此，在全面了解中国社情民意调查的基础上，深入研究国外社情民意调查的发展历史与现状，对于改进我国社情民意调查方法与技术有着重要的意义。

第二节　社情民意的概念和传播方式

一、社情民意的概念、内涵与特征

（一）社情民意的概念与内涵

当前学界在对社情民意概念的理解上，通常采取“民意”来界定。

① 董海军，汤建军．国外民意调查的历史与现状分析［J］．学习与实践，2012（2）．

西方语境下对民意内涵的理解源于文艺复兴时期柏拉图与亚里士多德的哲学观点，格林（Glynn）等人将舆论的定义分为以下五类：①舆论是个人观点的集合；②舆论反映了大多数人的信仰；③舆论是建立在舆论群体的利益冲突基础上的；④舆论是媒体和精英意见的体现；⑤公众意见是一种虚构的类型①。

民意研究者的学科背景以及其所关注的社会事实存在差异，因此在民意的界定上常常存在分歧。罗世宏（1922）认为“民意”一词的发明十分伟大，民意这个符征（signifier）随时可以填充任何一个符旨（signified），也就是这一概念从来没有固定的形貌；叶世明（2004）在总结西方有关民意的相关研究基础上将民意总结为民众对某一问题所产生的众多观点的表达；喻国明认为，公众舆论是社会大多数成员对相关公共现象的看法，情感和行为趋势的总称；吴顺长则认为，不能将民意简单地概括为公众所持有的共同意志，他在《民意学》一书中认为“民意作为一种复杂的社会意识，是社会上个体意识和群体意识的协调与综合，是与国家意识相对应的范畴”。中国社会科学院新闻与传播研究所教授、民调专家陈崇山认为，顾名思义，民意是人们的意愿和见解的缩写，即一系列的人们对特定社会问题的情感、见解、价值判断和欲望，强调了民意是直接来源于人们内心的“声音”。陈永国认为看待民意的角度不同使得民意概念具有多元性的特点，但是仍然能概括出民意的四种类型，也就是作为语言载体、作为心智表达、作为意识形态以及作为互动策略的民意。

综合中西方对于民意的理解，我们可以从“社情”和“民意”两方面来理解社情民意的概念与内涵。社情，即社会现实的真实情况；民意，即广大民众的意愿意见。社情民意是民众从自身利益出发，对于社会现实的反映，进而形成社会舆情和意见愿望。社情民意涉及主观和客观两层面的内容，从本质上来说，社情民意是人民利益的反映，是民心

① 叶世明．台湾民意：分布、结构特质与模式［J］．现代台湾研究，2004（5）．

所向；在马克思主义利益分析法看来，社情民意的背后是利益诉求和利益关系①。社情民意能够反映广大民众的诉求，是党和政府科学决策的重要依据，社情民意可以搭建政府与群众之间沟通和沟通的桥梁，从而提高政策的科学性和可行性。

（二）社情民意的特征

1. 主观性与随机性

林竹在其主编的《国外民意调查与政府决策》一书中，认为民意的特征可以总结为随机性以及稳定性。他提到，对于民意这一概念的理解，"民"的范围难以准确界定，民可以是全体公民，也可以是部分公民，也可以是多数公民；而"意"的概念也很难确定，可以是局部的，也可以是全面的，可以是主观的，也可以是客观的。从民意的定义出发，民意强调人在特定情境下对其所处环境公共领域中的个人与公众利益的认知，而社会环境是不断变化的，这也就决定了民意是不断发展的。同时，民意强调人的主观态度，而人的主观态度也不是一成不变的，即使所处环境没有发生变化，由于个人的认知能力的发展，个人的意见看法也会产生变化。因此，社情民意具有抽象性以及可变性。

2. 公共性与稳定性

尽管社情民意强调主观性，具有随机性，但这并不意味着我们无法了解民情民意，民意同时具有公共性和稳定性。公共性和稳定性是理解我国民意的重要基础，它强调民众在社会交往中形成的共同意识，同时，在一定的时代背景下，在一定的社会互动过程中，民意是相对稳定的。民意是人在有目的、有意识的社会互动过程中所产生的，离不开一定的社会条件与社会活动，只有在一定的社会环境中，在社会交往互动中才能够准确地理解和分析民情民意。民意具有社会性，不仅表达个体意愿，更重要的是传递广大民众的意见看法，割裂人与人、人与社会互

① 方世南．从畅通社情民意渠道的视角看意识形态安全［J］．南京师大学报（社会科学版），2017（3）．

动关系的民意研究是不恰当的。民意研究应当是在价值中立的指导下，采用科学的研究方法和技术手段，实现对民意的全面了解和分析，进而克服民意表达的部分弊端，实现民众主观意愿与客观实际的有效结合，最终使公共政策真正代表全体民众的利益，真正实现国家的利益。

3. 历史性与民族性

民意的历史性是指人们的知识水平总是受到时代的限制，不同时代的民意也不尽相同，对其的理解和评价标准也不同。就我国的情况具体来说，民意是随着我国的建设与改革不断深入发展的，与特定的历史环境密不可分，同时也依赖于我国民众的知识水平和认知能力。此外，民意具有民族性，能够显示一个民族共同的民族精神和心理品格，我们可以透过一个民族的社情民意透视其共有的心理品格、思维方式等。民意从其产生上来说是民族共同意志的集合，在发展变化过程中又受到民族特征、发展状况的影响，具有极强的民族性。在中国，民意突出表现为中华民族共有的民族精神与民族品格。

4. 与民主政治关系密切

杨意菁认为民意与民主政治有着密不可分的关系。两者之间的密切关系主要表现为：社情民意为民主政治奠定了基础，成为民主政治不可或缺的一环，而民主政治则为舆论的生存提供了保障。民主精神形成舆论的过程，也是增强人们对民主政治认识的过程。因此，不管从民意产生或民意传播哪个过程来说，民意都与民主政治有着密不可分的关系，在实现民主政治的过程中发挥着至关重要的作用。

二、社情民意的表现形式

民意通常指公众对于所关心的某一社会事实持有的意见、看法，是民心的表达，更偏向主观层面，较为抽象。而作为主观意识形态的民意想要表达出来，被政府有关部门知晓，就必须依靠更为具体的表达形式。在实践中，民意总是借助各种各样的直接或间接、主动或被动、个人或集体的形式表现出来。民意的表现方式总是随着时代的变化不断发展着的，从古代的《国风》、街坊间的议论，到更为正式的报刊与评论，再到当前广泛使用的网络，这些都是民意的表现形式。

（一）传统的民意表现形式

自古以来民意就有多种表现形式，在新闻媒体和科学技术不发达的时代，人们常常通过语言、文字、行动等形式呈现自己的意愿，这些民意表现形式传承至今仍被广泛沿用。

1. 口头语言

纵观中国历史，口头语言一直是民意表达的重要形式，广泛被民众使用。从民间歌谣、聊天议论等非正式的表现形式，到演讲词、请愿词、座谈会等正式的表现形式，口头语言一直是民众所青睐的表现形式。

2. 书面文字

除了借助语言通过口头的方式表达民意，书面文字也是民意表现的重要形式，常见的民意的书面表现形式有报纸、杂志、书信等。在游行、集会等群体性活动中的标语、口号以及分发的传单也可以视作是民意的书面表现形式。与口头语言相比较，书面表达具有更好的稳定性，也更方便传播。

3. 行动表达

多数情况下，民意通过语言文字的形式表现出来，但不能忽视少数情况下的行为表现形式，例如各种静坐、游行、示威等。通过行动来表现民意的方式通常要比口头与书面的表达更激烈，演变成暴力冲突的可能性也更大，而行动表现的民意往往要比语言文字的表达更为真实。因此，在关注语言文字的民意表达的同时也要给予行动表达的民意足够的重视。

（二）新兴的民意表现形式

传统的民意表现形式主要是口头的、书面文字的叙述以及行动的表达，而新兴的民意表现形式主要指依托新闻媒体、互联网表达意见。近年来，随着互联网技术的发展，网络民意日益发展起来，依托网络平台表达意见与看法的形式正逐渐超越传统的民意表现形式在人们心中的地位。与传统的民意表达形式有所不同，网络民意呈现论坛建言、博客评说、在线交流、网络投票等多种新形式，能够有效弥补传统方式的不足，极大地丰富了传统的表现形式，提升了民意表达的时效性和完整性。

（三）另类的民意表现形式

民意表现的另类形式，又称为非理性的民意表达方式，是指民众采取不配合、不服从的消极方式来表现自己的意见，突出体现为罢工、集会、游行、示威等群体性活动中的口号、标语、演讲等，甚至是参与社会革命或者犯罪。

此外，时尚文化也是另类的民意表现形式，以音乐和时装为例，时尚文化的娱乐性会很容易使人们忽略它们在主流意识形态引导中的重要作用。文化研究理论认为，时尚文化是传播和政治陈述的形式，也是社会遵从的工具、思想表达的机制和社会抗拒的武器①。

三、社情民意的传播方式

社情民意作为社会意识的集中体现，对政府决策民主化和科学化起着极为重要的作用。从传播学的视角出发，了解社情民意的传播方式，考察各种各样的社会现象背后所隐藏的信息，可以进一步了解社情民意的文化表达、经济表达以及政治表达。

（一）社情民意传播方式的分类

民众有多种方法对公共事务发出自己的声音，社情民意的传播方式可以根据不同的标准分成不同的类别。

1. 社情民意的直接传播与间接传播

① 方建移．民意研究：理论、方法与应用［M］．北京：中国社会科学出版社，2015.

将社情民意的传播分为直接传播与间接传播，这种分类方法侧重强调民众民意表达渠道的性质。

民意的直接传播是指民众对于某一社会事实、社会问题的意见不借助其他渠道，直接表达出来，一般指民众直接采用官方途径将意见表达给政府有关部门，包括政府主动收集和民众自主传播。政府主动收集民意主要以听证会和座谈会的形式开展，在会上，政府和民众能够实现双向沟通，民众能够通过语言、文字等形式直接表达意愿。民众自主采取行动直接传播民意的方式主要有开展投票、演讲、签名、请愿、发放传单、参与民意调查等活动。同时，民众也可以借助各种出版物、新闻媒体来表达自己的意愿。

民意的间接传播是指人们通过反映社会状况和舆论的制度、重大事项公示制度等方式，或是依靠民意代表政党或利益集团，通过民意发言人来间接传播民意的方式。在我国，最常见的民众间接传播民意的方式就是人民借助人民代表大会制度和政治协商制度表达自己的意愿。

2. 社情民意的积极传播与消极传播

根据民众对国家机器的态度可以将社情民意的传播分为积极传播与消极传播。民意的积极传播方式包括参与投票或民意调查等。民意的消极传播方式指站在国家机器的对立面，采取不配合、不服从等态度，通过签署请愿书，举行罢工、集会、游行、示威等来表达自己的不同意见，甚至采取参与社会革命或犯罪等的方式。在积极的民意传播方法难以奏效时，部分民众就开始采取消极的民意传播方法。

3. 社情民意的主动传播与被动传播

社情民意的传播可根据民众主观意愿的强弱分为主动传播和被动传播，强调民众参与民意表达过程中的心理状态。主动传播是民众主动地、积极地表达自己的意愿；被动传播是民众被动地配合民意调查等。

（二）我国社情民意的主要传播方式

在我国，社情民意主要通过人大制度、政协制度、信访制度、政府社情民意反映通道以及新闻媒体等多种传播方式予以反映①。

1. 人大制度

人民代表大会制度是按照民主集中制原则，由选民直接或间接选举代表组成人民代表大会作为国家权力机关，统一管理国家事务的政治制度。人大代表通过提出议案，把他们所掌握的社情民意汇集起来，反映给政府决策机关，为政府科学决策、民主决策提供信息支持和依据。

2. 政协制度

政协制度是在中国共产党领导下，各政党、各人民团体、各少数民族和社会各界的代表，以中国人民政治协商会议为组织形式，经常就国家的大政方针进行民主协商的一种制度。政治协商、民主监督、参政议政是人民政协的主要职能，了解和反映社情民意是人民政协履行职能的基础。

3. 信访制度

信访，是指公民、法人或者其他组织以信件、电子邮件、传真、电话、来访等形式向各级人民政府和县级以上人民政府工作部门反映情况、提出建议或意见、投诉的活动②。信访制度是一种简单、直接、快捷的制度，反映人民群众的愿望，使政府能够了解社会各阶层对政治的情绪和态度。

4. 政府社情民意反映通道

民众可以通过拨打电话、发送短信或电子邮件等各种方式向政府各级社情民意通道咨询或反映问题、提出意见和建议等。它需要反映者提供的信息真实、准确，并尽量提供真实的身份。反映的问题由专人记录、政府领导批阅后，有关职能部门限期处理，并设专人监督，办理结果通过原始渠道返回至反映者。

5. 新闻媒体

① 张庆超．当代中国政治决策中的社情民意反映制度［D］．苏州：苏州大学，2009.

② 信访条例新解读［M］．北京：中国法制出版社，2010.

新闻媒体在民意传播过程中常扮演重要的角色，回顾社情民意调查的发展历史，新闻媒体在其中发挥了重要的推动作用。新闻媒体的发展为传统的民意表达提供了新的发展路径，民众口头、书面以及行动表现出来的意愿通过电视、电子设备、各种出版物等广泛传播。

此外，网络平台在飞速发展的过程中逐步上升为实现民意表达的重要渠道，其所具有的与其他表达渠道迥然不同的优势与特点，成为奠定其强盛地位的重要保障①。网络平台这种民意传播方式具有高度自由化、虚拟性、反馈及时、平民气质、成本低廉五大特点。网络民意的形成是一个逐渐积累、演变的过程，一般表现为个体揭发—部分网友响应——一些网友转发（形成蝴蝶效应）—更多的网友回应—媒体曝光—政府应对的过程。这一过程的发展呈几何级数增速完成，受众数量庞大，并且在一段时间里能够形成舆论焦点②。

第三节　社情民意研究的基本过程

一、社情民意研究的对象和领域

自20世纪20年代以来，民意研究的队伍不断壮大，许多心理学家、人类学家和社会学家对民意研究的范围提出了许多理论与假设，并总结出许多进步的概念③。

（一）社情民意研究的对象

社情民意研究的对象是具有某些特征的民众群体。

---

① 杨文月．当代中国民意表达问题研究［D］．南京：南京师范大学，2017.
② 张云筝．民意观与民意的实现［M］．北京：对外经贸大学出版社，2015.
③ 王石番．民意理论与实务［M］．台北：黎明文化事业公司，1995.

（二）社情民意研究的内容

在社情民意研究的内容方面，不同的学者有不同的分类方式。需要注意的是，很多分类并不是互相排斥的关系。由于研究内容的复杂性，很多类别会存在重叠的部分，有时候很难判断一个问题到底从属于哪一类，需要研究者进行灵活把握。

在《民意调查实务》一书中，柯慧新和刘红鹰认为，民意调查的内容具有宽泛性，大部分市场调查属于民意调查的范围。民意调查的具体内容包括：任何涉及民众的建议、习惯、行为、观念和情绪的问题；理想、信仰、人生观、价值观和世界观等抽象观念；民众特定的习惯或行为，如使用媒体的习惯、对某商品品牌的偏好、购买习惯和行为等；纯学术性、纯政治性、纯商业性的问题或其他应用性的问题。

张光在《社情民意调查：理论、实践和过程简论》一文中认为，民意调查的内容可以涵盖所有与地方政府有关的问题。根据其内容和用途可分为以下五类：消费者调查、行为调查、政策调查、需求评估以及全面社情民意调查。

（三）社情民意研究的实用领域

社情民意研究涉及的实用领域，尤其是政治应用或市场应用，主要包括问题的识别和问题的解决两类研究。

问题识别研究是用来帮助识别隐性问题或对未来可能发生的问题进行预测的研究。通过问题的识别研究可以得到关于市场环境或社会环境的信息，便于研究人员从复杂的社会现实中挖掘出问题的根本所在。

问题的解决研究一般运用在问题的识别研究之后，用来寻找解决问题的方法，为相关部门进行决策提供有现实意义的参考依据。需要注意的是，在找到解决问题的方法后，要实际执行这种解法，看它能否解决问题。为了提高问题解决的水平，应该在解决问题之后对问题的解法进行深入的反思，必要时再次进行社情民意调查，从而提高解决相关问题的水平。

问题识别研究和问题解决研究彼此支持、相互关联、难以拆分，很多调查研究的项目都需要将这两种研究结合在一起。政策型或商业型民意调查常常集两种领域于一身，既要找到问题的根本所在，又要探索解决问题的思路或方法，其最终结果通常用于对特定问题作出决策①。

二、社情民意研究的方法与路径

民意研究是多学科的交叉研究领域，借鉴了多学科的研究方法，如实证研究、心理实验民意调查等。早期的民意研究以论述民意的内涵、探讨民意的本质、分析民意研究的意义等为主，后来的民意研究更加关注民意结果背后的原因分析。进入 20 世纪，历史学、社会学等学科相继进入民意研究的领域，同时，新闻学开始在民意研究中占据主要地位。也是在这一时期，民意研究方法有了新的发展方向。一方面，舆论被视为民意的重要代表，成为分析、研究民意的主要方法和渠道；另一方面，受到社会学实证调查方法的影响，以数理统计理论为基础的民意量化研究快速发展。当今，随着科学技术的发展，民意表达形式日趋多样，民意研究也需要更精细化、科学化的研究方法的支持。

在《民意研究方法举隅》一书中，陈永国认为民意概念的多元性就在于看待民意的不同角度，他概括出四种类型的民意：①作为语言载体的民意；②作为心智表达的民意；③作为意识形态的民意；④作为互动策略的民意。立足于这四种民意类型，陈永国总结了有关这四类民意的研究方法，即内容分析法、博弈论方法、调查研究法和系统分析方法。方建移在《民意研究：理论、方法与应用》一书中，将民意研究方法归为：①电话调查；②自填问卷调查；③访问调查；④内容分析法；⑤在线调查；⑥协商民意调查；⑦网络舆情监测与语义分析。在《民意调查实务》一书中，柯慧新和刘红鹰将民意研究方法大致分为两类，即探索性研究以及结论性研究，并分别列举了有关的具体调查手段。林竹在其主编的《国外民意调查与政府决策》一书中提到，民意

① 柯慧新，刘红鹰．民意调查实务［M］．北京：中国经济出版社，1995.

研究的方法可以分为定性研究方法与定量研究方法。定性研究方法侧重掌握具体的、详细的信息，是一种微观层面的方法。与定性研究不同，定量研究侧重数据的收集与分析，重点在于概括掌握民意总体倾向，更偏向于宏观层面，民意调查和内容分析属于定量分析。内容分析也就是通过对文献的内容进行分析以实现间接了解民意动向的目的。而内容分析根据分析对象的不同，一般可以分为题材分析、人物分析以及观点分析。

综合各学者的看法，社情民意研究的方法与路径可以大致归为以下几类：

（一）定性研究：探索性研究

探索性研究是主要以定性研究为主的研究方法，其主要目的是通过一系列的分析与研究为研究者进一步认识、理解问题提供更多的资料，因而常常用于正式调查前的预调查。同时，探索性研究过程具有较高的灵活性，调研的结果一般是暂时性的、试验性的，如果将其作为最终结果则存在缺陷，所以常常作为进一步研究的基础。在具体调查手段的使用上，探索性研究一般不借助概率抽样和结构式问卷等方法，而是采用定性调查研究方式，例如专家咨询或调查、试点调查、个案研究、二手数据分析等方法开展。定性研究方法还可继续细分为直接研究法（如小组座谈法、深层访谈法）和间接研究法（如投影技法）。

（二）定量研究：结论性研究

结论性研究以定量研究为主，主要意图是检验假设以及考察相关关系。它以大规模有代表性的样本为基础，在收集相当数量数据的基础之上，对数据进行定量分析，通过一系列计算和分析，能够从数据中提取有效信息，发现一定的规律。结论性研究的结果常常被用作制定决策的依据，因而具有结论性和结构性，也更加正式。同时，定量研究还可以进行细分，分为描述性研究以及因果性研究。而描述性研究能够分为横向的和纵向的，一般可以借助二手资料分析、观察、模拟等方法开展；

因果性研究可以使用抽样调查、实验等方法进行。

（三）民意研究方法的新趋势

1. 混合研究方法

在社会科学领域，除了定量研究和定性研究外，还有一种混合研究方法，即研究人员同时收集定量和定性数据，将这两种类型的数据进行整合，然后对结果进行分析，在此基础上得出进一步的解释①。传统的定量方法和定性方法各有利弊，而混合研究手段可以将两者的长处巧妙地结合起来，从不同角度对问题进行深入的研究。混合研究方法在注重将定性数据和定量数据收集起来的同时，也注重两类数据的整合分析。从实施顺序的角度来看，其研究方案设计可以分为并行式和顺序式两类。并行式设计意味着同时收集数据，顺序式设计则是按顺序收集数据。在此基础之上，从优先级的角度来划分，可以将并行式设计分为三角互证设计和嵌入式设计，将顺序式研究分为解释性研究和探索性研究。将混合方法引入民意研究领域，能够拓宽研究视野，推动研究方法的创新，同时基于定性研究结果分析定量数据，能够更准确有效地把握社情民意。

2. 大数据研究方法

在科学技术不发达的时期，民意调查主要依靠模拟投票、发放问卷、访谈实验等传统手段进行，数据的准确性和时效性无法得到有效保障。随着经济社会的发展，尤其是互联网技术的进步，近年来以网络分析、主体聚类、文本挖掘为主的大数据研究方法发挥着越来越重要的作用②。但是大数据背景下的社情民意研究也存在一些问题，由于大数据处理和研究能力尚待提高，信息整合能力不足，在调查过程中存在研究技术不足、数据不全面、数据获取难度高等问题，除此之外，民众表达

---

① 约翰·W·克雷斯维尔．混合方法研究导论［M］．李敏谊，译．上海：格致出版社，2015．

② 谢耘耕，李丹珉．舆论学研究方法的变革与创新［J］．新闻界，2019（10）．

意愿低、进行虚假表达等情况也阻碍着大数据研究的开展。

3. 自然科学与社会科学的结合

近年来，社会环境日益复杂，给社情民意研究带来了不小的挑战，单一的研究方法已经不能满足需要，拓宽研究视角、融合多学科方法、实现自然科学和社会科学研究方法的融合成为民意研究方法新的发展方向。

在互联网时代，网络和新媒体逐渐取代传统表达方式在人们心中的地位，网络民意成为民意研究重要的来源。研究网络民意，除了运用传统研究方法，更多地需要依靠大数据开展分析研究，而这离不开网络数据分析技术等理工科的支持。当前，只有结合不同学科的优势，实现人文社科研究与技术方法的有机融合，才能够进一步实现社情民意研究的创新。

三、社情民意研究的基本流程

不同的学者提出了不同的社情民意研究的基本流程，综合各位学者的观点，将社情民意研究的基本流程概括为以下几个步骤：

（一）拟订研究计划

拟订研究计划是社情民意研究基本流程的第一步。计划需要明确研究工作的内在逻辑和发展过程，阐明需要解决的问题以及解决问题的方法和途径。此外，拟订的研究计划还要将每个部分具体化，计划要体现一定的稳定性和灵活性，以便在出现意外情况时可以随时进行调整，确保社情民意研究的顺利进行。

（二）设计问卷

问卷调查是一种根据题目或问题以书面或网络形式收集资料、信息和数据的方法。问卷的质量是影响民意调查成败的重要因素。问卷调查的主题不同，问卷所设置的测量项目类型也会随之改变。一个高质量的问卷应该具有两个功能，即向被调查者传递问题和使他们乐于回答。通常在设计问卷的时候，要提前掌握被调查者的特点，确保所有题目都在为问卷调查的目的进行服务，并结合实际情况及时与各方进行协商，科学实用地设计调查问卷，以确保更好的调查结果。

一份科学有效的调查问卷需要的技术性较强，其一般需要遵从以下几个步骤：①明确调查需要；②收集相关资料；③确定调查方法；④确定问题主题；⑤确定问题数量和题型；⑥确定问题措辞；⑦确定问题顺序；⑧确定格式和排版；⑨拟定初稿并进行预调查；⑩根据预调查情况修改问题，正式定稿。

（三）抽取样本

抽样是指遵循随机选取一部分样本的原则，从而推断出总体的方法。如果要研究城市居民的生活方式，那么城市所有居民都是研究对象，但受研究条件等原因的限制，对每一个城市居民进行调查是很困难的，只能用一定的方法选取一些具有代表性的样本作为研究对象，以此来推测城市全部居民的生活方式。

严格的抽样程序和步骤对确保抽样调查的质量至关重要。其具体包括：调查总体的界定、抽样技术和方法的选择、个体编号的编制和抽样框架的建立、样本数量的确定、实施抽样以及第一手资料的整理①。

（四）实施调查

抽样完成后要按拟订的研究计划开展具体的调查。主要的调查方式有网络或线下问卷调查法、实地观察法、邮寄调查法、个案会谈法和集体访谈法等。实施调查前需要准备好相关的材料和调查工具等，调查人员面对调查对象时要态度良好，面对复杂的调查环境要随机应变，力求高质量、高效率完成调查过程。

---

①　方建移．民意研究：理论、方法与应用［M］．北京：中国社会科学出版社，2015.

（五）处理并分析数据

调查完成后，首先对问卷进行筛选，剔除不合格的问卷，将合格的问卷录入电脑，形成数据库，以便之后利用数据分析软件对大量数据进行统计分析。民意调查常用的数据分析工具以 SAS 和 SPSS 为主，其数据分析结果通常是以频数和频率分布为主。若要进一步高级统计分析，可使用卡方统计法，用于检验不同变量之间的独立性或确定关联性，便于进一步厘清数据的特征①。

（六）撰写研究报告

在处理并分析完数据后，要根据对数据进行统计分析的结果撰写研究报告。社情民意调查结果的报告一般分为四个部分。第一部分为绪论，简述本次调查的背景、调查的目的等。第二部分为本次调查情况的概述，包括调查对象、调查方法等。第三部分为主体内容，通过文字描述出调查分析的结果，一般情况下会插入图表使结果更加直观、形象。最后一部分是附录，介绍样本的人口学特征，并说明样本的获取方法等。

（七）使用调查改进公共政策和服务质量

利用调查改善公共政策及服务质量是民意调查的最终目标，可以从政府和公民两个方面入手，改进公共政策和服务的质量。服务型政府的建设和完善离不开公民的积极参与，研究过程和调查报告的发表能激发公众对公共事务的关心，鼓励公众积极参与公共事务。可以说，公民积极参与公共事务的关键不在于公民，而在于政府开放的公民参与渠道是否畅通。社情民意调查是改善公民参与公共事务的态度和行为的有效途径。为了更好地实现这一目标，民意调查结果必须通过在政府网站上公

① 林竹．国外民意调查与政府决策［M］．天津：天津社会科学院出版社，2013.

布的方式向社会公布，政府必须以开放的心态对待民意调查结果，并充分尊重民众的需要。对于民众的不满情绪，应真诚回馈，反思纠正。若得到了民众的肯定和赞扬，应戒骄戒躁，再接再厉。①

【参考文献】

1. Bernard Hennessy. Public Opinion [M]. 赵雅丽，张同莹，曾慧琦，译. 台北：五南图书出版公司，2000.

2. 方建移. 民意研究：理论、方法与应用 [M]. 北京：中国社会科学出版社，2015.

3. 温淑春. 国外民意调查发展研究综述 [J]. 理论与现代化，2007 (1).

4. 王石番. 民意理论与实务 [M]. 台北：黎明文化事业公司，1995.

5. 温淑春. 国外民意调查发展阶段划分研究综述 [J]. 社科纵横，2007 (7).

6. 董海军，汤建军. 国外民意调查的历史与现状分析 [J]. 学习与实践，2012 (2).

7. 叶世明. 台湾民意：分布、结构特质与模式 [J]. 现代台湾研究，2004 (5).

8. 方世南. 从畅通社情民意渠道的视角看意识形态安全 [J]. 南京师范大学学报（社会科学版），2017 (3).

9. 孙慧. 民意调查的起源和特点 [J]. 中国统计，2008 (1).

10. 林竹. 国外民意调查与政府决策 [M]. 天津：天津社会科学院出版社，2013.

11. 柯慧新，刘红鹰. 民意调查实务 [M]. 北京：中国经济出版

① 张光. 社情民意调查：理论、实践和过程简论 [J]. 天津行政学院学报，2008 (3).

社，1995.

12. 陈永国．民意研究方法举隅［M］．上海：上海交通大学出版社，2015.

13. 肖勇．当代中国民意研究［D］．长沙：湖南师范大学，2019.

14. 张庆超．当代中国政治决策中的社情民意反映制度［D］．苏州：苏州大学，2009.

15. 信访条例新解读［M］．北京：中国法制出版社，2010.

16. 袁荃．社会研究方法［M］．武汉：湖北科学技术出版社，2012.

17. 杨文月．当代中国民意表达问题研究［D］．南京：南京师范大学，2017.

18. 张云筝．民意观与民意的实现［M］．北京：对外经贸大学出版社，2015.

19. 约翰·W·克雷斯维尔．混合方法研究导论［M］．李敏谊，译．上海：格致出版社，2015.

20. 张光．社情民意调查：理论、实践和过程简论［J］．天津行政学院学报，2008（2）.

21. 谢耘耕，李丹珉．舆论学研究方法的变革与创新［J］．新闻界，2019（10）.

第三章　社情民意数据收集与分析

社情民意数据收集与分析，是一种特殊的信息处理过程，意指以党和政府为核心的公共权利部门对人民群众的意见建议进行的采集、监测、加工与分析。系统化的社情民意信息机制的建立有助于及时了解民情民意，更精准地解决社会问题，预防社会矛盾激化，维护社会的稳定。本章将从社情民意信息收集的指导原则、信息的收集与分析方法入手并结合案例展开介绍。

第一节　社情民意信息收集的指导原则

社情民意信息可以反映民意，监督社会环境，指导民意，协助公众决策，丰富传播的内容。根据日本首相办公室的定义，民意调查（或公众舆论调查）必须满足以下条件①：必须是对意见或看法的调查（如电视收看情况、某些物品的拥有情况等对习惯或行为的调查不包括在内）；调查的对象必须是个体，且其所从属的总体必须实现明确的规定（对家庭、群体或组织、机构企业的调查不包括在内）；样本量必须超过500；核心问题的数量必须超过10个；要有事先准备的问卷。当然，具体的社情民意调查可以根据调查目的对内容以及样本做出相应规定，但有一些基本的原则需要注意。

---

① 柯惠新，刘红鹰．民意调查实务［M］．北京：中国经济出版社，1996.

一、调查选题的策划与设计

社情民意调查使用社会科学调查方法来了解公民的需求、行为特征、政策偏好及其对政府服务的评估，并确定公民对政府服务的评估的决定因素，以利于促进政府在服务上的改善与提升。随着我们党和国家对于社情民意问题调查的重视和认识程度的不断加强，社情民意问题调查的内容和项目将会逐步增多，社情民意的种类繁多，开展哪些方面的调查，成了社情民意问题调查工作的基础和关键。

（一）专业能力和专业伦理

专业能力指调查过程中涉及的选题设计、抽样设计、问卷设计与实施调查的技术问题，即调查的可行性问题；专业伦理指从事民调的工作者需要持价值中立的立场来进行调查，即调查的合理性问题。科技水平高度发达的时代，调查的技术已经有了相对成熟的体系，硬性的专业能力成了相对次要的问题，但对公众参与的主动性、自觉性和理性化调动等软性专业能力有待优化。调查主题的选择的专业伦理问题是主题选择本身不能受到偏见和指导的影响，工作者要掌握相关的原理、方法，将调查需求转化为合理的调查选题。

（二）主动性和塑造性

民意调查不仅是一系列数字的罗列，不单单是为了追随民意、体现民意，更要使数字发声，有针对性地引导和塑造民意，也就是引导民众去关心什么的问题，从而使调查的主动性得以体现。按照调查的目的来划分，社情民意调查包括了解公民的生存、生活、生产状态、了解公民对政府工作的满意度、了解社会现象和状况以及探讨某种社会现象产生的原因及应对措施四个方面；按照调查的内容来划分，社情民意调查主要分为三个方面：民主政治、经济心理和社会民生。民调工作者应重视选题的重要性和先后次序，甚至有意识地设定选题本身的可塑性，使民意调查能在各级党政机关制定决策、实施政策的过程中发挥实质性的作用和功能。

（三）关联性和时效性

社会事物之间存在着千丝万缕的联系，设定选题时要注意考量与其他问题之间的联系，鼓励不同部门、系统之间开展民调工作的协作与配合。民意调查选择的主题应是引起了社会大众广泛的关注，并与相关媒体进行过充分讨论的，换句话说，就是要求受访者对民意调查的主题有相当程度的认知和关心。选题的提法对调查的结果有着显著性的影响，调查的结果通常强调使用一致性较高的民意来修正决策。但公众的注意力和意见是反复无常的，民意调查的结果只能在特定情境和特定时间内提供有效的反应，所以选题要侧重民众对当前事件、现行政策的看法，关注对比相似时空条件下的社情民意。

二、定向精准采集与监测

社情民意调查主要是通过样本来推断总体，由于普查的周期长、及时性差，以及普查中人力、财力和物力资源的大量消耗，因此在调查中样本的选取上也大多采用抽样的方式。为了使样本能够反映全体或大多数人的真实情况，在抽样过程中需要区分不同阶层、不同群体，使样本能够覆盖到社会各阶层群众。随着互联网和数据处理技术的迅速发展，通过对重点对象、重点网站以及移动客户端等平台的智能关联分析，有关组织或团体要根据自身情况，根据其关注的主题或领域的一定规律，有选择地筛选和捕捉各种社会状况和舆论，从而实现对社会状况和舆论的准确收集和动态监测。

（一）问题源收集与监测

问题源由需要政府采取行动加以解决的公共问题组成。社情民意调查因其调查方式的匿名特性，有助于公众表达自己的真实意愿，为政府决策提供质量更高更充分的民意信息。通过科学的抽样方法和数理统计方法，可以使公众关注的社会问题形成清晰、准确的公众意见，帮助决策机关快速准确地定位决策的重点，提升政府决策的民主水平。

（二）建议源收集与监测

建议源由专家、有关专业人士针对未处理好的相关问题所提出的各种具体解决方案组成。社情民意的收集与分析的研究性工作性质要求其结合许多专业科学知识与技能，以相关领域的专家学者的辅助指导为研究支撑，结合社会信息与舆论条件分析，深入了解社情民意信息主要内容，通过提取相关内在联系与规律，分析、预测社情民意发展及演变趋势，帮助政府制定正确的发展战略。社情民意调查、监测与分析系统实现的关键在于强大的智囊团系统的支持。

（三）政治源收集与监测

政治源由传统文化导向、制度或法制变迁、利益集团活动等因素组成。由于监测社会状况与舆论具有一定的复杂性，所以可根据组织不同的需求从时间、来源、内容、类别等方面选取其中的一条或多条准则进行监测；必要时可将这些准则分为若干组进行分类监测。社情民意调查介入政府决策过程中的主观性和随意性较强，需要经过合时合宜的转化，适应当地的传统文化，与当时的法律制度相匹配，与相关利益集团相调和，社情民意信息才能更好地得以运用。

案例：厦门政协①

2019 年 6 月，全国政协创新推出《每日社情》，厦门政协针对其紧扣时政热点、关注前沿新问题的用稿要求，向经济、工商联、医卫、特邀（港澳）等相关问题源、建议源与政治源等有选择有重点地征集信息。截至 2020 年 4 月，共有《香港乱象须从根源解决四大问题》《关于尽快预防埃博拉疫情入境的建议》《建议建立

① 杜亮．坚持“四个定位”提升反映社情民意信息工作成效［J］．政协天地，2020（12）：40-41.

全国统一的民营经济统计监测体系》等20多篇委员信息被《每日社情》采用。

三、注重社情民意信息加工

社情民意信息是全国人大代表、政协成员以及社会各级党派人物在政治上参政议政、提案献策的主要依据，往往具有零散化、分布式的特点，表现为广大人民群众的呼声、意愿，常常包含在广大人民群众的街谈巷议当中。社情民意信息资料加工技术，即对及时准确地搜集到的资料进行去粗取精、去假存真，增强其加工的科学性与应用的可操作性。下面将从实际情况出发，从问题导向、找准定位与实践方法三个方面展开论述。

（一）问题导向

在社情民意的信息加工过程中，首先应该找准问题导向，分析信息背后所反映的民众需求与上层政策要求。

关注党和国家大政方针实施过程中群众的反映与呼声，从中开发出有价值的社情民意信息。以国家大政方针为指导，以群众需求为导向。通过切实的数据支持与有效的实践经验，把握好结合点。注重筛选那些带有全局性、根本性，全面准确反映本地真实信息的上报，要打破“就地自我消化”的传统思维方式，实现各级党政部门信息资源共享，把握好重点。重要的是找准落脚点，在社情民意信息的转化利用上坚持宏观上为党委、政府决策服务，微观上帮助群众解决实际问题的思路，利用各种形式，抓好反映问题的落实。①

（二）找准定位

社情民意反映了民众的需求与对于一段时间内政府工作的评价态

① 石家庄市政协．拓宽社情民意渠道应做到“六个坚持”［J］．乡音，2004（5）：6.

度。基于此，在社情民意信息加工的过程中找准定位尤其重要。

首先应该明确，政府是为人民服务，大政方针的施行是为了民生的发展，所以在信息加工过程中应该关注民众需求，结合近期社会生活，理清社情民意信息中所反映的问题，理清问题的产生原因，提出切实可行的解决方法。信息加工的出发点和落脚点都要站在国家和人民的角度，具有广泛性、普遍性和代表性，必须紧扣人民群众切身利益，关注国计民生与民情民愿。

在具体信息加工过程中，要眼光长远，立足高处。紧扣国家和地方社会发展的方针政策，把握党和政府工作重点。信息加工时注重全局性、苗头性与重要性。从宏观问题中找到小切入口，提高问题解决办法的可操作性。由于社情民意信息具有动态性，在具体信息加工中要注意防微杜渐。

（三）实践方法

在具体的实践信息加工中应从提出问题、对问题进行信息加工、解决问题三方面入手。

提出问题，即关注社情民意信息背后所反映的情况、问题产生的大致原因与背景。同时关注问题背后所产生的影响，包括正面影响与负面影响以及其可能造成的后果，以结果为导向，提出具有可操作性的意见建议。注重前瞻性与针对性。关注时政，适应国家治理体系与治理能力现代化的要求。在信息加工过程中，注重质量，一事一议。结合当地社会生活情况与风土人情，进行信息加工。切记不谋私利，真正站在群众的立场，换位思考，落实信息加工背后所反映的问题。

社情民意内容包括民众对社会生活的意见建议以及对现行的政策方针等实施情况的反映。基于社情民意内容的信息加工，即具体问题具体信息加工与过往经验的结合。从具体问题具体信息加工角度看，在信息加工过程中首先要选好入手点，信息选题要选好角度、找准切口、关注要害。其次要深入调研，通过举办座谈协商、专题议政性会议等活动发挥集体智慧，集思广益。关注信息质量、分量与价值，在信息加工过程中严把审核收尾工作，确保信息质量。①

在信息加工过程中，结合过往经验可以有效地帮助获取信息加工思路。一是结合过往的典型案例，看看其中是否有可供借鉴的信息加工方法与解决思路。并且联系当前当地情况，寻找是否有更优解。二是进行反思，在以往的案例信息加工过程中，有哪些不足之处，这些不足之处有哪些解决方法。在借鉴过程中，注意不要生搬硬套，不同的历史环境、不同的地域特色与地域文化以及不同的政策，都影响着具体的信息加工结果。三是注重使用数据，在大数据时代，利用数据对比等手段可以有效地进行信息加工，提高信息信息加工的效率与准确度。

四、拓宽社情民意信息来源

一是注重专业性。在“专”字上下工夫，打造一支相对稳定的、专业的信息加工与调研团队。重专责，通过邀请部分委员参加信息加工信息员培训班等形式，引导发动委员将信息工作与日常履职相结合，提升撰写、信息加工的积极性、主动性；重专门，依托省级、市级各民主党派、工商联，引导高校、科研机构、企业、社会组织以及各行优秀人才，广泛收集社情民意，及时进行信息加工反映意见建议，汇聚广泛的信息员队伍；重专业，通过专家信息员征求意见建议以及定向约稿等方式，获取专业角度的意见建议。反复沟通，畅通信息加工渠道，推动社情民意信息加工工作提质增效。②

二是利用大数据网络提质增效。积极建立健全信息网络建设机制，利用网络快捷、方便的特性，逐步实现社情民意信息收集、报送的现代化。

---

① 树立高质量发展导向 开创信息工作新局面［N］. 联合日报，2002-12-30（2）.

② 树立高质量发展导向 开创信息工作新局面［N］. 联合日报，2002-12-30（2）.

第二节 社情民意信息的收集方法

准确性、客观性和真实性是社情民意工作的根本，社情民意信息的收集是反映社情民意信息工作的开始，收集得科学与否，直接影响着整体社情民意信息的质量。本节将从抽样问卷调查、电话调查、座谈会谈调查以及互联网调查四类方法展开介绍。

一、抽样问卷调查

抽样调查的目的是通过从总体中抽取样本进行调查和观察以对总体的某些特征进行推断，问卷调查是现代社会中广泛使用的一种调查形式。

（一）抽样方法及步骤

抽样调查是根据随机性原则选择样本，根据数量估计总体的某些特征，并从概率的角度控制推断中可能出现的误差。不同的抽样方法适用性不同，在具体调查的开展过程中应具体分析。

1. 抽样方法

（1）简单随机抽样法

将总体进行编码，使用随机数表或专用的计算机程序确定随机数，从总体中进行选择，总体中与随机数匹配的单位便成为随机样本，要求抽取的每个可能样本均有同等被抽中的概率。

（2）系统抽样法

在总体中按照一定的间隔进行样本的抽取。

（3）分层抽样法

根据特定的特征，将总体分为同质且不相互重叠的若干层，再从各层中分别抽取样本。各层内应该同质，每一层间的差异应尽可能大。

（4）整群抽样法

将总体进行分群，随机选择群体作为抽样样本，调查样本群中的所有单元。

（5）多阶段抽样法

将一个很大的整体划分成若干个子单元，即一阶的单元，再把一阶的单元划分成若干个较小的单元，称之为二阶单元，按此顺序继续发展下去，从而划分得出更小的单元。将抽样的过程分阶段地进行，然后按随机原则逐阶段地抽样。由于每一个阶段所需要运用的抽样技术方法也常有所差异，通常将各类抽样技术方法相互结合在一起来使用。

2. 抽样的一般步骤

（1）确定调查总体

根据不同的研究目的和研究需要，明确调查的全部对象及其范围。

（2）制定抽样框架

对可以选择作为样本的总体单位列出名册或排序编号，以决定总体的抽样范围和结构抽样框架。

（3）分割总体

将调查总体根据确定的抽样框架进行相应的分割。

（4）决定样本规模

按照抽样理论的方法，通过调查精度和相应的公式计算出满足条件的最小样本容量；在给定调查经费的情况下，按单位调查成本确定最大有效的样本量；将两者结合起来进行综合考量来确定调查的样本规模。

（5）决定抽样方式

根据调查的需要，选择合适的抽样方式。

（6）确定调查的信度和效度

调查的设计需要以信度和效度为基础。调查的信度指的是调查的可靠性，即采取同样的方法对同一对象重复进行测量时，其所得结果相一致的程度；效度指的是调查的有效性，指测量工具或手段能够准确测出所需测量事物的程度。

（7）实施抽样调查并推测总体

根据抽样调查得到的结果对总体的某些特征进行分析和推测。

案例：抽样调查①

2018年中国人民大学利用“千人百村社会调查”和中国人民大学“现金需求项目组”开展的“居民消费支付形式抽样调查”抽取了10个省份共4091份样本，考察了我国城市地区和农村地区居民电子支付的使用对现金需求的影响。在此项研究中，鉴于我国独特的城乡二元经济结构，调查对象同时包括城市居民和农村居民，并利用微观调查的数据进行实证回归。

（二）问卷的组成与问卷设计

1. 问卷的组成

（1）标题

在问卷的首页拟定合适的问卷标题，使填答者可以一目了然地知晓问卷的性质或目的。注意标题避免涉及敏感或隐私内容，适当运用中性词语进行替换。

（2）卷首语

印在问卷起始的短信，简要阐述问卷的目的、研究者的身份、保密的承诺以及感谢，对问卷的填答进行解释和说明。

（3）问题

一般来说，问题有封闭性问题和开放性问题两种形式，构成问卷的问题可分为事实性问题、意见性问题、困窘性问题、断定性问题以及假设性问题，问题的类型可分为基本资料、行为资料以及态度资料。②

（4）编码

① 高俊杰. 电子支付对居民现金需求的影响研究——基于居民消费支付形式抽样调查［J］. 中国物价，2021（3）：86-89.

② 方建移. 民意研究：理论、方法与应用［M］. 北京：中国社会科学出版社，2015.

对问题及其选项编上数码，以便后期的数据录入与分析。

（5）尾语

再次表示感谢，并印上调查员的姓名、调查日期以及被调查者的相关信息等，便于日后复盘时使用。

2. 问卷设计

（1）原则

根据调查的主题，结合对实际状况的考察，进行拟题。按照一定的逻辑性和系统性进行问题的布局和设置，问题应尽量通俗易懂，避免出现歧义。注意控制问卷的长度以及综合考虑后期数据处理的方便程度。

（2）步骤

首先搜集资料，明确调查主题及目的。确定调查方法，自填式、代填式，电话问询或者是邮寄调查，根据不同调查方法的类型，对问卷进行整体考量。确定问题的内容以及类型，斟酌问题的措辞，安排问题的顺序，确定好格式和排版。小范围内进行预调查，做出相应的修改和调整后，最终确定调查问卷。

二、电话调查

电话调查指调查者根据事先制定好的调查问卷或访谈提纲，借助电话向被访者提问的间接调查方法。因其“背对背”的特点，有时可以访问到问卷调查不易接触到的对象。

（一）电话调查的抽样及一般步骤

1. 电话调查的抽样

（1）随机数字拨号

随机数字拨号法是电话调查的基本抽样方法，其样本基础为能够涵盖调查范围的全体电话用户的电话簿，可以通过与相关部门联系获取相应的调查辅助资料。

（2）目录辅助随机数字拨号

根据电话号码分布的聚集性特点，先利用公开的电话簿进行随机抽样，把抽得的号码最后一位加一个数字形成新号码，然后对新号码进行电话访问。

（3）多重抽样框设计

由于电话号码和电话簿不能完全覆盖所有人群，为了克服部分弊端，可以将电话调查与其他调查方式相结合，采用多重抽样框多重抽样模式，综合发挥各种调查方式的优点。

2. 电话调查的一般步骤

确定抽样设计，明确抽样框。在抽样框中生成或选取用于抽样的电话号码，并在调查员之间进行随机分配。制定电话拨打的规则以及时间跨度，拟定好调查导语，对每个电话号码都建立通话记录，在开展调查的过程中可以适当修正和研讨调查问卷或提纲。

（二）计算机辅助电话调查

计算机辅助电话调查简称 CATI（Computer Assisted Telephone Interviewing），它是一种由三个资源组成一体的访问系统，即电话、计算机和访问者。通过该系统，研究人员可以在更短的时间内以较低的成本获得质量更好的访问数据，并且可以使用各种统计软件直接处理获得的数据。

CATI 调查大致分为三个阶段，包括准备阶段、访问实施阶段和整理与总结阶段。准备阶段进行人员招募与培训、调查方案设计、问卷设计、电话样本确定以及计算机等工作设备的准备等工作；访问实施阶段是工作者通过系统向被访问者提出问题并进行记录，工作者应当坚持循序渐进、因人而异、旁敲侧击、适可而止、彬彬有礼等原则；① 整理与总结阶段针对封闭式的问题相对简短容易处理，对于开放式问题的汇总

① 方建移．民意研究：理论、方法与应用［M］．北京：中国社会科学出版社，2015.

要求工作者具备一定的工作技巧。

案例：台州市社情民意调查中心①

台州市社情民意调查中心的民意调查中的电话调查通常使用计算机辅助电话调查（CATI）系统，由于它调查速度快、成本低、质量优，是当前较为常用的民意调查方式，“五水共治”满意度调查、“平安三率”调查、卫生满意度调查、食品安全调查、生态质量满意度调查等，均采用这种调查方式。

三、座谈会调查

座谈会是以非结构化的方式对一小群调查对象进行的访谈。简单来说即由主持人引导与提问，参会人员对有关问题提出意见建议。座谈会是政府收集社情民意的重要窗口与手段，构建座谈会收集信息的长效、有效机制，提高座谈会的社情民意信息收集能力，主要可从科学架构参会议程与意见建议的有效收集两方面入手。

（一）科学架构参会议程

参会议程的架构关系着社情民意信息收集的效率高低与准确与否，构建科学合理的参会议程有利于提高信息收集的广度与时效性，便利后续的信息加工与分析。参会议程的架构主要可从参会人员的选择、会谈议题的提出两方面着手。

一方面，要注重所收集信息的实用性。贴近基层，服务好社会民生，要充分调动政府机关工作人员的积极性，走出机关采集民意。另一方面，要注重所收集信息的科学性。要与社会各界专家学者合作，将社科研究成果转化为社情民意信息，关注社会现象与政府政策的关系，提

① 范小妮．互联网时代民意调查方式变革探析［N］．台州日报，2020-10-14(005)．

升信息的精准性和原创性。关注专家学者、专家型委员、政协委员的信息，使更多专业性、原创性强的信息进入党政决策视野。

案例：厦门市政协工作机制①

厦门市政协重新梳理完善了信息工作各项运作机制和工作流程，调整充实了市政协信息员队伍，每年组织委员、信息员外出学习考察兄弟城市先进经验，将信息员工作例会与考察厦门高校人文社科院系、社会智库相结合，提高信息编报的专业性、科学性和层次性。通过上门交流、辅导授课、以会代训等方式，加强对区政协、党派团体开展信息工作的联系指导。注重加强与高校人文社科院系、专家学者的联动合作，《当前粤港澳大湾区建设面临的新问题亟待解决》《推动泰北华校立场转换抢占侨务对台工作阵地》等信息被全国政协采用，《重视中美贸易战对我省计算机与通信设备产业链的影响》《建议率先推动台资企业进入区域股权交易市场》等信息获厦门市领导批示。

（二）意见建议的有效收集

在收集意见建议的过程中，应注重社情民意信息的收集编报，提高信息收集的规范性与可操作性。党政机关是舆情化解与引导的关键责任人，但并不是唯一体。社情民意信息的收集应该在建立健全信息收集、反馈工作网络的同时，广泛动员群众、增强相关部门的力量，建立结构化的信息收集机制，结合当地实际社会环境，提高信息收集的针对性与有效性。

对信息的收集整理过程需进行框架式建构。框架，可界定为解释模式。通过该解释模式对信息进行分类以更有效地根据认知图式处理信

① 杜亮．坚持“四个定位”提升反映社情民意信息工作成效［J］．政协天地，2020（12）：40-41.

息。在建构框架的过程中，应该重点关注党政要事，注重选题策划与定向精准采集，联系当前当地社会环境，重点关注民生所需及民心所向。

应当注意的是，由于框架是一种受信息来源、社会情境、信息工作者等多方影响的意义建构活动，框架既可以影响受众的观点与想法，也会使受众的关注点偏向信息的某一方面，所以在框架构建过程中应当力求全面与真实，客观准确收集社情民意信息，不曲解，不添枝加叶。对于一些模糊问题，坚持调查核实，提高准确性。原则上坚持“一事一议”，及时收集整理报送相关信息。对于热点问题和可能激化矛盾的苗头性问题，尽快报送，采取积极措施妥善解决。

案例：徐州市政协①

对于加强农民自产蔬菜与市场对接的建议，市商务局多次研究并提出了具体的对接措施。如督促农贸市场加强对农民自产蔬菜销售区的引导和管理、在农产品批发市场设置农民自产蔬菜销售区、发展农产品平价直销等。农民自产蔬菜有了销售的“绿色通道”，缩短了菜农与市场的距离。对于参保人员缴纳社会保险网点少、等待时间长等问题，相关银行积极拓展缴费渠道，升级收费业务平台，大大缓解了市民缴费难、缴费慢的情况，得到了群众的好评。

四、互联网调查

在互联网快速普及与发展的当下，以数字化为基础的新兴平台大量出现，信息的收集与传播都发生了极大改变。电子邮件、微博、微信等多样化的传播方式，转变了人们的传播习惯。在此基础上，直面网络环境对信息传播所带来的变化，合理有效利用互联网进行信息收集与调查十分重要。

---

① 贾广恩．徐州市政协注重运用社情民意信息推动民生改善［J］．江苏政协，2015（1）：52.

（一）互联网环境下信息传播的变化

一是信息主体的变化。互联网出现以前，大部分信息依赖于传统的“层层上报”方式，公众只是信息传播的客体。而在网络时代，受众与媒体共同成为信息传播的主体，在网络环境下，信息的收集与整理离不开民众的参与及回应。民众能够借助网络传播信息，个体成为信息传播的主体，层出不穷的新媒介为民众提供了更多可以参与的信息反馈平台。在大众传播时代，信息传播的广度与深度一再扩大，一条信息是否受到广泛的关注，取决于公众的需求以及信息的模糊性。许多微博上曝光的事件成为轰动性的公众议题就在于迎合了公众的需求，一方面与公众的利益密切相关，另一方面其结果又存在着一定的悬念。并且，由于互联网加强了信息传播的互动性，民众与信息的互动，即网民对信息的及时转载和意见反馈，极大地增强了信息传播的影响力及权威性。

二是信息影响的扩大化。快速发展的网络传播媒介在大大便利了信息的收集与整理之外，同样也容易使不实消息大行其道。问卷调查显示，当网上出现匿名播散的舆情时，有 70%（349 位）的人表示会半信半疑，认为可能性是存在的，不会轻易否定；有 5%（25 位）的人认为不管匿名不匿名，不会空穴来风，网上发布的信息都是可信的；只有 25%（124 位）的人表示不可信。因此，当网络上有匿名不实信息散布时，75%的人会受到舆情的影响。如果应对措施得当，受不良舆情影响的 70%的人会消除疑惑。因此，在互联网时代，及时有效地分辨信息的真实性、控制舆情、遏制虚假信息极为重要。①

（二）健全互联网信息收集机制

互联网时代健全信息收集机制，一是科学合理利用网络手段扩宽信息收集渠道。以互联网为媒介，以互联网用户为调查对象，以互联网互

① 刘琍，高颖，刘国华．建立公立医院全覆盖舆情信息收集、反馈工作网络的探讨［J］．中国医院，2015，19（3）：42-44.

动技术为基础，收集调查数据与访谈资料进行定量或定性研究。① 利用电子邮件调查法、网页调查法、可下载交互程序调查法等现代互联网技术手段，明确信息收集目标对象，采用线上访谈、线上大数据信息收集整理等方式推动信息的收集与整理。二是政府加强网络参与度，建立迅速准确的信息反馈流程与全覆盖的信息收集反馈网络。在社情民意信息收集过程中，由政府官方组织、推动，如设计官方民意反映渠道，实时开放更新。关注网络舆情，对不实信息及时发现与处理，实时回顾所收集的数据；加强与高校的合作，培养相关领域的应用型与分析型人才。利用互联网技术，提高信息的时效性与准确性。

案例：福州市政协②

在疫情期间因工作生活需要，广大群众都选择使用手机流量上网，观察到这一现象，致公党福州市委会及时报送了《减免数据流量费用支持全民共同抗疫的建议》，市大数据委积极对接电信、移动、联通三大运营商推动疫情期间数据流量减免等工作，取得一定成效，并且将情况及时反馈给市政府分管领导。实时关注网络舆情，建立健全了快速准确的信息反馈流程。

第三节　社情民意信息的分析方法

社会条件和舆论信息涵盖了社会生活的方方面面，从涉及国家法律和法规、指导方针和政策、经济和社会发展等与国民经济和民生有关的重大问题的意见和建议，到涉及人们生活中普遍关注的热点和棘手问题

---

① 方建移．民意研究：理论、方法与应用［M］．北京：中国社会科学出版社，2015.

② 陈小刚，庄丽婷．探索社情民意信息办理协商监督新机制［J］．政协天地，2020（9）：42-43.

的意见和建议。精确的统计分析、慎重的数据解读等社情民意信息的分析工作是反映民意、关心民情等工作开展的基础。

一、线上分析法

我国拥有世界上最多的网民和最大的访问量，有效分析网络舆情，可以使政府更好地了解公众意见和诉求，并且有助于建设安全和谐的网络环境和社会环境。

（一）去除水军

网络舆情监测以监测社会民生舆论为主，但“网络水军”往往将商业话题变相说成社会生活话题，刻意制造的次生舆论就混杂在舆论阵营中，表达了大众的非本意舆论，掩盖了自然形成的社会舆论。如此一来，网络舆情监测统计的舆论数据就会失真，并对学术研究机构和政府造成误导，影响了网络舆情监测的公信力。鉴于当今“网络水军”广泛存在的现实，在分析社情民意的时候，需要通过考量舆论的来源甄别网络舆论的真伪。

1. 相同 IP 和 ID 分析去除法

“网络水军”每天长时间挂在网上刷帖，尽管更换不同的 ID，但他们上网的 IP 地址是不变的。那么，通过统计每一个 ID 发帖时所使用的 IP 地址，就可以辨别出哪些不同 ID 发出的帖子是出于同一台电脑即同一个人。如果一个论坛的帖子出现了大量相同的 IP 地址，或出现在不同论坛里的同一主题的帖子中出现了大量相同 IP 地址，那么就可以肯定，这个舆论主题是“网络水军”人为制造出来的。

另外，如果在同一处的同一个 ID 使用不同的 IP，那么说明这可能是同一个人在不同时间发表的言论，或者是不同的人使用网络营销公关公司统一发表的言论，于是，就可以根据这个 ID 所使用的 IP，继续顺藤摸瓜地找到本论坛中其他 ID 发表的言论和其他论坛中同一个 IP 使用的 ID 发表的言论，这样就由 ID 和 IP 构成了无尽的关联网络，在这个网络上的每一条帖子都可以被确定为“网络水军”制造的。

因此，我们可以通过计算机技术的辅助，根据现实情况制定评价标准和体系，统计出“水军”发帖的个数，并求出这些帖子在整个话题中所占的比例，比例越高，这个舆论热点系炒作所为的疑似程度就越高。

2. 情感词分析去除法

“网络水军”在网上发布的帖子往往是非理性的并带有强烈情感色彩的，因此，可以通过文本分析，主要是对情感词的分析，来判断这个用户是不是“网络水军”以及他所主导的舆论是不是有意制造的次生舆论。

基本思路是通过互联网信息采集获得数据，然后通过网页页面分析技术抽取元数据，包括信息发布者、信息发布时间、信息来源和正文信息，采用机器学习方法对正文信息进行情感分类，判断其为正面信息或为负面信息。经过统计后，在特定的一段时间内，当某人发表的正面或负面信息比重超过预设阈值时，则认定为“网络水军”。①

（二）情绪计算

情感分析指的是对一些带有主观性的文本，分析、推理和归纳其带有的感情色彩的过程。在当下的网络社会中，情绪计算是舆情分析的重要一步，网络交流缺少面对面交流所拥有的如语音、语调、表情等辅助方式，这种单纯的话语输出模式使网络舆情分析具有天然的不确定性。在进行情绪计算时，要在扩大样本容量的基础上注意否定词、语气词等对于情感权重的影响。由于在大量的舆论数据中，文字信息占比较重，因此，下文主要针对文本中的情绪计算做出分析研究。

一是提高分词精度，分别提取语句的主题与属性，进行语法分析，判断文本主题与带有明显情感关键词的关系，通过它们之间的关系确定主题的文本感情倾向。通过去噪声，将网络文本信息中的一些网络链

① 任昌辉；巢乃鹏．我国政府网络舆情综合治理创新路径研究：基于治理工具论的分析视角［J］．电子政务，2021（6）：40-51.

接、特殊符号、无意义字母、停用词等对情绪分析没有帮助的词汇去除，使语句的情感更简洁。在进行中文分词时，要注意新词的补充。随着网络的快速发展，各类网络热词层出不穷，例如“我太南了”“盘他”等，及时收录并整理新兴词汇，有利于有效分词。

在提高分词精度的同时汇总热点词汇与数据，采用智能监控，及时监测负面情绪较高的事件，实时关注社会舆情。综合运用基于情感字典的研究方法与基于机器学习或者深度学习的研究方法，将文本特征向量化，判断文本属于正面情绪还是负面情绪。

二是构建情感计算模型，进行多策略的情感倾向分析与特征提取。运用 SVM、BI-LSTM 两种机器学习相关算法做分析，分别从召回率、精准率、F1（F-score）值、ROC 曲线等来评价它们的可用性，并选择最优的算法来设计系统的情感分类模块，然后对采集数据进行情感分类，按照不同年龄、不同性别、不同地区等进行 Web 前端展示。①

SVM 即指出向量机，该算法的原理为：使用有限的数据训练 SVM 分类模型，目标在模型相对简单的情况下，同时具有较强的学习能力。由于在实际生活中，需要进行分析的问题很多是非线性的，所以 SVM 运用核函数将数据进行升维，将低维的数据特征空间映射到高维空间，使数据呈现线态分布。之后设定一个分类标准，将大部分数据分为正例与反例。

BI-LSTM 即双向长短时记忆网络，可用于保存过去的信息，同时可根据需要，实时更新数据，将对后续计算无用的信息遗忘，只记忆对后续计算有用的信息。

二、线下分析法

（一）基于社情民意属性的分析方法

基于社情民意信息属性的分析方法一般有三种：图表分析、定性分

① 王前威．基于新浪微博的网络舆情分析系统设计与实现［D］．重庆：西南大学，2020.

析和定量分析。

1. 图表分析法

图表分析法是通过图形、表格、曲线等对社情民意信息进行整理、加工、分类，完成相应的分析，通过不断地进行数据更新可以及时观察其变化与发展趋势，形成对于未来的动态预测。

图表分析的基本步骤为：根据社会调查目标确定调查主题、检索有关的社情民意信息并加以归纳整理，以及分析与图表编制。根据内容的不同可分为对比分析、进度分析和差异分析，根据角度的不同可分为纵向对比分析、横向对比分析和同环比分析。图表包括饼图、折线图、散点图、雷达图、柱形图等多种形式。

2. 定性分析法

定性分析法即根据社情民意信息的各种属性数据以及研究主题对其内容进行归纳、分析，以了解某一信息的当前状况以及未来前景等。社情民意信息的集中体现是社情民意文本，对文本的定性分析包括语义分析、趋势分析、态度分析等，要求工作人员具备一定的文本理解能力。

不同性质的社情民意信息具有不同的特点，其类型主要可以分为动态型、举措型、经验型、建言型、理论型五大类型。① 动态型信息指新闻类的信息，反映社会生活的新问题和新动向；举措型信息指对当前社会生活中的热点、难点问题的解决提出的相关解决措施；经验型信息指对既有工作的经验总结，从而为之后的工作提供借鉴；建言型信息指具有重大影响的社会事件发生后，分析如何妥善处理并从中吸取经验教训，建立预警机制的建议；理论型信息指相关学术理论研究的成果所产生的实际社会价值。

---

① 钱宇波．民主党派反映社情民意信息工作的问题分析与对策建议［D］．上海：华东师范大学，2014.

案例：基层党组织的组织力[①]

某项研究在对高校基层党组织的组织力调查研究中，基于定性比较分析生成的数据结果、案例追踪与研究结论，回归到理论模型，结合现实情况，将高校基层党组织分为学科实力弱且党建能力弱、学科实力强但党建能力弱、学科实力弱但党建能力强以及学科实力强且党建能力强四类并提出相关政策建议。

3. 定量分析法

定量分析法主要指将人、社会话题的关注度等作为变量考察特定的研究主题随时间变化的规律，进而对变化情况进行分析。通过相关性分析、回归分析、假设检验等数理统计方法，对社情民意信息的时间、来源、类别等进行分析，以可视化图表表示结果，直观地展现社情民意的信息。

定量分析的步骤主要是根据研究主题确定研究内容，将研究内容进行操作化定义，制定指标体系，开展实际调查，对调查数据进行量化分析，建立数学模型进行相关理论分析。

（二）基于社情民意内容的分析方法

社情民意信息分析，即立足当地社会情况，为党政决策服务，同时提出具有普遍性、倾向性、预兆性和前瞻性的意见建议。下文将从明确定位、抽样与编码两个方面展开说明。

1. 明确定位

在内容分析过程中，首先要明确研究目的，定位准确，包括提出相关假设以及规定分析对象的范围。之后抽取分析样本，选择分析单位，制定评分定量标准，检验分析标准的可信度并对结果进行预测。最后根

① 刘蕾，邱鑫波，李江涛．高校基层党组织组织力提升的影响因素研究——基于20个案例的模糊集定性比较分析［J］．高校教育管理，2021，15（2）：76-87.

据收集到的数据和分析结果得出结论。①

社情民意分析是为了进一步提高政府的工作效率，及时反映、分析人民群众普遍关心的问题与各项政策施行反馈。要结合国家大政方针，依托当地社会风俗人文，明确分析目的与材料选取范围，设计研究主题与研究步骤。在资料收集过程中注意以下四个特点：

一是重要性。反映社情民意的信息工作不同于一般的信息工作，它是向决策者、领导者反映真实情况的“直通车”。社情民意信息所反映的不是一般的社会情况或广大群众生活中的琐事，而是国家经济社会发展中的重要问题，是人民群众普遍关心的和国家治理中的重点、热点、难点问题。因此，重要性是反映社情民意信息工作的首要特点。②

二是真实性。确保社情民意信息的真实性，是社情民意内容分析具有科学性、严谨性、可行性的基本前提。社情民意信息是科学决策的重要参考，收集社情民意信息就是要多渠道、多方面反映社会情况与群众意见，通过系统、科学、有效的分析机制提高决策参考度。

三是特色性。一定时期有一定时期的诉求，一个阶段有一个阶段的问题。结合当时当地的社会情况，力求全面、客观、准确地反映社会各界诉求，广泛发动民众与政府工作人员及时收集群众中具有倾向性、苗头性的问题，分析其中所反映出的宏观、深层次问题与意见。

四是时效性。大数据时代信息传播的加速与控制难度的加大决定了很多具有苗头性与倾向性的问题与诉求一旦未能及时反馈到政府决策部门，就很容易造成不良影响与难以预估的后果。所以必须注重社情民意信息收集的时效性，及时准确收集社会各界人士与民众的意见建议。

---

① 方建移．民意研究：理论、方法与应用［M］．北京：中国社会科学出版社，2015.

② 杜晓丹．基层人民政协反映社情民意信息工作的问题与对策研究［D］．上海：上海师师范大学，2016.

案例：临沂市政协①

临沂市政协围绕打造社情民意信息“直通车”，积极探索构建“三四五”工作体系，社情民意信息工作取得了较好成绩。打牢“三个基础”，把加强组织、网络和队伍建设作为抓好信息工作的基础支撑。加强组织领导，建立分管主席牵头、研究室统筹、专委会配合、专职人员具体负责的工作机制；加强网络建设，在“掌上政协”设置“微协商”“微监督”“掌上社情民意信息”等履职模块，拓展了信息来源渠道和覆盖面；加强队伍建设，注重社情民意工作，同时遴选78名特邀信息员进行专题培训，注重社情民意信息的时效性、真实性、针对性。

2. 抽样与编码

明确定位之后，依据多阶抽样方法抽取样本，对研究内容的原始资料进行抽样与编码，方便快速、有效地对社情民意信息进行分析与整理。

（1）抽样

抽样调查是与普遍调查（普查）所对应的一种民意调查方式。抽样，就是遵循随机的原则从总体中选出一部分样本并由此推断总体的方法。在日常的调查与信息收集工作过程中，限于研究条件等原因，不可能或难以对每一个个体进行调查，只能采用一定的方法从中抽取部分作为调查分析对象。抽样调查主要具有以下四个优点：一是节省人力、节省时间。对于强调时效性的社情民意信息来说，抽样调查与普查相比，能够有效降低时间、费用、人力成本，较为快速地得出调查结果。二是由于抽样调查调查单位少，有利于增加调查的广度与深度，取得比普查更为丰富的调查结果。三是很多情况下，抽样调查的结果比普遍调查更加准确。统计误差一般可分为两种：一是登记误差，即调查登记、汇总

---

① 树立高质量发展导向开创信息工作新局面［N］. 联合日报，2020-12-30（002）.

计算过程中产生的误差；二是代表性误差，即利用统计数字推算总体时产生的误差。两种误差都难以避免，虽然抽样调查兼具两种误差，但是由于抽样调查单位少，参加调查汇总的人数也少，经过一系列严格的训练之后，登记误差发生的可能性就可以降到最低，从而增加调查结果的准确性。四是通过随机原则选取的样本对总体具有足够的代表性。调查样本按照随机原则抽取，不仅不受主观因素的影响，能够保证抽中的调查样本在总体中均匀、合理地分布，减小出现倾向性偏差的可能性，各个单位之间的差异程度与允许的误差，都是经过科学的计算确定的。①

有效的抽样，首先要确定总体与总体单位。一是构成总体的单位必须是同质的，如调查居民的工资收入情况，就需要排除其他收入的影响；二是总体与总体单位具有相对性，对于不同的研究任务，总体与总体单位的选择就要做出相应的改变。在抽样的过程中，要根据情况选择对总体有充分代表性的个体，列出科学的抽样框架，以确定总体的抽样范围与结构，如学生花名册、企业名册等都是常见的抽样结构。需注意的是，在抽样调查之前，需确定科学合理的抽样单位，在此基础上对抽样框架进行检查与完善，明确规定抽样样本遗漏的个体与抽样样本某个值相连接的规则，以在抽样过程中发现遗漏的单位。之后进行样本质量评估，根据调查总体的规模大小与调查总体内部的差异程度，兼顾调查结果可信度与精确度的关系，科学合理确定样本规模；通过将抽样中得到的反映总体某些特征与分布范围的重要资料与样本中的同类指标进行对比，如果两者差距很小，则样本质量较高，反之，则需要完善甚至重新考虑抽样过程。最后通过电脑、数理计算等方法审查、处理、分析样本资料。

（2）编码

类目的建构与编码是内容分析的核心，通过类目的建构与编码，可

---

① 方建移．民意研究：理论、方法与应用［M］．北京：中国社会科学出版社，2015.

以实现信息内容的描述与分析，发现、检验变量之间的关系，并据此推论到信息传播的其他方面。类目是研究问题的具体化，即根据研究假设的需要，设计内容分析的维度。

编码一般有两种方法：一是依据传统理论、过往经验或某个问题已有的研究成果进行编码。即先让两人根据同一标准，独立进行相同用途信息的编录与分析，通过讨论等制定共同的标准再次进行编录并评估两者信度；二是研究者根据假设自行设计。即通过熟悉、分析有关材料，制定初步的分析维度，并不断进行完善，增强其可行性、合理性与适用性。此外，每个分析单位的编码都必须遵循穷尽与互斥原则。①

第四节　经典案例分析

一、九三学社省委反映社情民意信息案例

（一）九三学社秦皇岛市委社会与法律专门委员会案例②

案例：关于请最高人民法院出台重婚罪相关司法解释的建议

九三学社秦皇岛市委社会与法律专门委员会副主任、河北万千律师事务所高级合伙人、专职律师杨博伦指出，随着人们物质生活水平的提高，思想观念的解放，社会上出现了不少重婚现象，其表现形式呈多样性、隐秘性和复杂性。对于打击重婚现象，由于立法缺陷和司法认定等方面的困难，打击力度相对不够强大。

① 方建移．民意研究：理论、方法与应用［M］．北京：中国社会科学出版社，2015.

② 蔡国斌．敢于担当挑重任 越是艰险越向前——九三学社湖北省委会抗击疫情综述［J］．湖北政协，2020（Z1）：87-90.

一、我国重婚罪认定难及产生原因

（一）民刑法中事实婚姻产生争议并给司法实践带来困难

在实践中，关于事实婚姻，由于民法和刑法调整对象和司法目的的不同，导致同一案件会出现两种不同的认定结论。刑事案件的审理基础是以事实婚姻为前提，而民事裁判依据则是非法同居。行为人依照刑法的标准被认定为重婚罪，是否意味着非法同居也受法律所保护和承认？同一案件依据民法却不能认定为重婚罪，导致在刑事上无法追究其刑事责任。这就在民刑两大部门法之间产生了冲突。

（二）法律对“以夫妻名义同居”规定过于笼统导致实践中缺乏可操作性

对于事实婚姻，我国刑法是予以承认的，但由于司法解释没有明确性的规定和说明，“以夫妻名义同居”标准模糊，导致重婚罪认定难。

（三）罪状规定过于简单，缺乏财产处罚情节

一方面，现行的《中华人民共和国刑法》第二百五十八条规定“有配偶而重婚的，或者明知他人有配偶而与之结婚的，处两年以下有期徒刑或者拘役”，仅此一条，没有规定加重情节和加重情形，导致自由裁量的空间和尺度较小。

另一方面，对重婚罪的处罚中没有经济赔偿的规定。经济赔偿一般是出现在“私了”中。

二、对重婚罪规定缺陷的完善

第一，加快解决民法和刑法相互冲突的问题，建议最高人民法院制定相关司法解释协调统一民刑法关于事实婚姻的规定。并对“以夫妻名义同居”做出准确科学的解释，明确“以夫妻名义同居”的具体认定标准。

第二，提高重婚罪量刑标准。建议将刑法重婚罪情节的轻重程度分开对待，情节严重的应提高相应的法定刑。

第三，增设财产刑。对重婚案件的处罚，设置相应的财产处

罚，再加上必要的民事制裁手段以及行政措施，可以更加完善地维护家庭婚姻秩序，利于家庭的和谐和稳定。

总之，想要很好地抑制重婚现象的发生，相关法律法规必须完善，才能对重婚罪的认定标准和量刑有一个很好的把握，并采取经济上的财产刑手段来减少重婚罪的发生，保护双方家庭关系，促成社会稳定。

（二）九三学社衡水市委案例①

案例：关于推行无陪护病房的建议

河北省政协委员、九三学社衡水市委副主委、衡水市枣强县人民政府副县长王静说："无陪护病房是指患者住院后不需要家人陪护，护理工作由医院护士24小时承担的特殊病房。"其目的是，解决当前家庭人口少，陪护困难的问题，改变"一人得病，全家受累"的窘境。尤其是对于众多"80后"的独生子女家庭，面临着工作和家庭的双重压力，陪护问题已经成为不能承受之重。

无陪护病房在欧美发达国家已经非常普遍，其有三点好处：一是可以减轻患者家属的陪护压力，让其有更多时间投入工作，照顾孩子；二是专业的护理人员可以提供科学合理的护理措施，及时发现患者的病情变化，提高患者的安全性；三是可以有效改善病区工作秩序，提高医院环境卫生状况。

目前，部分医院（如衡水哈励逊和平医院）在试行无陪护病房中，因收费低（实际需要的陪护费50~60元/天），服务好，深受病人和家属的认可和欢迎，社会反响很好。但在实际工作中还存在一些需要解决的问题：一是医院针对无陪护病床收费缺乏法律法

① 蔡国斌．敢于担当挑重任 越是艰险越向前——九三学社湖北省委会抗击疫情综述［J］．湖北政协，2020（Z1）：87-90.

规支持，陪护费既不是床位费，也不是诊疗费和护理费，不在物价部门的核定收费范围内；二是陪护费不是法定收费项目，不在医保报销范围内；三是专业护理人员还存在一定缺口。

为此建议：

第一，从政策上支持无陪护病房，确定合理收费依据。物价部门为无陪护病房收费提供支持，制定合理的收费标准，如可将陪护费并入床位费。

第二，将护理费用纳入医保报销范围。有条件的地方，可将部分护理费用纳入医保报销范围，以推动无陪护病房的推广。

第三，适当扩充护士编制。通过增编增人的方式，逐步提高护士和床位的比例，并将新增加的编制优先用于无陪护病房。

第四，引入第三方护理机构。利用社会资本，由省或市一级卫计委统一招标，引入第三方公司承担护理工作，并纳入医院的护士管理、考核范围，由医院统一管理使用。

（三）九三学社湖北省委社情民意信息案例①

九三学社湖北省委怀着高度的责任意识与担当意识，积极组织成员，着力抓好疫情防控中的重点难点问题，积极提供意见和建议，及时反映社情民意、履行参政党职能。

信息稿件内容不仅关注疫情，更关注与疫情相关的更深层次问题，比如民生、中小企业生存保障、农民工就业、教育、生物安全，以及优化我国传染病预警系统等，高度重视疫情期间的网络舆情引导。一对一、一对多、多对一的沟通交流，优化、提高了广大成员思考问题的站位、角度与履职能力。

---

① 蔡国斌．敢于担当挑重任 越是艰险越向前——九三学社湖北省委会抗击疫情综述［J］．湖北政协，2020（Z1）：87-90.

（四）九三学社四川省委社情民意信息案例①

1. 信息工作的机制

相关领导部门制定完善了《关于加强反映社情民意信息工作的意见》，规范了全省和各市州的社情民意信息反馈工作，通过建立健全组织领导、分工协作、信息提炼、信息报送、跟踪评估、反馈激励、宣传等一系列长效工作机制来保障反映社情民意信息工作有序开展。

组织领导机制明确了领导班子分工责任制，使反映社情民意信息工作得到有力的组织保障；信息工作分工协作制度，明确了各个环节的时间要求、责任人、具体内容，形成上下联动、反映迅捷的工作网络；信息提炼制度明确了编辑提炼信息的基本原则和方法；信息报送机制对信息报送的环节、时间以及责任人进行了规定以保证信息报送的准确和及时；信息效果跟踪评估机制，明确了信息的采纳、落实情况进行跟踪反馈流程，评估建议的采用情况、落实成效，便于总结经验或发现信息工作中存在的短板并不断完善；反馈激励机制，明确了考核标准和表彰措施，利于调动党派成员的积极性；宣传机制，明确了反映社情民意信息取得成果的要求与方式，有助于提升信息工作成果的社会知晓度，创造良好的社会舆论环境。

2. 信息工作的渠道

在通过常规方式收集社情民意信息的基础上，进一步畅通了社情民意信息的收集渠道和方式，一是加强与对口部门的联系，争取当地中共党委、政府以及有关单位的支持，不断强化信息收集工作的纵向联系和横向联系，形成上下联动、左右互动的信息网络；二是利用网络等新媒体获取政务信息、时事要闻、社会舆论、民间舆情等信息，同时率先建立网站、QQ 群、微信群、微博公众账号等平台，不断健全完善网络收集社情民意信息的机制，进一步开辟反映社情民意信息来源的渠道；三

① 陈晓灵．民盟四川省委反映“芦山灾后重建”社情民意信息案例研究［D］．成都：电子科技大学，2016.

是开展各类社情民意信息收集的专题活动，及时广泛地收集社情民意信息。

二、大数据环境下湖南省社情民意的数据挖掘案例

依据《中国互联网发展报告（2019）》报告可知，截至2018年年底，中国网络用户整体数量已经达到8.29亿，2018年单年增加网民数量超过5663万，全国范围内互联网普及率更是达到了较为可观的59.6%，相较于2017年同比增加达到3.8%。① 互联网持续深入社会的方方面面，传统的社情民意收集分析方式如信访、上访、听证会等由于其滞后性越来越受到快速信息化的冲击。面对网上庞杂的民意信息，如何合理、高效地挖掘有价值的信息，及时了解民众心理需求变得尤其重要。本节将以湖南省社情民意数据挖掘为例，分析其中值得学习、借鉴之处，以期推动大数据时代社情民意信息收集、整理工作。

（一）案例研究法

案例研究方法是通过选例说明一个或多个问题，对实践中的复杂现象进行彻底、全面的考察，利用所收集的数据对事件之间的逻辑关系进行分析和扩展推理，从案例到理论解释进行的研究方法，包括探索性案例研究、描述性案例研究、解释性案例研究、案例研究、多个案例研究、自发案例研究和项目案例研究等类型。在此基础上，案例研究方法的功能包括三大方面，一是总结提炼，从大样本事件中发现规律性认识；二是深度解析，对单一典型事件深入研究，提炼出普遍规律；三是对比分析，对不同类型案例进行比较研究。具体可对湖南省大数据时代社情民意信息挖掘特征问题归纳总结，对信息收集机制、可供借鉴方面进行案例研究。

---

① 黄世杰．大数据时代社情民意的挖掘及治理对策研究［D］．湘潭：湘潭大学，2020.

(二) 湖南省社情民意信息收集方法

基于互联网展开多元性、复杂性的信息互通，关注信息交流的主要区域如微博、微信等，通过分析样本选取原则。一是由于社情民意信息具有时效性，所以从动态角度进行收集与整理；二是进行社情民意识别，即将各类性质有所差异的事件加以聚类处理、将现实报道进行归类处理。当前最具普遍性的事件识别技巧，主要表现为两类，其一为回顾式社情民意识别，其二为在线式社情民意识别。其中，前者围绕新闻报道展开研究，找寻尚未对其加以标识的新闻，从而进一步输出社情民意信息，也就是这两者之间的关联程度较深，进而了解后续的发展情况。但后者更加重视的是在新闻报道当中出现的相关内容，通常利用报道文章当中的标识，进行社情民意的集中展现。

案例：湖南省数据来源——红网①

在选取网络爬虫目标时考虑到湖南红网已构建起全国唯一的双端三级四屏即电脑客户端与个人移动端、省市县三级和电脑屏、手机屏、户外大屏、电梯小屏的树型融媒体党网旗舰，在技术升级的基础上，红网实现了和市州及县市区报纸、网络等深度融合，特别是在运用大数据收集和信息加工社情民意方面已经走在全国的前列。关注热点网络舆情，确定样本数据选取原则，基于 Python 爬虫获取社情民意信息。

(三) 可供借鉴之处

一是根据社情民意采集结果和信息特征构建社情民意数据挖掘模型，主要包括数据输入、数据处理、数据输出、结果评价四个方面。数

① 黄世杰 . 大数据时代社情民意的挖掘及治理对策研究［D］. 湘潭：湘潭大学，2020.

据输入即根据关联原则，对之前已收集到的数据进行分析，根据其中的数据特征构建特征项集，初步将之与数据库中的群众意见进行对比、筛选，从中选择出最具有代表性的社情民意样本；数据处理，即根据社情民意样本，不断改进数据算法，发现数据中的热点与聚类；数据输出，即构建评估指标体系，分析数据要素，反馈具有热度的社情民意信息；结果评价，即分析输出的社情民意信息中的倾向性与关键词，从而归纳总结当前某一阶段的社情民意热点与特点。

二是政府明确定位，及时处理社会舆情，树立大数据战略思维。通过对相关问题进行监管，合理引导解决问题。将采集到的数据进行分类考察，从根本上了解数据出现的问题，进而通过合理的引导，使人们对事情的本真有更清楚的了解，才可以使事情发展的方向更符合实际。① 政府在提出某项决策时，从初期的主题设置到后续的进程推进，尽量选择专业人员操纵、解决网络相关技术，遇到某些不实信息时了解、分析信息出现的实质，而非将其简单地删除。

三是加强大数据技术发展，增强对动态信息的研究分析能力。在数据监控的基础上了解未来发展趋势，对关键技术进行采集与研究，及时处理、记录平台信息；构建新型数据模型，利用云计算、云存储等技术，实现对数据的存储及大规模交换；实施加密手段，避免数据被不法分子利用，进行安全技术的推广与使用。多部门联动，构建新型共享平台。保证信息共享的一致性与真实性，加强多部门互联互通、协调配合。关注社会数据联动，有效探索民意研究问题。

【参考文献】

1. 石家庄市政协．拓宽社情民意渠道应做到“六个坚持”［J］．乡音，2004（5）：6.

① 黄世杰．大数据时代社情民意的挖掘及治理对策研究［D］．湘潭：湘潭大学，2020.

2. 进轩．写好社情民意信息“五原则六要求八大忌”［N］．团结报，2020-11-24（6）．

3. 树立高质量发展导向 开创信息工作新局面［N］．联合日报，2020-12-30（2）．

4. 詹恒亮．社情民意信息写作应把握的三个关键词［N］．友报，2020-09-18（3）．

5. 王博．亲密合作，共同完成脱贫攻坚历史使命——九三学社湖北省委会民主监督工作纪实［J］．民主与科学，2020（4）：71-72.

6. 高俊杰．电子支付对居民现金需求的影响研究——基于居民消费支付形式抽样调查［J］．中国物价，2021（3）：86-89.

7. 方建移．民意研究：理论、方法与应用［M］．北京：中国社会科学出版社，2015.

8. 范小妮．互联网时代民意调查方式变革探析［N］．台州日报，2020-10-14（005）．

9. 徐继昌，李先强．政协信息走进“互联网+”——南京市政协利用网络做好反映社情民意信息工作纪实［J］．江苏政协，2015（8）：15-16.

10. 贾广恩．徐州市政协注重运用社情民意信息推动民生改善［J］．江苏政协，2015（1）：52.

11. 刘琍，高颖，刘国华．建立公立医院全覆盖舆情信息收集、反馈工作网络的探讨［J］．中国医院，2015，19（3）：42-44.

12. 杜亮．坚持“四个定位”提升反映社情民意信息工作成效［J］．政协天地，2020（12）：40-41.

13. 陈小刚，庄丽婷．探索社情民意信息办理协商监督新机制［J］．政协天地，2020（9）：42-43.

14. 任昌辉，巢乃鹏．我国政府网络舆情综合治理创新路径研究：基于治理工具论的分析视角［J］．电子政务，2021（6）：40-51.

15. 王前威．基于新浪微博的网络舆情分析系统设计与实现［D］．成都：西南大学，2020.

16. 钱宇波．民主党派反映社情民意信息工作的问题分析与对策建议［D］．上海：华东师范大学，2014.

17. 刘蕾，邱鑫波，李江涛．高校基层党组织组织力提升的影响因素研究——基于20个案例的模糊集定性比较分析［J］．高校教育管理，2021（2）：1-12.

18. 方建移．民意研究：理论、方法与应用［M］．北京：中国社会科学出版社，2015.

19. 李婉青，杨文健．深圳市内涝问题社情民意调查及解决对策探究［J］．四川环境，2016，35（3）：55-61.

20. 宁波市人民政府办公厅转发市统计局关于开展城镇住户基本情况抽样调查健全社情民意调查制度实施方案的通知［A］．宁波市人民政府公报，2007（17）：20-23.

21. 王新．政协社情民意信息沟通机制研究［D］．南京：东南大学，2016.

22. 杜晓丹．基层人民政协反映社情民意信息工作的问题与对策研究［D］．上海：上海师范大学，2016.

23. 蔡国斌．敢于担当挑重任越是艰险越向前——九三学社湖北省委会抗击疫情综述［J］．湖北政协，2020（Z1）：87-90.

24. 黄世杰．大数据时代社情民意的挖掘及治理对策研究［D］．湘潭：湘潭大学，2020.

25. 钱雪亚，陈志．社情民意CATI调查质量控制［J］．中国统计，2010（10）：54-56.

26. 彭道宾．江西社情民意调查事业在探索中前进［J］．中国统计，2010（2）：11-12.

27. 树立高质量发展导向开创信息工作新局面［N］．联合日报，2020-12-30（002）.

第四章　社情民意信息撰写规范

本章从社情民意信息的基本含义入手，阐述社情民意信息的基本内容、格式和特点。在此基础上，介绍社情民意信息的写作技巧，包括写作步骤、写作结构、撰写原则和如何撰写等，并以政府类、企业类、专题类、行业类和综合性社情民意信息为例进行分析。

第一节　什么是社情民意信息

一、社情民意信息的含义

（一）社情民意信息的概念

社情民意信息由“社情”“民意”“信息”三部分组成。首先，最早提出“社情民意”四字的人是原全国政协主席李瑞环，他提出“社情民意就是指社会生活的基本情况和人民群众的意见愿望”①。由此可知，“社情”是指社会生活的基本情况，“民意”是指人民群众的意见愿望。社情可能是一个事件或现象，只有引起群众的议论与思考才产生民意；民意有时因社情而起，但也可能只是单纯的新观点、新看法。“信息”指可供参考的资讯。而目前，对社情民意概念的界定主要侧重

---

①　李瑞环．辩证法随谈［M］．北京：中国人民大学出版社，2007：413.

于“民意”。

概括起来，社情民意信息是以政协委员的独特视角，在观察、调查、研究、思考的基础上，围绕我国社会主义事业发展过程中党和国家重视、人民群众关注的重要问题，通过政协内刊的形式向党委政府反映的重要情况和提出的意见建议。它包括四层含义：第一层，具有党派性、界别性的政协委员视角；第二层，以观察、调查、研究、思考为前提；第三层，选题紧扣党政关注、群众关心的问题；第四层，它是通过政协组织提供给党政领导决策参考的“内参”①。

（二）社情民意信息与提案的区别

提案是政协委员和参加政协的各党派、各人民团体以及政协各专门委员会，向政协全体会议或者常务委员会提出的、经提案审查委员会或者提案委员会审查立案后，交承办单位办理的书面意见和建议②。社情民意信息与提案均是人民政协履行职能的重要载体，而社情民意信息与提案之间的区别有如下四个方面：

一是反映者的范围有区别。社情民意信息的反映者为政协委员、党派、工商联成员；而提案的反映者须是本级政协委员或政协的参加单位、政协界别③。

二是接收渠道有区别。社情民意信息的接收渠道主要有党派中央、省级政协和省级统战部；提案主要是提交人民政协，经政协处理流转到相关职能部门处理。

三是反映内容有区别。首先，从时间上来看，社情民意信息随时可以报送，而提案仅限于“两会”期间；其次，从反映问题上看，社情民意信息反映全国的问题，而提案反映局部或当地的问题；最后，从报

---

① 刘继春. 人民政协社情民意信息工作的问题与对策研究［D］. 济南：山东大学，2013.

② 中国人民政治协商会议全国委员会提案工作条例［G］. 2005.

③ 刘继春. 人民政协社情民意信息工作的问题与对策研究［D］. 济南：山东大学，2013.

送门槛上看，社情民意信息门槛相对较高，要求稿件观点新颖，具有创新性，文字清晰简洁，而提案强调操作性，立案率较高，一般不对内容进行改写编辑。

（三）社情民意信息与党政信息的区别

党务信息是以党政机关为对象，反映关乎党务、政务工作及其相关事物的情报、情况、资料、数据等内容，对社会政治态度进行收集、分析、报送和利用。党务信息有如下几个特点：一是政策性。党务信息与党政机关联系紧密，党务信息的内容必须与政策高度契合，坚持正确的政治立场，保持高度的政治敏感性与政治鉴别力。二是广泛性。党务信息覆盖的地域广，涉及的内容全面，关注宏观性决策与大政方针。三是内部性。党务信息的传播渠道仅限于党和国家内部，涉及党和国家机密，不宜公开传播。四是权威性。党务信息正式发布前需经过各个部门的层层筛选与修改，因此党务信息一般可信度高，可靠性强。

社情民意信息与党务信息之间的区别在于：一是角度不同。党政信息多关注动态性新闻，时效性较强，侧重于“是什么”；社情民意信息主要关注事件背后的深层次原因及相应对策建议，时效性较弱，在“是什么”基础之上关注“为什么”和“怎么办”。二是范围不同。党政信息关注事件的基本情况、中央重大决策、重大战略部署、工作中的出色经验思路；而社情民意信息主要包括问题建议类信息，涉及范围比党政信息要窄。

二、社情民意信息的特点

社情民意信息是国家和政府了解社会现实情况、作出决策的一个重要途径和依据。撰写好社情民意信息，首先需要了解社情民意信息的特点，下面我们将结合多方主体的写作特点为大家一一介绍，主要包括直通性、界别性、党派性、客观性、时效性五个特点。

具有直通性。政协反映社情民意信息主要是自下而上，快捷畅通地送达地方党委政府，涉及全国性的重要信息可报送全国政协上达党中央、国务院，从而迅速进入最高决策层，发挥着“直通车”的作用。

体现界别性。我国现有的34个人民政协界别各代表着一条民主渠道，社情民意信息需关注不同界别中的典型群众意见，反映不易掌握或不清楚的信息。

突出党派性。我国的政党制度是中国共产党领导的多党合作和政治协商制度，中国共产党、各民主党派、无党派人士、统一战线成员等都可以参政议政、民主协商，社情民意信息要积极体现各党派对社会生活各方面的观点看法。

坚持客观性。我们反映社情民意信息，从某种意义上来说，带有“内参”性质，是供党委政府决策参考的。因此，把注重反映问题、深入分析问题、推动解决问题作为基本的工作导向，坚持客观真实，力求“原汁原味”，保证信息的准确性。

讲求时效性。我们反映社情民意信息主要是为党委政府决策服务的，尤其注重时效性。因此应当用最精练的语言把问题讲清楚，用最快捷的流程把问题报送上去。同时，社情民意信息显著的特点是篇幅短小，主题集中，不必花过多时间打磨，这就有条件快速撰写、快速编报、快速送达。

另外，社情民意信息具体内容的撰写尤其应把握以下几点：

一是标题要醒目。标题是信息的眼睛，是内容的高度凝练。“题好一半文”，好的标题可以让人耳目一新，引发有关方面阅读信息的兴趣。如果标题平淡无味，再好的内容也会被埋没或错过。因此，高质量的信息先从提炼标题入手。何谓好的标题？应力求做到：概括全文，紧扣主题，寓意深刻，富有新意，言简意赅，通俗易懂。要做到这些，就要精心制作，讲究技巧。可以围绕信息中最新鲜、最核心、最具特色的内容制作标题，如《着力提升扬子江城市群水污染协同治理水平》，其中的核心内容是协同治理；可以抓住党政重视、群众关心、社会关注的热点词汇制作标题，如《营造制造业发展良好环境的几点建议》，这里的热点词汇是“营造良好环境”；可以运用生动形象的语言制作标题，如针对青少年近视的低龄化、重度化趋势，有委员报送信息，以醒目的标题疾呼《救救孩子的眼睛》；针对沿江生态环境恶化的现状，有委员建议《给长江来一次大体检》；可以选用数量词制作标题，如《关于推行“一网一门一次”改革的建议》；随着农村青壮年劳动力大量进城务工，很多地方从事农业生产主要靠留守的妇女、儿童、老人，有委员呼吁《尽快改变“386199”从事农业的状况》；可以用设问句制作标题，如《乡村振兴农民群众最关心什么?》。

二是立意要新颖。社情民意信息要力争题材新鲜，角度独到，重点反映社会的新进展、工作的新动向、基层的新经验、各界人士的新见解、出现的新问题、发展的新趋势，想人所未想，言人所未言。即使是同一类事件，在选题时也要抓住事物的个性，选择新的视角，找准切入口，提炼出有新意的主题。如大气污染对人类健康的危害是大家所熟知的，而对农产品的品质、产量的影响却是隐性的，往往被人们忽视。民进江苏省委报送了《进一步重视大气污染对农产品的影响》，受到省政府及有关部门的重视。

三是内容要对路。要贴合全局需要，选取对领导有参考价值的信息报送。要坚持问题导向，注意反映工作中政策性、倾向性、苗头性的问题，以及可防患于未然的预测性信息。信息所提建议要符合实际，在现行党和国家的方针政策和法律法规允许的情况下，在现有经济可承受的范围内。政协反映社情民意信息是一个自下而上的体系，既要为本级党委、政府决策服务，也要为上级党委、政府直至党中央、国务院的决策服务。因此，在撰写信息时，就要根据内容确定报送层次。对明显具有地区和行业特色的信息，主要报送本级党委、政府或有关部门；对于在全国有普遍意义的信息，可以由省政协信息工作部门审核后，报全国政协。

四是分析要深刻。近年来，政协系统虽然向党委政府报送了不少具有政协特色的有价值的信息，但总体来说，信息的质量还不尽如人意，主要存在着“三多三少”，即泛泛而谈多，深入分析少；一般情况多，特色亮点少；原文照转多，综合概括少。因此，要加强对社情民意信息综合分析，注重从党和国家全局分析思考问题，善于从个别现象和普遍联系中揭示本质规律，把握发展趋势，形成有理有据的分析建议。

五是行文要规范。社情民意信息工作是党委政府收集信息的一个重要渠道，各级政协机关都有专门人员负责收集、编辑、报送、反馈等事宜。为确保传递的畅通、安全、快捷，实践中形成了一套完整的程序，与之相适应，撰写和报送信息也有一定的规范。一篇完整的社情民意信息包括信息来源、标题、正文、联系方式等几个要素。①

三、社情民意信息的内容

社情民意信息的选题包括动态性和建言性两大类。动态性社情民意信息主要是侧重于社会生活中的新情况、新动向，关注最新发生的各类事件；建言性社情民意信息主要是针对社会经济发展中的重难点问题及群众关注的热点话题提出可行性建议，解决现存的热点问题。根据社情民意信息所反映的内容，可以把信息分为五大类：②

一是有关国家大政方针和经济社会发展中事关全局的重大问题及重要的意见、建议。包括针对国家和地方政策方针的制定与实施的意见、建议，事关经济、政治、文化、社会、生态文明等方面的建设，有关政治建设、改革开放的重大决策部署，以及重要法律法规实施前后群众的反应。

二是对于重大突发事件背后深层次的原因，严重自然灾害的实情，以及相关对策的意见、建议。例如，2020 年新冠肺炎疫情期间，民主党派积极献言献策，通过社情民意信息这一最直接的方式为执政党助力、为国家尽责、为人民服务。在抗疫过程中，社情民意信息需体现深

① 程玉松．政协社情民意信息的特点及写作要求［J］．江苏政协，2019（6）：18-20.

② 政协委员书架——履职指南［M］．北京：中央编译出版社，2011：129.

层次内容，而不是对事件本身的反映。每一篇社情民意信息均需流露出携手抗“疫”的家国情怀和共克时艰的责任担当，就疫情防控、疫情监管、资源调配、社会保障、疫后管理、复工复产、经济发展、疫情反思等多方面、多角度提出有针对性、切实可行的建言建议。

三是切合群众利益的突出问题及热点难点问题。例如，政协委员反映的关注空巢老人的问题。目前，“常回家看看”的道德规范被纳入法律，促进了传统美德的弘扬，也促进全社会更加敬老爱老。又比如，在智能手机高度普及的时代，在线订票、出行导航、预约挂号等成为横亘在不少老年人面前的“数字鸿沟”。2020 年 11 月 24 日，国务院印发了《关于切实解决老年人运用智能技术困难的实施方案》，致力于做好突发事件应急响应状态下对老年人的服务保障，便利老年人日常交通出行、日常就医、日常消费、文体活动、办事服务，便利老年人使用智能化产品和服务应用。2021 年“上海两会”期间，上海市政协委员提交了《关于推广上海老年人智能手机学习使用的建议》，针对社会普遍关注的热点问题提出切实可行的解决对策，助力老年人跨越“数字鸿沟”。

四是起到预防警示作用的情况和问题。比如，政协委员从民族矛盾的角度反映的牛肉膏滥用问题，具有很高的预警性，为决策者敲响了警钟。

五是其他渠道不易收集到的社会情况、群众意见以及特殊群体的合理要求，包括人数不多但需要合理兼顾的意见。比如，政协委员所提交的社情民意信息中反映我国南方大概有 20 万渔民，在陆地上没有房子，常年生活在“连家船”上，医疗保险等政策没有覆盖。这条信息报给中央领导同志后，中央领导专门做出了批示，对这些渔民的生活给予保障。

四、社情民意信息的格式

社情民意信息有它自己的格式，主要包括篇幅、标题、正文、结构、署名和联系方式六个部分，这也是撰写社情民意信息必备的六个要素。下面来介绍一下这六个部分的具体要求①：

第一是篇幅，社情民意信息要提供给国家、省级领导参阅，特点就是简短，不同于调研报告，不宜长篇大论，500~1500字即可。

第二是标题，标题要醒目、抢眼，要反映出核心内容，体现特色，起到画龙点睛的作用。标题一般不用文学语言，注重突出文章主要内容，不用标语、口号类标题；标题不要太过生硬，可以多一些希望、建议、呼吁之类的字眼，少用必须、应当等命令词句；标题中只可使用顿号。

第三是正文，因内容类型不同而各不一样，建议类信息的格式为问题、分析、建议的三段式；批评类的格式为现象、批评、改进措施等。

第四是结构，首先要简洁，亮明观点，文章整体意思要突出，将新近发生的事实、最有说服力的观点写在前面。其次是完整，要有问题、有建议，社情民意信息虽短但要“五脏俱全”。最后是明确，明确自己所要阐述的问题及建议，有理有据。

第五是署名，通常以各级组织或党派成员个人署名。以组织名义上报的社情民意信息，要有审批程序和签发记录，按公文管理。以党派成员个人署名的社情民意信息要注明作者政治身份和单位身份。政治身份由党派内和社会两部分组成，要写明党派成员的政治面目，并写明会内职务；社会身份是指在人大、政协的代表及委员身份。单位身份是写明信息作者的工作单位、职称、职务。

第六是联系方式，党派成员提交社情民意信息时应注明联系电话、电子信箱等联系方式，以便核对情况。

在撰写社情民意信息时要准确把握它的格式，避免出现格式上的低级错误。多学多练，掌握撰写社情民意信息的技巧，注重新颖性和时效性。

---

① 进轩．写好社情民意信息“五原则六要求八大忌”［N］．团结报，2020-11-24.

第二节　社情民意信息的写作结构

一、社情民意信息的写作步骤

写好社情民意信息必须掌握基本的写作要领，社情民意信息虽是小文章，但却有大学问，下文重点从几个方面阐述社情民意信息的写作步骤①。

（一）收集资料

了解、收集和反映社情民意，最重要的是要做有心人。要用心观察、用心分析、用心思考、用心体验、用心积累，并结合自身的工作和社会交往，就近、就岗主动了解和收集社情民意。正所谓心中有事，眼中才能有事。同时还要做到“四个善于”。

1. 善于转化

社情民意信息撰写者需积极参与各类会议及调研工作，及时记录参加政协组织的各类会议、视察、调研、委员走访等核心信息，并将其转化为有价值的社情民意信息。

2. 善于比较

比较有限区域内发生的现象和出现的问题，将这些现象和问题放在较大范围内进行区分和比较，挖掘现象和问题背后深层次的个性和共性，区分个人要求与群众愿望，琢磨其有无普遍性。

3. 善于质疑

注重逆向思维，勇于对司空见惯的问题进行质疑、善于从司空见惯的现象中挖掘问题，挖掘出人家心中有、人家笔下无的信息。

---

① 吴卫方．小信息反映大问题小文章蕴含大学问——浅谈政协社情民意信息的收集、选题和撰写［J］．江苏政协，2010（5）：38-39.

4. 善于捕捉

在收集社情民意信息的过程中，要注意从不同的场合多角度地捕捉有利于发挥参政党作用的信息，将其融合到社情民意信息中。通过捕捉有利信息，我们可以更好地贴近民生挖掘问题，在参政党的领导下消除严重的社会问题，营造良好社会氛围。

（二）确定选题

围绕中心，善于揣摩，做到“三个投”。

1. 投其所“好”

投其所“好”，即领导想要知道的问题。一是围绕中心，关注发展中的突出问题。如加速经济发展方式转变、低碳经济、后金融危机时期经济的发展、公共安全等。二是突出重点，关注社会热点、难点问题。如生态文明建设、贪污腐败问题、社会治理等。三是紧跟潮流，关注各级党委政府重大决策、重大举措以及政策在基层的贯彻落实情况和出台前后各界的反映。四是以人为本，关注民生等社会问题。如食品药品安全、衣食住行、就医就学就业、社区建设等。

2. 投其所“忧”

投其所“忧”，即领导正在担忧的、希望解决的问题。通过投其所“忧”，社情民意信息撰写者可帮助党政领导理清思路，进行决策参考。具体要关注“四点”：一是认识上的“困惑点”。社情民意信息需认真纠正群众对社会问题的认识误区，如住房制度、贫富差距等社会热点问题。二是矛盾的“易燃点”。此类问题需尽早预防，当事件出现苗头时及时处理干预，防患于未然，如工人失业、企业改制等问题。三是矛盾的“突发点”。如自然灾害、公共安全、生态环境建设等。四是问题反映的“集中点”。如法定节假日及举行重要会议时。

3. 投其所“无”

投其所“无”，即领导暂时无法顾及的、还不十分了解的。社情民意撰写者要注重搜集特殊群体的真实诉求和不同行业人士的不同见解，反映其他渠道难以得到、不易掌握的信息。在信息撰写过程中，撰写者需了解政协中不同界别的情况，了解不同界别所代表的社会阶层和群体，进而对全社会有一个初步的定位与了解。

（三）拟定题目

1. 精确

社情民意的题目代表着整篇文章的内容，标题既不可过于宽泛和空洞，又不可冗杂琐碎，能够将文章大意准确、全面表达出来即可。

2. 简洁

俗话说，“题好一半文”。标题起到总领概括的作用，同时决定了读者是否能够继续阅读文章正文。标题过长往往会使读者失去阅读全文的兴趣，标题过短有可能丢失掉文章部分内容。因此，标题应当做到精练，尽量做到一行文字以内。

3. 清楚

对于社情民意信息来说，题目通常由通俗易懂的名词性短语组成，避免使用生僻字或专有名词。题目能够清晰地表达文章主要内容，使读者一看即懂。

（四）撰写初稿

撰写初稿时，需要秉持“九个不”的原则。

不“讲理”，开门见山。社情民意信息最大的特点就是贴近现实生活，切不可泛泛而谈，讲虚无缥缈的大道理。只需抓住问题的核心，阐述问题一针见血。所撰写的每一份社情民意信息都要直截了当，接地气。

不“说好”，直奔主题。从概念上看，社情民意就是指社会生活的基本情况和人民群众的意见愿望，即侧重于人民群众最关心的社会热点话题。在撰写过程中，可以直接切入重点，只提出社会问题及可行性建议，不必歌功颂德。

不“好高”，建议具体。社情民意信息应多集中于切实可行、易于被领导接受和采纳的意见和建议，从细微之处入手，不宜假大空，脱离实际。

不“求全”，去头掐尾。在撰写社情民意信息的过程中，省去导语和结束语，不必全部按照问题、原因、建议三部分来展开，仅仅将一个问题、一种看法、一条建议分析透彻即可。

不“言长”，短小精悍。社情民意信息的字数基本处于 1000 字和 1500 字之间，这样既可保证语言简练，又可节省领导阅读时间。特殊情况下也可在社情民意信息的基础上附加详细的调研报告，起到解释说明的作用，增强社情民意信息的说服力。

不“贪大”，见微知著。麻雀虽小，五脏俱全。社情民意信息撰写者可从一个小的角度切入论述，不必拘泥于选题大的文章，见微也可知著。

不“粉饰”，实事求是。政协所反映的社情民意信息直接参阅给党政领导，因此该信息必须实事求是，不夸大，不缩小，不人云亦云，不主观臆断。

不“惟雅”，语言质朴。社情民意信息并不是呈阅给专业人士，而是立足于普通民众的日常生活和日常用语。少用专业术语，多用平和质朴语言，力求通俗易懂。

不“片面”，全面科学。对于社情民意信息，应保证既有积极的意见、建议，又有批评、要求和呼声；既注重分析解决问题的困难程度和实际可能性，也注意研究造成它难以成行的因素。

不“犹豫”，当报就报。社情民意信息注重时效性，应当在第一时间反映社会生活中发生的热点话题，第一时间将信息呈阅给党政领导，这充分体现了“言当其时，价值千金；言背其时，一文不值”。

（五）修改初稿

初稿完成后，相关工作人员仍需从以下五个方面对社情民意信息进行反复校对，主要包括：观点的修改、结构的修改、材料的修改、语言的修改、标题的修改①。

1. 观点的修改

积极反映社情民意工作是政协委员的主要任务。在对初稿的修改过程中，观点的正确、新颖、创新是政协委员为之努力的目标，反复推敲直至达到要求。

2. 结构的修改

从社情民意信息的结构来看，文章必须保证思路和层次清晰、结构完整紧凑。段落与段落之间的阐述由浅到深，段内句与句之间逻辑联系紧密，将与主题无关的观点缩减或删去，增强全文的逻辑性。

3. 材料的修改

社情民意信息中的时间、地点、人物、起因、经过、结果等务必准确无误，不可道听途说、胡编乱造。修改过程中与多方人员仔细核实，确保材料本身的可靠性。

4. 语言的修改

首先，检查文章中是否出现错别字、用词不当、标点符号使用不当等方面的错误；其次，逐字斟酌校对，确保文字简练精确；最后，增强文章可读性，润色文字，引用典故。

5. 标题的修改

按照“精确”“简洁”“清楚”这三个要求，对标题进行修改。更改生僻词汇，避免含糊不清、表达不具体等问题的出现。

二、社情民意信息的结构

（一）形式结构

1. 问题

形式结构中的问题即信息要反映什么问题。社情民意信息紧扣经济

① 周义程．社会科学类学术论文：评价标准、写作步骤及要领［J］．社会科学管理与评论，2013（4）：32-42.

社会发展的焦点热点问题和群众关心的切身利益问题，注重创新性、时效性与深刻性。

2. 原因

形式结构中的原因即问题产生的原因。分析原因要深入挖掘问题产生的根源，寻求解决问题的突破口。

3. 建议

形式结构中的建议即针对这一问题的可行性建议。建议必须切合实际需要，具有较强的操作性与针对性，直击问题要害。

案例：关于加大财政补贴扶持力度 培育河北中欧班列做大做强的建议①

随着京津冀协同发展战略的全面落实，河北省充分发挥区位优势，不断加强与京津全方位对接合作。省委、省政府印发的《关于贯彻落实建立更加有效的区域协调发展新机制的实施方案》，把融入国家“一带一路”建设，探索建立河北与中东欧国家常态化长效交流机制，推动开行国际班列和海铁联运列为重要工作。开行中欧班列成为河北建设“三区一基地”，加快推动京津冀协同发展的重要保障。

冀中南智能港作为国家铁路集团一级铁路物流基地、国家陆港型物流枢纽、石家庄“中欧班列”承接平台，自2018年6月开行石家庄中欧班列以来，先后开通3条线路，物流辐射范围涵盖10余个国家，总计运输商品9.88万余吨，价值逾10亿元人民币。面对严峻的疫情，冀中南智能港依旧保持了班列的常态化开行，1月至今共发行中欧班列41列，运送商品5.2万吨，价值逾4.7亿元，为我省扎实做好“六稳”“六保”工作，做出积极贡献。

① 中国人民政治协商会议河北省委员会．关于加大财政补贴扶持力度培育河北中欧班列做大做强的建议［EB/OL］．［2020-11-17］．http：//www.hebzx.gov.cn/system/2020/11/17/030060733.shtml.

1. 冀中南智能港中欧班列面临的问题

一是起步晚，尚处于市场培育期。石家庄通过冀中南智能港开行中欧班列始于2018年，相比西安、郑州等城市，起步较晚。

二是中欧班列补贴扶持力度弱，难以形成竞争力。我省石家庄中欧班列补贴按照国家财政部规定的全程运输总费用的30%，即，中欧补贴每个40柜2100~2300美元，中亚补贴每个40柜1200美元。反观西安、郑州、重庆等内陆城市，虽也按30%标准补贴，但各地为形成班列开行的优势，通过出让土地、注资、场站补贴或税收减免等各种方式，以及省、市分别制定支持中欧班列政策等，实际补贴可达到50%。石家庄中欧班列单一由石家庄市给予补贴，难以形成竞争优势。且冀中南智能港在2019年石家庄中欧班列运行合同规定任务完成后，为培育石家庄中欧班列市场，一直在自行垫付补贴资金维持班列开行。

2. 关于做大做强河北中欧班列的建议

一是建立中欧班列省市两级财政补贴体系。建议由省政府按照“统一命名、统一补贴”的原则，明确我省中欧班列称号，制定河北省中欧班列补贴政策。各地市财政对通过我省中欧班列发货的企业再给予相关的外贸进出口补贴。同时，参考西安、郑州、重庆等地做法，省级财政对开行中欧班列的陆港平台给予冀中南智能港建设资金扶持，支持冀中南智能港发展中欧+模式，制定通道补贴政策。

二是在财政补贴基础上，通过各种要素反哺扶持中欧班列开行。建议省、市政府参照中欧班列发达城市做法，通过对中欧班列陆港平台进行出让土地、注资或税收减免的方式，由陆港平台对中欧班列进行考核和补贴。

三是将冀中南智能港中欧班列纳入省市常态化管理。做大做强石家庄中欧班列已引起河北省各级领导高度重视，中欧班列图定化运行已得到国铁集团批准，因此，省市两级政府应加大支持冀中南智能港运营石家庄中欧班列的力度，积极研究政策，进一步加强与

“一带一路”沿线国家和地区的联系。

四是扩大进出口企业的贸易范围，将“点对点”班列的开行方式调整为“点到面”。建议根据我省外贸发展情况，拓展中欧班列线路，开通石家庄至西欧路线，即石家庄—波兰、石家庄—德国。同时加大回程班列的运营管理力度，参照其他省市办法，制定回程补贴办法，支持我省外贸进口企业的健康有序发展。

（二）逻辑结构①

1. 金字塔结构

金字塔结构即信息内容由反映的问题、具体现状到可行性建议。即在表达上一层一层往下表述，逻辑逐步深入。

2. 倒金字塔结构

倒金字塔结构即可行性建议到反映的问题及现状，与金字塔结构恰恰相反。

3. 平行结构

平行式结构即信息内容表述呈并列式，没有层次鲜明的先后因果关系，犹如平行线的排列。一是要提出问题；二是要分析问题产生的原因；三是要提出可行性建议。

金字塔结构案例：关于提升对农村籍大学毕业生返乡创业能力支撑的建议②

我省作为人口和劳动力大省就业压力比较大，新冠肺炎疫情的突然暴发使得大量中小企业经营困难，加剧了大学毕业生的就业压

① 中国民主同盟吉林省委员会．如何撰写好社情民意信息［EB/OL］．［2013-11-01］．http：//www. jlmm. net. cn/index. php？ c = msg&id = 1802.

② 中国人民政治协商会议河北省委员会．关于提升对农村籍大学毕业生返乡创业能力支撑的建议［EB/OL］．［2020-11-17］．http：//www. hebzx. gov. cn/system/2020/11/17/030060736. shtml.

力。为此，引导农村籍大学毕业生返乡创业成为缓解就业压力及解决乡村振兴人才缺失的有效途径。

1. 农村籍大学毕业生返乡创业背景

（1）乡村振兴为农村籍大学毕业生提供创业机会。乡村振兴战略给农村经济发展带来全新的活力，将催生更多的创业机会，农村籍大学毕业生可以抓住机遇返乡创业，提高自身社会价值。

（2）农村为农村籍大学毕业生创业提供了基本的创业要素。党的十九大提出保持土地承包关系稳定并长久不变，第二轮土地承包到期后再延长三十年，农村籍大学毕业生返乡创业，利用土地承包经营权，解决创业用地难题，利用土地流转扩大规模。

（3）农村籍大学毕业生必将是农村重要的人才生产要素。农村籍大学毕业生具有高等教育基础，掌握先进文化和技术，懂得利用大数据，链接产品、土地、技术、数据、劳动力、资本等不同的农村生产要素，搞活农村经济，助推农村农业的不同形态发展，调整农村产业结构和就业结构，同时为农村劳动力提供就业岗位。

（4）后疫情时期大学生就业压力凸显。疫情影响导致中小微企业经营面临困难，大学生就业面临困境。高校毕业生数量逐年增加，就业需求大幅上升，就业压力加大，今年河北省高校毕业生40.9万人，比去年多2.1万人，比前年多4.1万人，创历史新高。

2. 农村籍大学生创业面临的困难

一是缺乏创业经历。由于农村籍大学毕业生刚刚进入社会，工作经验比较少，首次创业时可能在企业注册、管理、营销、调控、策划等方面缺乏一定知识和经验，这些必然导致农村青年创业风险。

二是创业资金不足。缺少创业资金和社会资本，在一定程度上制约了他们的创业想法。农村创业项目主要是种植业、养殖业和农村服务业，原材料、劳动力成本高，而一般的农村小额贷款额度比较小，商业银行贷款缺少抵押物，难以满足创业资金的需求。

三是基层创业培训专业性不强。县乡政府部门创业就业培训机构针对农民、返乡农民工提供农业技术和务工技术的多，针对农村三次产业融合在本地创业的少，针对返乡创业的和农村籍大学毕业生的更少，而且不少地方创业实践平台少，孵化器带动能力弱。

3. 相关对策建议

（1）建立健全农村籍大学毕业生返乡创业支持系统。其一，给予长期创业者扶持资金奖励，使得大学生返乡创业成为一种长期性、普遍性的行为。其二，树立农村籍大学毕业生在村集体经济组织智囊团的地位和作用，充分调动其影响农村集体经济组织、合作社组织、家庭农场、农业龙头企业朝着科学化方向发展。其三，充分利用农村籍大学毕业生专业知识和现代信息技术优势，利用数字经济平台进行创业，帮助村民学习网上销售，带动农村更多劳动力就业，逐渐优化农村经济结构和就业结构。其四，结合本地城镇化特点，提高公共服务水平，使当地的医疗卫生、住房、教育等方面得以改善，为农村籍大学生的创业提供良好的环境。

（2）拓展县市区农村籍大学毕业生创就业平台。其一，建立完善县市区政府主导下的创业孵化器模式，农村籍大学毕业生可以依靠县市区政府推进的创业指导项目进行创业，得到创业指导、孵化器培育、市场推广等服务。其二，县市区非公经济党建机构和媒体带动模式，通过建立非公经济党建群的方式，对各类创业群体进行指导和管理。其三，落实好大学生创办企业在工商登记、税费减免、创业贷款、房租补贴等方面的优惠政策，特别是落实创业扶持基金、免息贷款等方面的政策。其四，通过创建创业一条街、创业超市、孵化器、大学生创业中心等形式的创新创业载体，实行政府政策宣传解读、专家咨询指导、项目受理对接、技能培训实训、创业场地申请、工商登记等一站式服务，为返乡创业提供一条龙服务。其五，为返乡创业农村籍大学生提供住宿和生活便利，建设完善青年人才公寓和生活基地，同时可以满足返乡农民工和其他创业者的要求，形成创业人才和产业集聚效应。

（3）组织推动高等院校和教育部门服务农村籍大学毕业生

创业

建议在农科大学院校和职业院校设置乡村振兴相关的专业，培养面向农村基层的大学毕业生，充分发挥农科院校特色和各类职业院校的优势，将服务乡村振兴战略作为学校工作重点，积极投身乡村振兴第一线，通过校地合作、校企合作、“三支一扶”计划等途径综合发力，为我省乡村振兴战略提供充足的人才支撑。针对创业意愿及时调研摸底，启动有针对性的帮扶计划，研究创业方案，对成效明显的高校，给予一定支持激励。

（4）加强宣传倡导农村籍大学毕业生返乡创业

利用新媒体，采用微博、微信、网站、公众号、抖音、快手短视频或者直播形式，生动及时地传达宣传讲解有关大学生创业政策。通过成功案例正确引导社会舆论，起到对社会的模范带动作用，让在校的农村籍大学毕业生树立正确看待返乡就业创业的价值观，倡导正确的企业家精神。

（5）建立完善农村籍大学毕业生创业的良好融资机制

大学生创业资金支持系统是一个密不可分的整体，涉及政府、银行、高校、学生等多个主体。为此，应当建立由国家机构保证、创业政策引导、商业性金融机构参与的大学生返乡创业制度，增强大学生参与创业的积极性与主动性；建立健全投资和融资体制，扩大融资渠道，完善服务于大学生返乡创业的基本体系，从而化解大学生创业过程中的贷款难、经营不稳定等风险，提高大学生创业的成功率。

三、撰写社情民意信息的原则①

第一，一事一议的原则。社情民意信息可以是一个问题、一种风

① 进轩．写好社情民意信息“五原则六要求八大忌”［N］．团结报，2020-11-24.

气、一个提议、一个苗头等，做到简明扼要，拿捏好角度。

第二，真实无误的原则。撰写社情民意信息同样要讲求真实性，不能道听途说、随意编造，言语不能“假大空”，要言之有据。另外社情民意也要深入调查与核实，反映人民群众的客观情况，确保信息准确无误。

第三，注重时效的原则。时效性即时间和效率，要在特定时间内发挥社情民意信息应有的价值。在时间上，递送社情民意信息要及时，问题处于萌芽状态时就要进行留意，以免错过时机；在效率上，收集信息、整理信息、报送信息要快，以最快的速度把信息送到决策者手中，以便及时处理问题。

第四，切实可行的原则。解决方案和提议要有可操作性，要进行实地考察，也要集思广益，要把握问题的实际情况，而不是说一些悬在空中的话。

第五，言之有物的原则。即文章内容要具体而充实，说明问题现状，摆明事实；具体分析，见解独到；建议要有针对性、可操作性，避免虚话、套话。

四、如何写好一篇社情民意报告

（一）社情民意信息写作应把握的三个关键词①

“选题”是写好社情民意信息的第一个关键词。所谓选题，就是社情民意信息要反映的内容核心。好的选题是成功的开始，选题要把握高度、准度、角度和新度，这是反映社情民意信息必须追求的永恒主题。选题的高度是指出发点和落脚点要站在国家和人民的高度，具有广泛性、普遍性和代表性，坚决避免“鸡毛蒜皮”和“一己私利”，要反映人民群众的切身利益；选题的准度是指要准确把握人民群众的关注点，

① 詹恒亮．社情民意信息写作应把握的三个关键词［N］．友报，2020-09-18（003）．

把握党和政府的工作重点；选题要有角度是指反映社情民意是给地方党委、政府甚至党中央和国家决策参考的，所以反映的社情民意必须是具有总括性、重要性和苗头性的问题。要从一些宏观问题中选取一种情况、一个苗头、一个问题、一种看法、一条建议，选题要小，见微知著；选题要有新度是指人类改造自然和改造社会的实践，是反映社情民意取之不尽、用之不竭的源泉。

“写作结构”是写好社情民意信息的第二个关键词。社情民意信息写作结构主要由提出问题、分析原因和对策建议三个部分组成。提出问题时要了解问题产生的背景和原因，通过实地考察和调研全面了解实际情况；分析原因即寻找造成该社会问题的真正源头，对症下药；提出建议是指根据目前存在的问题，提出可行性方案对策，并且能够为解决其他问题提供参考 。

“写作技法”是写好社情民意信息的第三个关键词。社情民意信息虽不是调研报告，更不是文学作品，但也需要高明的写作技巧。在写作表达上要精练些、简短些。简练是一种高明的写作技巧，做到开门见山、直抒胸臆、不说成绩、建议具体，不求面面俱到；讲究真实性，不能道听途说，更不能瞎编乱造；注重时效性，增强时间观点和效率意识，知情即报。社情民意信息虽然不是文学作品，但也要提高语言的魅力和吸引人的注意力，多么深刻的道理都要用大家听得懂的语言、文字说清楚。少用或不用专业术语，力求通俗易懂。通过调整句式和音韵，形成自然、和谐的语言节奏。

（二）社情民意信息写作的几点经验①

第一，要培养调查研究的工作方法，发挥厚积薄发的优势。要注重运用调查研究的方法分析问题，调研要深，不调查就没有发言权。

第二，多学多练，发挥反映社情民意六个要素的优势。注重新颖性

① 穆军升．社情民意信息写作的几点经验［N］．团结报，2020-09-15（006）．

和时效性。这是信息的生命，撰写社情民意信息，一定要在没有人关注的时刻去撰写，及时收集、快速反应各界的观点和意见。

第三，一旦遇到重大问题，最好尽快把信息撰写出来，把存在的问题说清楚，不可随便凑几条原因、建议。

第四，注重准确性。信息最宝贵的就是要保证真实性。减少和避免报送滞后信息、重复信息、不准确信息和一般化信息，所有的数字一定要有确切可信的来源，不能道听途说，以讹传讹。

第五，注重当下的焦点和热点。如突发事件、重大活动、社会热点等，这些一般是政府部门急切需要的社情民意，需着重留意，并且及时报送。

第六，注重标题的重要性。标题是浓缩信息的核心内容。标题应当醒目、凝练、切中信息的主旨要害，让人一目了然。

第七，注重篇幅的短小精悍，所提问题要一事一议。社情民意信息篇幅要求简短精练，切忌长篇大论，切忌几个不相关的事情写在一起，要一事一报，字数通常控制在2000字以内。信息格式可以是问题、分析加建议三段式，也可以问题加建议二段式，更简练、明了。

第八，注重所提建议具有可行性。写信息的目的是要推动问题的解决，所以所提建议要实，一定要可操作并切实可行，否则没有抓手，就失去了意义。

第三节　优秀案例分析

一、政府类社情民意信息优秀案例

政府类社情民意信息指的是以政府及其相关工作人员为主体，反映政府内部日常工作的社情民意信息。本文以江苏省数字政府建设为例，强调加强数字政府建设的重要性。通过调研可以发现，当前江苏省政府数字化转型已迈出坚实步伐，但仍存在数字建设基础不厚、联动协同不足、跨部门数据共享不畅、大数据服务应用不广、数字政府建设亮点工程不多等问题，对此应当打造数字底座、强化数字支撑、坚持应用导向。可见，政府类社情民意信息是以更好开展公务活动为目的，通过建言献策的方式不断优化政府管理，构建和谐社会。

案例：关于加强数字政府建设的建议①

调研情况：

建设数字政府是推动“放管服”改革的重要抓手，也是打造一流营商环境、实现高质量发展的战略举措，更是新时代提升政府服务效能、推进治理体系和治理能力现代化的必然要求。目前，我省深入推进国家电子政务综合试点，积极推进政务服务、行业监管和民生服务数字化，政府数字化转型已经迈出了坚实的步伐，取得了阶段性成效。但也存在着一些问题：

问题分析：

一是数字政府建设基础不厚。数字政府基础设施规划建设起点不高，适度超前不够，政务云等资源基本饱和。大数据标准规范体系和配套的规章制度还有待完善。大数据管理和产业发展缺乏复合型人才。

二是联动协同不足。高位推动，统筹管理大数据建设的整体力度不大，各地大数据建设水平参差不齐，部门与部门之间，板块与板块之间横向联动以及市级和区县的上下联动较少。政府与企业的内外联动也不多，缺乏市场调节和全社会的参与。

三是跨部门数据共享不畅。虽然客观上存在数据安全责任不明确、数据标准不统一、上级部门要求等制约因素，但不可否认一些地方和部门主观上仍然存在数据专有化观念，共享主动性配

① 中国人民政治协商会议江苏省委员会．关于加强数字政府建设的建议［EB/OL］．http：//www.jszx.gov.cn/zxta/2021ta/index_61.html？pkid＝24f0dab04db94818a5443a714701a150．［2021-01-24］．

合度不够。

四是大数据服务应用不广。对于大数据在推进“放管服”改革打造一流营商环境中的作用深入挖掘还不够，“一网通办”关键环节还有待突破，“不见面审批”“秒批”等服务体验有待全面推广，减材料、减证明、减跑动次数等基层和群众的获得感还不够强。

五是数字政府建设亮点工程不多。运用大数据驱动创新的应用研究不深，对于大数据在社会治理、社会创新、产业升级、公共服务等方面能发挥的作用缺乏充分的认识，使大量的数据“沉睡”在数据库中。

具体建议：

一是打造数字底座，加强数字资源集约统筹。强化统筹协调，走集约共享的发展道路，精心谋划下一阶段我省数字政府工作整体布局。数据是“数字政府”的核心资源，要加强数据归集整合，以项目建设统一扎口管理为抓手，按照政务数据共享责任清单，做到“应归尽归”。加快公共出行、“水、电、气”等公用企事业单位数据汇聚，不断扩充数据池容量。完成人口、法人、空间地理、电子证照、社会信用等基础数据库建设加强云、网等大数据基础设施的统筹保障。深入推进部门各类网上业务系统向电子政务外网迁移，努力消除基层多个网络、多个系统繁琐切换的现象。注重对现有资源的改造和利用，加快推进部门机房整合，控制重复投资，切实提升政务云统建统管共用效率，构建数据共融共享、系统互联互通的“数字政府”体系。

二是强化数字支撑，提升营商环境服务水平。不断完善以“一网通办”为核心的“互联网+政务服务”体系。以“四减”，减时间、减材料、减环节、减跑动次数为目标，运用大数据技术倒逼政务流程再造，倒逼权力事项下放。狠抓落实“马上办、网上办、就近办、一事办”四项任务，从“需求侧”驱动“一网通办”不断升级。要强化服务支撑。逐步建设完善统一电子印章、统一电子证照、统一公共支付、统一业务中台等支撑系统，加快突破“一网通办”关键环节，助力“一网通办”数据交换更便捷，力争实现大多数事项从“最多跑一趟”到“一趟不用跑”。要优化服务入口。建设公共服务移动应用总入口，打造国内知名的城市公共服务移动应用品牌。提高技术维护和市场运营水平，加快功能延伸和体验提升。不断推进“政企通”平台升级，逐步推进各类助企惠企功能开发。不断完善政府门户网站信息公开、数据开放、网民互动、智能服务等功能，做精做优“民生服务桥”“营商智能窗”等特色栏目。

三是坚持应用导向，构建智慧城市运行体系。开展用地、能耗、环保、安全、民生等领域数据碰撞比对，服务决策参考，加强精准施策，形成“让数据说话、用数据决策、靠数据管理”的现代治理体系。完善公共数据开放平台，通过建立大数据开放实验室，举办大数据创新应用大赛等方式，促进公共数据社会化应用。要打造智慧工程惠民生。针对老百姓关心的热点和政府工作的难点，研究大数据解决方案，要通过大数据提供以前没法提供的服务，解决以前不能有效解决的问题。推进大数据在健康医疗、社保就业、教育文化、住房城乡、交通旅游等领域的智慧应用。加强治安防控、应急管理、城市管理、生态保护、市场监管等领域的智慧工程建设。要强化示范引领创品牌，从创品牌、出亮点的关键领域入手，分类开展试点示范，深化对电子政务项目的科学管理，深化技术与业务的融合，打造一批有影响、有特色的基础示范项目，加快形成我省大数据发展的特色品牌。

二、企业类社情民意信息优秀案例

企业类社情民意信息的内容主要涉及不同类别的企业信息。本文以河北省医药企业为例，阐述了河北省医药行业现状，提出当前医药行业发展不容忽视的问题，并提出持续推动该省医药行业健康快速发展的意见建议。

案例：关于促进后疫情时期我省医药产业发展的意见建议①

医药产业是我省的传统优势产业，一直在全省经济社会发展中发挥着重要作用，在今年抗击新冠肺炎疫情阻击战中更是克难前冲、保障有力、贡献突出，也必将会在我省推进疫情防控常态化和经济社会发展“双胜利”中承担起更加重要的责任。按照省委、省政府要求，二季度医药行业产业增加值要实现增长18%，是工业类行业中增长比例最高的，也是唯一增长2位数的，预计今后一个时期仍将保持高位增长，凸显了其在后疫情时期拉动全省经济增长的主力军作用。为此，我们联合省医药行业协会，围绕加快推动后疫情时期我省医药行业健康可持续发展进行调研，并提出相关意见建议。

（一）我省医药行业实现新增长、争取多贡献具有现实基础和条件

2019年，我省医药行业整体发展良好，工业增加值增速位居全省工业前列，全省规模以上医药企业工业增加值同比增长10.4%，实现营业收入783.17亿元，同比增长12.3%，实现利润总额118.58亿元，同比增长22.1%，增速均高于全国医药工业平均水平，总体步入高质量发展新阶段。

进入2020年后，1—3月，全省规模以上医药企业313家，工业增加值同比增长16.7%，拉动全省工业0.43%，工业增加值占全省比重为3.18%，比上年平均提高了0.57%，其中3月增速为26.4%。1—3月我省医药工业增加值增速高于全国医药工业增速19%，高于全省工业增速21.5%。

① 中国人民政治协商会议河北省委员会．关于促进后疫情时期我省医药产业发展的意见建议［EB/OL］．［2020-11-17］．http：//www.hebzx.gov.cn/system/2020/11/17/030060732.shtml.

特别是进入二季度，在省委、省政府和有关部门指导支持下，医药行业全面复工复产，生产经营秩序大有改观，基本恢复到疫情前水平，大型药企竞争力、拉动力愈加凸显。医药行业整体上具备了实现新增长目标的现实依托，也增强了为全省经济增长更多贡献的信心决心。

（二）目前医药行业发展也面临不容忽视的突出问题

一是企业开工达产不足。疫情期间全国的制造业因开工不足、原料短缺或物流运输不畅等受到严重制约，医药行业除少数防疫用药、用品企业产品供不应求外，大部分企业受到疫情冲击，尤其是小、微型企业受到的影响较大。

二是市场刚需减少。因疫情防控需要，普通患者大幅减少就医，门诊与住院处方用药大幅下降，企业正常销售及学术推广无法开展，非疫情用药量相应减少的态势还将惯性延续，多数药企和产品对市场反弹仍在急切期盼中。

三是对外贸易受阻。由于新冠肺炎疫情的影响，国际商业交流明显弱化，海陆空运输班次明显减少，导致国际物流受限，运力严重不足，物资运送时间延长，运费大幅增加，外贸订单交货期延长等不确定因素对企业产品出口和相关设备、物资的进口均有较大影响。

四是新上抗疫企业亟待后续帮扶。国内抗疫初期，我省有一大批新建、转产生产口罩、防护服等防疫物资的企业，在生产机器和原材料价格暴涨的情况下，克服各种困难，多渠道寻求原辅材料，不计成本地采购、加工、生产，为抗疫起到了关键作用。疫情过后，防护服、口罩等防疫物资需求量减少，其生产企业将面临停产、转产。

（三）持续推动我省医药行业健康快速发展的意见建议

1. 加强政策倾斜，推动医药行业健康发展。重庆市明确规定，扶持医药产业发展，“实施市场准入政策，包括支持进入医保目录和鼓励采购本地产品”。我省医药产业这方面呼声强烈。

建议省市政府和卫计、医保等部门及各类医院，借鉴相关省份的经验做法，在同质同量且具有价格优势的前提下，优先将本省企业生产的药品、医疗器械等纳入集中采购目录，优先采购符合要求的本省产品，推动"省药进省院"，不断扩大省内产品的市场份额。也建议逐步改变目前"竞价挂网"的操作模式，对荣获"国家科技进步奖"和"省政府质量奖"，又申报全国最低价的省内药品，"直接挂网"或"协商谈判挂网"，为省内更多优质药品提供市场空间。

2. 加大资金支持，助力企业复产复工。受疫情影响，省内部分医药企业还存在资金短缺、难以开展正常生产的问题。为此，一是建议省内有关金融机构及早落实"促复产稳投资补短板"融资专项等专门金融支持政策，同时根据本省情况为企业量身定制有关金融产品，助力企业尽快恢复正常生产，实现银企"双赢"；二是建议省内发改、财政、工信、科技、药监等部门尽快完成对"战略新兴产业专项""转型升级专项"等专项扶持资金的审批、审核，确保补贴资金按时足额发放到企业。

3. 关注国际物流，持续推动外贸复苏。针对国外疫情持续扩散、国际市场对防疫药品需求较大、省内药企国际订单不断增加的状况，建议省政府设立专项基金，对出口型药企实施物流补贴，切实减轻企业负担；积极协调海关和海运、空运企业，设立抗疫物质绿色通道，优先安排药品，尤其是需要冷藏的药品优先通关，确保货畅其运；特殊时期适当放宽对药品的限高限重限制，提高药品的运输效率。

4. 加强国际交流，推动中医药走向世界。中医药在本次疫情防控中起到了巨大作用，也是我省医药行业的特色和支柱，建议各级政府在支持中医药走向国际上加大政策帮扶力度。主要是对企业、医药科研机构与国外有关机构、专家合作进行中医药产品研发、中医药理论和作用机理研究、联合培养人才、鼓励和支持中医药产品海外注册等方面，在深入听取企业、科研机构意见基础上，给予更实惠的政策和便利。

5. 效仿军需储备，助力企业后疫情时代发展。建议省市政府和工信、应急管理、卫健等部门，借鉴军工产品储备经验，每年有计划有选择地向省内转产快、建设快、贡献大且疫情后面临困境的医药企业，购置、储备一定数量的可为应急的防疫物资，以应对类似突发事件，助力企业在疫情之后持续发展。

6. 开辟绿色通道，保障急需药品配送。省内各类医院大多处于市内中心繁华地段和小区密集地段，配送药品车辆属于货车，限行时间规定早7:00至晚9:00。药品属于特殊商品，当遇到急需用药的情况时，将因限行造成药品配送不及时，乃至会因断药直接威胁病人生命安全。建议省政府协调交管部门进行研究，探索实行在全省范围内为专业医药配送公司在一市范围内颁发1~2个24小时绿色通行牌照，或先以石家庄市为试点运营，保证救命药品及时配送到位。

三、专题类社情民意信息优秀案例

专题类社情民意信息的内容主要包括突发性事件、会议、政策、话题、宣传效果评估等。下面这一案例中主要介绍的是RCEP多边协定，以RCEP签署为契机更加主动推进改革，扩大开放。代表们提出的建议有积极应对东南亚地区人力成本及外商投资税收优惠结合促进产业链向东南亚转移，解决给中国经济发展造成的冲击问题；在RCEP全面实施的过程中加速推进上海自贸区软硬件配套服务；在金融方面争取成为RCEP资金跨境结算中心；RCEP有利于刺激企业技术更新，加快产业结构调整，加快知识产权方面交易。这些建议切实有效，涉及我国发展的人力资本、服务设施、资金、技术革新等问题，有利于经济更好地发展。

案例：以 RCEP 签署为契机更加主动推进改革扩大开放①

面对一个全新的自由贸易 RCEP“朋友圈”，作为中国对外开放先行者的上海，应对接 RCEP 协定相关要求，更加主动推进改革，扩大开放，更好地为中国未来更高水平开放做好试验田。现综合部分政协委员和党派成员建议如下：

全国政协常委、民建中央副主席、市政协副主席、民建市委主委、市社会主义学院院长、上海中华职教社主任周汉民建议，对标 RCEP 中的核心内容，持续优化营商环境，打造对外开放的新标杆。在推进投资和贸易自由化便利化、“一公平四保护”（即公平竞争环境、投资者权利保护、劳动者权利保护、知识产权保护和环境保护）等方面大胆创新探索，吸引全世界的优秀企业落户，集聚全世界的优秀人才创业。打造“一网通办”国际版门户，让外国投资方能够“一网通晓”我国关于外商投资准入负面清单的情况，并且能直接与目标地区的街镇政府相关方联络。鉴于此次 RCEP 中，首次新增了中日、日韩两对重要国家间的自贸关系，应适时启动“一网通办”英、日、韩版本，增加中日韩的自由贸易往来。

民建中央法制委委员、市政协委员、上海安杰律师事务所合伙人、美国哥伦比亚大学访问学者陈贵建议，积极应对东南亚地区人力成本及外商投资税收优惠结合促进产业链向东南亚转移，给中国经济发展造成冲击的问题。加强上海国际金融中心地位建设，发挥上海自贸区及其新片区“中转站”功能，鼓励开展具有真实贸易背景的离岸转手买卖业务并提供跨境金融服务，恢复打造“上海品牌”集群品牌标准体系。抓住 RCEP 有关电子商务和数据交易的有关条款推动上海国际数据交易所建设，抵消东南亚国家的劳动

① 中国人民政治协商会议上海市委员会．以 RCEP 签署为契机更加主动推进改革扩大开放［EB/OL］．［2020-11-24］．http：//shszx.eastday.com/node2/node5368/node5376/node5389/u1ai107297.html.

力、土地成本及税收优势，克服产业转移带来的压力。

民革党员、大华银行（中国）有限公司首席财务官朱轩建议，在 RCEP 全面实施的过程中加速推进上海自贸区软硬件配套服务。RCEP 将长期利好中国内外双循环策略，随着进出口贸易量的增加，上海自贸区将成为名副其实的国际性自由贸易区。应推动金融产品创新如“RCEP 跨境资金池”“人民币对 RECP 国家货币直接兑换”等，税务上给予优惠专项配套，鼓励创新、先试先行。

民建会员、新加坡大华银行（中国）有限公司渠道运营管理部副总裁陈华刚建议，在金融方面争取成为 RCEP 资金跨境结算中心。货物流必然会带动资金流、数据流，三者有机结合。在当前形势下，上海可利用金融机构优势，通过 FT 自由贸易核算单元账户在上海自贸区和临港新片区建立 RCEP 人民币离岸计价体系，实现境外本外币资金自由流动，成为 RCEP 的跨境人民币结算中心。适时与日、韩、新加坡等国讨论建立“数字货币”的交换规则，团结 RCEP 成员一起，缓解美元贬值的冲击。同时，上海及长三角地区在电子商务领域具有优势，应积极利用这一优势争取电子商务通用规则制定的话语权。

民革党员、上海市国家税务局税收科学研究所第二研究室副主任张勤芬反映，RCEP 有利于刺激企业技术更新，加快产业结构调整，加大知识产权方面交易。RCEP 为上海高新技术产业获取日本、新加坡、澳洲等签署国技术转让提供了便利，也便于上海将一些成熟的技术应用于原材料比较集中的国家急需的高端装备制造业上，加大消费能级的提升。如上海在香料方面的技术创新成果在国内外都有一些领先成果，RCEP 签署后原料进口成本降低，成果转化成生产后，产出附加值高的香料高端产品用于该区域的出口贸易，可使出口关税降低，有利于出口和国内产品替代，增值税和企业所得税、消费税都会随之增加。借花博会的召开，花卉产业、花文化产业、香料高端产业也可能成为新的税源增长点。同时，RCEP 的签署，会使上海的国际税收合作空间进一步扩大和畅通。

上海与这些国家以及友好城市之间税收征管互助，税收信息资料和情报交换将更加密切，反避税的措施也更加精准到位。

四、行业类社情民意信息优秀案例

行业类社情民意信息的内容主要涉及经济发展中的各行各业，比如餐饮业、保险业、零售业、运输业、金融业、服装业等，它们在经济发展中存在的问题、有哪些不足以及有什么优势都可以写成社情民意信息。在这里，引用的案例是关于刺激河北省餐饮业恢复发展提出的建议，主要包括：加强消费引领，打开餐饮消费第一门；搞好精细化管控，最大程度满足餐饮消费需求；实施质量提升行动，促进餐饮企业向质量、安全、可视化、可追溯升级；强化政策落实，助力餐饮企业渡过难关、持续升级。餐饮业受到新冠肺炎疫情很大的冲击，在复工复产的同时餐饮业要做到早谋划、早推进、早实施，提振消费信心，拉动经济增长。

案例：关于刺激我省餐饮业恢复发展的建议①

餐饮业作为聚集性消费行业，是疫情冲击最为严重的行业之一。随着复工复产复学，餐饮消费需求会大幅增加，促进居民安心消费、安全消费、帮助餐饮企业渡过难关，借此促进餐饮消费升级，对于提升居民生活品质、促进经济增长意义重大，也是生活性服务业绿色、节约、高质量发展的必然要求。对此，我省各级各部门应当高度重视，早谋划、早部署，尽快推动餐饮业恢复发展，提振消费信心，推动消费市场持续繁荣，有效拉动经济增长。

为此，提出如下建议：

① 中国人民政治协商会议河北省委员会．关于刺激我省餐饮业恢复发展的建议[EB/OL]．[2020-04-16]．http：//www.hebzx.gov.cn/system/2020/04/16/030022307.shtml.

（一）加强消费示范引领，打开餐饮消费的“第一门”、烧旺“第一灶”

一是鼓励各级党政机关、事业单位向本单位职工发出倡议书，鼓励干部职工起到带头示范作用，提升市民群众的消费信心。鼓励通过线上支付、外卖送餐等方式购买餐饮企业产品。二是与辖区内口碑好、受群众欢迎、品牌餐饮店对接，针对困难群体和在防疫一线的工作人员，发放消费券；或通过美团等大众消费平台以抽奖、摇号等方式向全体市民公开发放消费券，尽量方便操作、降低成本，做到发放、领取、消费和兑现全程可追溯。三是针对本身餐饮业就不是很发达的县城，在不违反“八项规定”的前提下，建议县领导带头消费，在符合防控要求的经营单位堂食或者光顾零售店，媒体跟进报道，扩大影响力。

（二）搞好精细化管控，分类满足餐饮消费需求

针对各种消费需求，充分发挥好行业协会和老字号、龙头餐饮企业的组织带头作用，搞好精细化防控，分类分批满足各类餐饮消费需求。一是释放激情消费，积极满足补偿性消费。调查显示，疫情后餐饮消费意愿中火锅、烧烤名列榜单前两位。建议餐饮协会出台火锅店、烧烤店的防控细则，做好门店的防疫措施，帮助口碑好、规模大的经营单位解决好供货渠道的协调、招工用工、员工健康安全和应急技能培训、店内消毒设备等现实问题。二是婚宴类消费。因疫情推迟的婚宴类消费，可能会在下半年出现扎堆情况。一方面针对婚宴类消费出台专门的管控措施，严格控制参加人数、严格执行就餐场所安全标准、准备应急预案，乡镇、农村应作为管控重点；另一方面，积极提倡户外婚礼加自助餐或冷餐的新型婚礼形式，减少人群聚集风险。三是随着复工复学以及气温升高，80、90后青睐的夜间消费将会升温，在推进“夜经济”发展的同时，注意加强夜市、夜间快餐的防控。

（三）实施质量提升行动，促进餐饮企业向质量、安全、可视化、可追溯升级

疫情对餐饮业带来冲击的同时，也蕴藏着升级转型的机会。餐饮业应当在疫情期间积极调整经营理念，推动餐饮经营跃上新台阶。

一是继续严格管控。在全国结束疫情前，严格执行消费者入店前皆须佩戴口罩、测量体温及实名登记制度。对餐厅公共手扶梯、垃圾桶、活动屏、洗手间、客服台严格一日两次消毒。严格执行桌子间隔一米、一人一桌、餐桌使用量不超过平时的50%，就餐完毕及时整理并消毒。严格员工体侧检测、洗手记录，建立员工健康追溯台账。

二是加快发展线上业务。通过互联网推送网红产品、招牌菜，售卖半成品、速冻产品、预包装食品，拓展相关业务并与客户沟通交流，完成订单达成、物流和配送管理等工作。针对复产复工复学推进，及时推出团餐、企业专送、学校转送等营收增长点服务。

三是加强餐饮服务标准体系建设。出台厨房洁净标准、食物制作可视化、半成品标准化、无接触配送流程标准体系建设和绿色标识认证体系，让消费者放心消费。

四是完善可追溯体系。加强互联网、大数据等信息技术在餐饮监管方面的应用，对堂食人数、消毒等情况实时监测，对存在风险隐患的餐饮企业及时预警。

五是健全消费后评价制度。积极畅通消费者维权渠道，严厉处置侵害消费者权益的行为，提高企业服务质量与诚信度。

六是逐步推行企业健康码。企业健康码一方面用于向消费者展示，另一方面用于留存消费者就餐时间及地点的记录，既可使消费者安全用餐，实现餐饮企业健康信息公开透明，又可追溯用餐人员，提高疫情排查效率。

（四）强化政策落实，助力餐饮企业渡过难关、持续升级

首先，做好政策宣传、解读，充分发挥餐饮协会作用，将政府新近出台的相关政策文件传递给广大企业和商户。其次，引导鼓励餐饮企业“转变方式”“抱团取暖”“度过严冬”。促进餐饮企业

改变传统的扩张方式和盈利模式，加快向数字化、安全化、智能化转型。餐饮企业购置可视化设备、机器人辅助送餐的技术升级，建立标准化体系通过验收的，给予财政补贴。对于疫情期间营业额增速前五位企业、权威平台好评率前十位的企业和品牌，给予奖励。第三，促进措施落地。各市选择50个企业（项目）作为试点，在试点的餐饮企业中找到它们复工复产面临的问题和挑战，在此基础上为它们提供相关服务，有针对性地制定措施。

五、综合性社情民意信息优秀案例

综合性社情民意信息指的是综合反映带有全局性情况、动向、成就和问题的社情民意信息。这里引用案例中的社情民意信息由乡村振兴这一综合性主体构成，其中包括：乡村规划的理念认知、调动农民参与积极性、项目规划和实施进度、目标任务达成效果等方面，针对以上四个方面提出相应建议，应当注重乡村价值的保护和挖掘、注重发挥农民的主体性作用、注重规划村落建设因时制宜、注重考量测评分类指导、因地制宜。

案例：乡村振兴中需要注意的几个问题及建议①

松江区政协委员、区政协农业和农村委员会主任周留昌反映，乡村对于上海这座超大型城市来说，具有稀缺性资源价值。发挥乡村资源优势，需要在科学规划与有效实施之间把握节奏，既要有更精准的发展定位和更长远的战略规划，也要在具体实施过程中做到因地制宜、因时制宜。通过调研发现，上海在推进乡村振兴示范村建设、农民相对集中居住、优化农村人居环境等重点工作中，落实

① 中国人民政治协商会议上海市委员会．乡村振兴中需要注意的几个问题及建议［EB/OL］．［2020-04-22］．http：//www.shszx.gov.cn/node2/node5368/node5376/node5389/u1ai106531.html.

到区、镇、村的具体实施仍普遍存在以下四方面问题：

(1) 在乡村规划的理念认知层面，存在乡村肌理和乡村特征要素“被弱化”的问题。要警惕以“城市社区再造”的理念规划乡村，不能按照城市建设的思路去规划复制，更不能把乡村建成城市风格。

(2) 在调动农民参与积极性方面，存在农民主体作用发挥不充分问题。诸多国际化大都市推动乡村振兴运动的成功案例显示，乡村振兴“活的”经验和有益创造诞生在一线，需充分尊重和激发农民的主体性作用。切忌政府因包揽过多、权责边界不明等带来发展的制约。

(3) 在项目规划和实施进度方面，存在“长期目标短期见效”“过于急于求成”问题。乡村振兴事关百年大计。乡村总体规划、产业造血机制培育等尚需时间，应防范将乡村振兴长期历史任务短期化的倾向，克服推进中的急躁心态。具体到一些涉农土地、资金等相关政策落实，还需因事而异。切忌在推进过程中以“一刀切”的时间节点作为强制性要求，应留有相对灵活的时间和空间余地。

(4) 在目标任务达成效果方面，要防止“以典型塑政绩”、追求“盆景式风景”情况的发生。产业兴旺是乡村振兴的核心和关键，真正以产业为带动的乡村，才可能让乡村活起来，让农民富起来，才可能具有可复制、可推广价值。切忌以财政高成本、高投入换来“盆景式”再造，这将为乡村未来的可持续发展带来难题。

为此，建议：

(1) 注重乡村价值的保护和挖掘。充分尊重江南水乡的自然肌理和生态脉络，充分保护乡村的生态、生产和生活的空间功能，展现其完整复合式生态系统价值。除了深化理念认知，更要在具体的规划和实施过程中下更大功夫研究。

(2) 注重发挥农民的主体性作用。在措施方法上激发农民的内生活力和动力。对于如何建房，在哪里建房，建什么样风貌的住房等问题，通过机制和流程再造，进一步明晰推进主体；对于基础性设施建设，以区、镇等财政投入为主，进行整体性推进；对于村民自主建房、修缮、翻建等，充分释放村民自主选择权，在保持风格相对统一的前提下，充分给予自主选择的空间；对于建房出资等问题，从长远考虑应通过建立机制明晰权责。

（3）注重规划村落建设因时制宜。要慎重把握实施节奏的轻重缓急，必要时，可针对具体实施项目的价值判断和价值考量，做到市区两级“一事一议”，给予适当的弹性实施时间，避免对项目完工节点要求过死。

（4）注重考量测评分类指导、因地制宜。不同的区域村落，有不同的空间特征、沿革历史和发展实力；不同的规划方案，有不同的财力构成和资金来源。以更灵活的考量和测评机制予以分类指导、因地制宜，给予有步骤、分阶段的科学引导。

【参考文献】

1. 李瑞环．辩证法随谈［M］．北京：中国人民大学出版社，2007：413.

2. 刘继春．人民政协社情民意信息工作的问题与对策研究［D］．济南：山东大学，2013.

3. 中国人民政治协商会议全国委员会提案工作条例［G］．2005.

4. 进轩．写好社情民意信息“五原则六要求八大忌”［N］．团结报，2020-11-24.

5. 程玉松．政协社情民意信息的特点及写作要求［J］．江苏政协，2019，000（006）：18-20.

6. 吴卫方．小信息反映大问题 小文章蕴含大学问——浅谈政协社情民意信息的收集、选题和撰写［J］．江苏政协，2010（5）：38-39.

7. 周义程．社会科学类学术论文：评价标准、写作步骤及要领［J］．社会科学管理与评论，2013（4）：32-42.

8. 中国人民政治协商会议河北省委员会．关于加大财政补贴扶持力度培育河北中欧班列做大做强的建议［EB/OL］.［2020-11-17］. http：//www. hebzx. gov. cn/system/2020/11/17/030060733. shtml.

9. 中国民主同盟吉林省委员会. 如何撰写好社情民意信息［EB/OL］.［2013-11-01］. http：//www. jlmm. net. cn/index. php？c = msg&id = 1802.

10. 中国人民政治协商会议河北省委员会. 关于提升对农村籍大学毕业生返乡创业能力支撑的建议［EB/OL］.［2020-11-17］. http：//www. hebzx. gov. cn/system/2020/11/17/030060736. shtml.

11. 詹恒亮. 社情民意信息写作应把握的三个关键词［N］. 友报，2020-09-18（003）.

12. 穆军升. 社情民意信息写作的几点经验［N］. 团结报，2020-09-15（006）.

13. 中国人民政治协商会议江苏省委员会. 关于加强数字政府建设的建议［EB/OL］.［2021-01-24］. http：//www. jszx. gov. cn/zxta/2021ta/index_61. html？pkid = 24f0dab04db94818a5443a714701a150.

14. 中国人民政治协商会议河北省委员会. 关于促进后疫情时期我省医药产业发展的意见建议［EB/OL］.［2020-11-17］. http：//www. hebzx. gov. cn/system/2020/11/17/030060732. shtml.

15. 中国人民政治协商会议上海市委员会. 以 RCEP 签署为契机更加主动推进改革扩大开放［EB/OL］.［2020-11-24］. http：//shszx. eastday. com/node2/node5368/node5376/node5389/u1ai107297. html.

16. 中国人民政治协商会议河北省委员会. 关于刺激我省餐饮业恢复发展的建议［EB/OL］.［2020-04-16］. http：//www. hebzx. gov. cn/system/2020/04/16/030022307. shtml.

17. 中国人民政治协商会议上海市委员会. 乡村振兴中需要注意的几个问题及建议［EB/OL］.［2020-04-22］. http：//www. shszx. gov. cn/node2/node5368/node5376/node5389/u1ai106531. html.

第五章　社情民意在实际工作中的应用

随着我国经济的不断发展、社会的不断进步，人们的政治水平也在不断提高，公民的政治参与度也随之升高。互联网技术普及，5G的大数据时代也在悄然降临，这都为公民的政治参与提供了崭新的平台。与此同时，社情民意在各级政府及有关部门开展政策推进的过程中逐渐发挥着越来越重要的作用。本章在介绍社情民意的应用原则基础上，以政府绩效满意度评估、公共决策重大项目评估和社会民生发展状况评估等实际工作领域为例来分析社情民意在实际工作中的具体应用。

第一节　社情民意的应用原则

一、人民参与性原则

人民积极参与是社情民意调查得以广泛深入应用的前提，是提升应用过程科学性、实效性的基础保障。人民积极参与到社情民意调查过程中，使调查结果更加接近人民群众，反映真实存在的问题。

案例：社情民意直达全国两会现场

代表委员将社情民意带上“两会”的过程，其实是在发扬民主的基础上集思广益的过程。唯有这样，政府工作才能找准方向，才能出实效，才能更好地提升百姓获得感。代表委员在履职过程中，通过调研，通过问计于民，能够直接触及民意。将这些带着民意的提案议案带上两会，也能让决策过程汇集百姓智慧。更是代表委员胸怀大局、心系发展，情牵人民的担当和作为。①

案例：灵璧县政协开门办会，让百姓走进政协

安徽省灵璧县政协召开全体会议时，尝试实行开门办会，让百姓走进政协，全程列席会议。会议期间，专门召开社情民意座谈会，10 多名群众代表反映了 30 多条社情民意信息，对县委县政府工作提出了 20 多条意见建议，这让我们感受到基层群众表达诉求的强烈愿望。为此，主席会议研究决定，正式建立社情民意恳谈会制度，为基层群众搭建一个表达诉求的平台。②

上述案例表明，社情民意在实际工作的应用中，参与性原则是首先要重视的原则，这也要求政府部门在进行社情民意应用时要认识到以下几点：第一，政府要主动关注社会动向、优化人民参与的制度环境，政府要积极成为社会政治走向的风向标，而不是成为被社会媒体、社会舆论牵着鼻子的被迫改变者。第二，丰富多种形式的社情民意反馈途径，为民众进行参与式治理提供更好的平台。各地政府要广泛为市民开辟社情民意反馈渠道，如市长热线、政策项目公示、网络咨询平台、公开听证会等。与此同时需要注意的是社情民意在具体工作中的应用除了要在技术层面不断推进，也要注意对于社情民意的多角度收集与归纳，最终对问题提出一个合理的解决方案。第三，提高人民参政议政的积极性，形成一种良好的公民参与型社会文化氛围。中华民族传统文化中儒家思想的修身齐家治国平天下理念，讲究的是积极出世，积极参与国家治

---

① 李育蒙．让社情民意直达全国两会现场［N］．遵义日报，2021-03-08（004）．

② 履职触角延至最基层 协商平台建到家门口［N］．人民政协报，2019-05-22（004）．

理，即便是一般百姓，也应十分关心国家政策。当前随着融媒体的快速发展，人民群众获得了更多了解国家事务与政策的渠道，这为提升公民参与热情创造了一个良好的社会环境。

二、社情民意导向性原则

民意调查是人民参与社会治理的重要方式，社情民意的有效应用是社会治理共建共享的体现，社情民意具有导向性，在社情民意的应用过程中要遵循其导向性原则。

（一）社情民意的采用基础源于其导向性

社情民意是党和政府科学决策的基础，要想社情民意的应用最贴合人民群众的真实问题和真切需要，就必须保持和人民群众的互动，以人民群众的意见为导向。习近平总书记明确指出，人民政协要坚持把实现好、维护好、发展好最广大人民根本利益作为一切工作的出发点和落脚点，强调人民政协要提高联系群众的能力，各级政协要牢固树立以人民为中心的思想，坚持让政协走进群众、让群众走进政协，通过“双走进”开创新时代政协工作新局面，全面展示政协新形象。社情民意的主要信息收集渠道是基层社区，只有做到真正的交互民心、知晓民情，坚持以社情民意信息为导向制定政策方针，我们才能够得出一系列符合民情、符合民意的政策政令。

（二）社情民意对满足人民需求有导向性作用

社情民意代表着人民群众的利益，反映人民群众的要求。因此我们在工作中调查社情民意就是为了了解人民群众的需求，是为了帮助人民群众解决实际问题。社情民意是政府制定政策，进行工作的风向标。社情民意的应用是取之于民而又用之于民的过程，政府要做到一切为了人民，全心全意为人民服务，保证社会治理的共建共享就要充分发挥社情民意的导向性作用。

案例：和平区市场监管局为企业解难题、办实事①

自“和平夜话”实践活动开展以来，和平区市场监管局全体党员干部深入走访基层一线，与企业负责人、社区群众交朋友、话家常，了解社情民意，切实帮助企业解难题、办实事。

近日，结合“安全生产月”活动方案，区市场监管局以“和平夜话”实践活动为抓手，深入房管系统调研食堂从业人员和配餐单位在食品安全方面的疑难问题，并进行了针对性的培训。区市场监管局的工作人员系统讲解了食品经营单位的日常监督要求、注意事项及在配餐环节中容易忽视的细节，清晰解答了从业人员存在的疑惑，明确了食品安全的各项要求，进一步压紧压实企业主体责任，助力保障房管系统的食品安全。

下一步，和平区市场监管局还将继续坚持问题导向、民意导向、需求导向，将为群众办实事、做好事、解难事变为工作常态，结合市场监管职责，继续践行“和平夜话”实践活动宗旨，再现新时期党群关系的鱼水深情。

以上是用天津市和平区“和平夜话”实践活动为例，对社情民意在改善民生中有导向性作用进行解释。案例中“和平夜话”实践活动的主要内容是和平区市场监管局全体党员干部深入基层，和企业负责人、社区群众等基层群体通过话家常的方式收集社情民意。通过本次活动，市场监管局党员干部了解到食堂从业人员和配餐单位在食品安全方面存在的疑难问题。因此市场监管局针对从业人员的疑难问题设计了相应的培训活动，清晰解答了从业人员存在的疑惑，这一行为帮助从业人员明确了食品安全的各项要求，进一步压紧压实了企业的主体责任，有助于保障房管系统的食品安全。“和平夜话”活动的成功举办切实帮助和平区相关部门了解基层问

① 和平区人民政府．和平区市场监管局为企业解难题、办实事［EB/OL］．天津市人民政府官网，2021-07-08．https：//www.tj.gov.cn/sy/zwdt/gqdt/202107/t20210708_5498953．html.

题并采取适当措施解决，进一步保障了人民群众的食品安全。

（三）发挥社情民意纠错功能

社情民意导向性原则是社情民意调查过程从始至终不能放弃的一条基本原则，主要是因为社会各阶层人士在遇到问题时都有表达自身意愿的需要。人民群众将自身遇到的问题反映给政府，政府通过对问题的整理与分析，得出解决问题的政策方案，这就是社情民意在发挥它的纠错功能。当人民群众的某一集体性利益被触及、损害时，如果社情民意不被重视，社情民意导向性原则中的纠错功能无法得到有效地发挥，政府的政策就会脱离实际，失去其开展的意义，人民的诉求不被满足，将会造成巨大的社会矛盾。而这一社会矛盾就会引发一定的社会群体在个人或组织的引导下，进行大规模的集体行为，如游行、示威、罢工、罢课，甚至于产生骚乱、暴动，危害社会治安。

案例：高淳区人民政协以社情民意为导向解决高淳水系生态问题

高淳西部水系发达，水产养殖业一直是高淳区的支柱产业，但在疫情后的复工复产中遇到了新问题。过去，河沟大水面承包，养殖户普遍肥水养殖，导致水体富营养化严重。2016 年，河沟水面停止发包、改由镇村管理。随着生态修复成效日益明显，来河里捕捞的人越来越多。各村面临着不承包管理难度大，承包肥水养殖污染风险大的两难局面。尤其是复工复产关键时期，如何盘活资源，实现“六稳”“六保”，高淳区政协把调研得知的基层难题向区委专题汇报。区委书记吴勇强高度重视，要求政协进一步了解实情、提出对策。

区政协组织农村界别的委员、水产养殖的专家深入调研，通过社情民意信息“直通车”报送区委。提出“实施河沟水面生态修复责任承包、收取生态修复责任保证金”等 4 方面建议，列出“不得有漂浮垃圾、水花生、青苔等影响水质的物质”等“十个不得”的负面清单。这条号称高淳“史上最严”“细节最细”的社情民意信息得到区委书记重点批示：“此建议很好，很有针对性和可操作性，到了该解决水质管控与日常管理矛盾的时候了，可充分调动镇街积极性和创造性，开展一些试点工作，形成经验，制定具体易操作的管控要求，再予以推开。”①

南京市高淳区政协的案例体现了政协委员始终与人民群众保持密切的联系，深入人民群众，了解掌握人民群众的真情实感以及人民群众面临的突出问题，并且及时整理汇报，区委高度重视，有求必应，做到干实事。在这个过程中南京市高淳区的政协委员充分发挥社情民意的纠错功能，及时发现政策中不符合人民需求的地方，并对这些地方及时加以修正，圆满解决高淳水系生态问题，向人民交上了一份满意的答卷。

总之，社情民意的应用是具有导向性的，并且这种导向性是十分重要的。政府工作人员在社情民意的应用过程中要始终坚持遵守社情民意的导向性原则，特别是要注重社情民意导向性中的纠错功能。在工作中要坚持以人民群众为中心，从群众中来到群众中去。我们要充分尊重人民群众的意见建议，遵循社情民意导向性原则，以确保政府工作的顺利开展，保证社会治理实现共建共享。

三、社情民意动态性原则

社情民意的采纳要建立在信息对称基础上，其深度应用应建立广泛的信息对称机制，使应用过程成为一个不断吸纳信息、不断更新信息、不断淘汰信息的过程。当代社会人民的生活节奏快、信息更新速度快，政府部门会不断地搜集社情民意，以确保政策的时效性。很多符合当时社会背景的政府政策，在落实过程中，可能会出现反馈跟踪机制缺失的问题，以至于当社会背景发生改变的时候，更新的社情民意信息无法反

① 芮萍．南京市高淳区政协：信息“直通车”通上“小康路”［J］．中国政协，2021（1）：59.

馈给政府，最终导致政策失去时效。这一现象会极大地损伤人民群众参政议政的社会积极性，也会使很多政府工作人员由于缺乏后续回馈，失去对社会发展情况的正确判断，导致无法及时对政策进行调整。这便要求我们在社情民意的采集、收纳与应用过程中要遵循社情民意动态性原则。

案例：上海市政协反映社情民意信息工作跑出“加速度”

近年来，上海市政协办公厅与市委、市政府办公厅相关处室之间已形成了常态化的交流互动和工作对接。与此同时，市政协还搭建沟通协商的平台，邀请相关部门就具体工作推进落实情况与反映人进行沟通交流，努力促进问题解决，不断提升政协社情民意信息的实效。

针对近期多地频发长租公寓“爆雷”事件，市政协编报关于警惕长租公寓“高收低租”金融风险的社情民意信息。很快，市政协办公厅收到反馈，市政府分管领导认为建议很有针对性，相关职能部门也表示将就建立强制信息备案报送制度，实行在线实时监测进行研究落实，进一步扩大网签备案覆盖面，及时发现风险预警并介入监管。

聚焦上海对标国际一流打造“水上会客厅”，市政协社情民意信息综合反映了黄浦江船舶管理方面的薄弱环节，就安全通航、支持环保游船观光产业发展等提出建议。市政府相关职能部门反馈，将对政协社情民意信息中提及的短板问题作一次集中梳理，积极研究优化措施。

得益于市政协与党委政府之间的高效对接，信息跟踪和反馈机制逐步健全，在促成政协社情民意信息取得实效上发挥了关键作用。①

上文以上海市政协为例对社情民意动态性原则进行解释。首先，上海市政协不断提升社情民意信息的实效本身就是一个动态的过程，我们

① 中国人民政治协商会议北京市委员会．“你们正在关心的，就是我们马上报送的”——上海市政协反映社情民意信息工作跑出“加速度”（节选）[N]．人民政协报，2021-12-21.

对社情民意的搜集不是一次性的，应该是多次的。其次，我们对于提案的办理应该是及时的，李克强总理在国务院常务会议中提到“要压实办理责任，及时办理”。上海市政协针对长租公寓“爆雷”事件以及“水上会客厅”打造过程中反映出来的社情民意及时反馈，积极研究解决措施。最后，我们要不断对提案办理“回头看”，不断反思测评之前的工作，上海市政协信息跟踪与反馈机制逐步健全，有利于社情民意的动态性搜集与高效反馈。

在工作当中之所以要这样不断地搜集民意、及时对民意进行处理并且不断地反思之前的工作，就是因为社情民意应用的动态性原则。社情民意应用的动态性原则要求我们不停地筛选淘汰落后的信息，吸收新的符合时代潮流的信息。我们通过筛选掉旧的社情民意信息，再获取的新的社情民意信息，使我们的工作决策紧跟时代潮流，具有较强的先进性。只有这样我们才能做到想群众之所想，急群众之所急，提出并落实更符合现阶段民众需求的决策来保证为人民服务的及时性。

第二节　政府绩效满意度评估

通过社情民意调查获取公众对政府政务服务的满意度指数，可推动政府与公众之间信息互通，政府部门可以更有效地提高服务能力和服务水平，做好保障和改善民生工作，让改革发展成果更多更公平地惠及群众。①

一、各级政府机构满意度评估

（一）公民参与政府绩效评估的过程模型

社情民意信息是我国各级政府机关履行自身职能的重要工作信息

① 刘继春．人民政协社情民意信息工作的问题与对策研究［D］．济南：山东大学，2013.

源，是各级政府机关进行政府绩效评估过程中重要的组成部分，是了解社会基本情况以及社会各阶层群众的建议、想法、诉求的主要途径。通过对于社情民意的搜集，建设有效的政府绩效评估机制，可以向各级政府机构反映民情民意，提出意见建议，帮助其研判政府内部的纯洁性，保证政府工作的有效性。

根据公民是否参与绩效目标（包括绩效指标和标准的设定等）的制定和公民是否参与绩效结果的评价两个维度，将政府绩效评估的形式分为四种类型：官僚型、评价型、决策型、治理型。通过这样一种过程模型可以看到的数据，将协助各级政府加强绩效管理的总体性规划，形成具有一定操作性的措施方式，加强对于各级政府的有效管理与指导约束。①

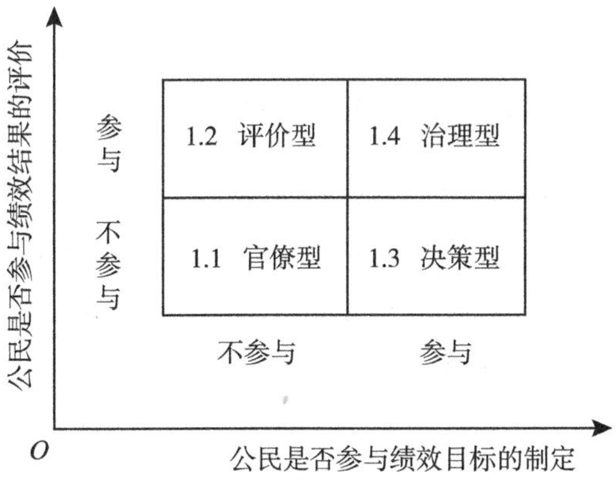

（1）官僚型：官僚型政府绩效评估类型，既不允许公民参与绩效目标的制定，也不允许公民参与绩效工作的评定，将权利放置在政府自身体系之内不与外界产生交流，更多的处于一种政府自身领导的状态下，极易与社会人民群众产生较大的矛盾冲突。

（2）评价型：在政府绩效评估工作的整个过程中，人民群众只参

① 赵晓军．公民参与政府绩效评估的过程模型建构［J］．理论与改革，2014（4）：125-128.

与对绩效结果的评价。相比于官僚型而言提升了人民群众在政府绩效评估工作中的参与度。但是人民群众在政府绩效目标的制定方面依旧缺乏参与度。

（3）决策型：在这种评价类型之中，公民参与政府绩效目标的制定，使政府了解公民对政府工作的心理愿景。但由于政府部门不允许公民进行最终绩效工作结果的评估，人民群众对于政府工作的满意度自然不会高。这需要政府部门排除主观臆断，将人民群众的意见在最终的绩效结果评估之中予以体现。

（4）治理型：在这种政府评价类型之中，公民既参与政府绩效目标的制定，也参与政府绩效结果的评估。相比于前三类而言，更加全面也更加具有先进性。与21世纪以来我国所强调的治理型政府管理体系不谋而合，能够极大地缓解政府机构与社会群众之间的矛盾，将社会问题防患于未然。

（二）公民参与政府绩效目标的制定

政府绩效涵盖很多方面，我们可以将其大致划分为经济绩效、社会绩效和政治绩效。与此同时，每项绩效都有对应的目标，即经济绩效目标、社会绩效目标以及政治绩效目标。在这之中经济绩效目标是为了保障我国国民经济的稳定快速增长；社会绩效目标是为了进一步落实人民幸福安康的社会生活环境；而最后的政治绩效目标则是为前两者能够完美落实，提供的政治制度保障。政府的绩效目标制定过程中要考虑经济、效率、效果三个方面的因素，即政府在公共服务建设过程中，投入的资金是否在一定的时间内达到预期的结果。

政府绩效目标与人民群众有着密不可分的关系，因此，政府绩效目标的制定离不开社情民意的搜集与分析整理。将社情民意应用到政府绩效目标的制定过程中有利于政府工作更符合广大人民群众的根本利益。

（三）公民参与政府绩效结果的评估

政府绩效评估的过程中，公民参与度的多少往往能够影响公民对最终绩效结果的满意度，社会评议人员与机关评议人员的不同配比也往往会产生不一样的评价结果，这有利于我们从多个角度、多个方面更加全面地审视政府工作，对于政府部门的科学化、合理化改善起着至关重要的作用。

案例：南京市公民参与政府绩效评估①

评议对象分组	社会评议人	机关评议人
第一组	70%	30%
第二组	50%	50%
第三组	30%	70%
第四组	70%	30%
备注：	ⅰ>社会评议人：包括基层党员群众代表、企业管理人员代表、教科文卫体专业人员代表、省市“两代表—委员”、市各民主党派、工商联、无党派人士和市机关作风建设监督员。 ⅱ>机关评议人：包括驻宁党政军机关代表、市级机关干部代表、区和街镇机关干部代表。 ⅲ>第一组：直接面向企业和市民群众，拥有执法队伍或办事窗口的市政府工作部门、垂直管理部门。 ⅳ>第二组：除第一组外，与经济和社会发展关联度较高、服务面较广的市政府工作部门、群团部门和法检机关。 ⅴ>第三组：市委工作部门及与企业、群众接触相对较少的其他机关部门（单位）。 ⅵ>第四组：对经济和社会发展环境影响较大的企事业单位。	

① 郎玉莹．地方政府绩效评估中公民参与的有效性研究［D］．南京：南京理工大学，2019.

通过上表我们可以总结出公民参与绩效结果评估过程中政府工作人员要做到以下几点：

（1）完善工作制度建设，在制度的建设层面进行有效的积极实践与探究，大力推动管理科学的、配套完善的、规定细致的、保障到位的整体工作制度体系，不断提高社情民意的科学应用水平。

（2）主动发挥政府机构人员作用，在进行社情民意吸收与采纳的过程中，机构内部人员要主动培养自身的民主意识与人民群众打成一片，深入人民群众内部了解评估内涵，不能将绩效评估流于表面形式，要做到尽职尽责为人民服务。

（3）完善信息反馈机制，在社会层面公开进行对各级政府机构满意度评估的同时，搜集人民关注的热点问题，予以第一时间的回复并制定相关解决方案。这是促进信息转化为成果，提升人民群众参政议政热情的方式。

（4）利用好网络民情资源，随着互联网在社会层面的普及与深入，传统的信息采集方式已经处于被淘汰的边缘。政府部门应该顺应科技进步，在网络民情、网络民意传播速度与影响范围与日俱增的今天，把有效的网络民情资源运用到政府绩效评估当中去，将公民在政府绩效评估中的作用发挥到最大。

在公民参与绩效结果评估过程中做到以上四点，我们的评价体系会有着基本的结构性保证，这对政府部门更加迅速地了解民生民情，更加便捷地得到评价结果，都起到了至关重要的作用。

二、领导干部任免与履职尽责满意度评估

（一）领导干部任免

1. 领导干部选拔

在政府官员的选拔任免过程中，应将组织把关与适量范围内的民意调查有机结合，组织本身了解备选人的个人工作素养以及过往履历经历，可以主动为人民群众挑选出合适的领导干部人选。在后续的领导干

部任职过程中及时了解社情民意，洞悉人民群众对于领导干部的工作要求，将会是确保领导干部纯洁性的保障。

案例：人民公仆人民自己选

人民当家作主的社会主义民主政治发展，只有通过持续不懈地深化民主内涵、拓展民主外延并健全民主制度体系才能保障其真正落实于国家政治治理之中。同样，在干部选拔任用这一国家治理具体领域，扩大民主、提升民主质量亦需要在进一步完善相关制度过程中，不断拓宽民主渠道、丰富民主形式才能有可靠的实现保障。从现实情况看，尚存在一些需要研究和解决的问题。其一，制度设计的公共性欠缺制约了扩大民主的有效空间。其二，民主参与过程的效果出现程序民主大于实体民主的反差。其三，民主程序及环节之间系统耦合缺失限制了民主整体效能的发挥。①

在对于现存三大问题的讨论之中，我们可以将其总结为在领导干部选拔过程中对于社情民意的广泛性、真实性、有效性的诉求。为达成这种诉求我们要从以下三方面入手：

首先，要确保民主参与平台的广泛构建，确保人民群众民主参与渠道的畅通。这样我们就能搜集到更加广泛的社情民意，确保大部分人民群众可以有效行使自己的选拔权。

其次，我们要搜集更加真实的民主信息，不要一味地强调程序民主，让民主流于形式。我们要搜集到更多不同阶层人民群众的真情实感，以确保收集到的民主信息的真实性，确保选拔出的干部是受大部分民众支持和推崇的。

最后，我们要加强各民主程序及环节之间的联系，让民主参与的各个阶段都能紧密参与、联系密切、配合默契。这样就能促进民主信息在

① 廖志豪，吴志华．基于三大核心原则的干部选拔任用三原则探讨［J］．江西师范大学学报（哲学社会科学版），2020，53（6）：3-10.

领导干部选拔过程中发挥最大效能。

2. 领导干部罢免

把人民意见作为领导干部的罢免意见体现了社情民意对领导干部的监督作用。之前我国的领导考核变动一般是“上到下”的评估形式，这也就形成了在领导班子内部的人事变动中领导起较大的作用。现在把人民的意见引入领导干部的考核中体现了一种“下到上”的评估形式。首先，通过这种方法我们可以了解到人民群众内心的好官是什么样的，这样更有利于我们在领导班子中筛选出符合人民心意的好官，罢免损害人民利益的恶官，确保领导班子的纯洁性。其次，通过这种方式也是通过外界的力量激发领导干部的能力。再次，加强人民对领导干部的监督会使领导干部更加注重人民的看法，这样更有利于加强领导干部深入群众的动力，更有利于领导干部做出利于解决现阶段人民问题的决策，保障领导班子的先进性。最后，我国是人民当家作主的社会主义国家，这样做体现了人民当家作主，保障了人民的主人翁地位。领导干部也是人民公仆，领导干部做不为人民做主、损害人民利益的事就会被人民罢免。

《人大代表的辞职、监督和罢免》一文指出，“因什么情况可以罢免代表，法律没有具体规定。一般来说，只要代表失去了选民或选举单位的信任，就可以罢免，既可以是代表有违法犯罪行为或工作严重失职，也可以是代表未能很好地履行职责。法律对罢免条件不作具体限制，本意是充分保障人民的权利”①。总而言之，作为一名人民公仆理应要为人民做主，而评价领导干部是否为人民做主的权利应该攥在人民手中。领导干部的权利由人民赋予所以也必然应当受到人民的监督，不符合人民利益的、不为人民做主的领导干部必然会被罢免。

（二）领导干部履职尽责

领导干部能否尽职尽责是人民群众对领导干部满意度的评价标

① 向航．人大代表的辞职、监督和罢免［EB/OL］．全国人大信息中心，http：//www. npc. gov. cn/zgrdw/pc/11_2/2008-01/31/content_1468987. htm.

准。领导干部尽职尽责会增强自己在人民群众心中的公信力，提升自己在人民群众心中的地位，使自己受人民群众爱戴，进而维护社会和谐，推动社会发展。相反则会损害自己在人民群众心中的公信力，降低自己在人民群众心中的地位，使人民群众对其产生不满情绪，不利于社会稳定。

案例：言必称程序，就是不作为？“拖星”干部拖垮基层

近年来，一些地方的群众造出一个新词——“拖星”，专指一些办事拖拉、推诿扯皮、不担当不作为的干部。他们打太极、和稀泥、言必称程序。结果，事情被拖黄，企业被拖垮，群众被拖怕，小纠纷拖成大矛盾，严重损害党和政府的形象。

为牟利益“主动拖”。半月谈记者走访了解到，在涉及民营企业的事项中，部分干部以“拖”牟利，让民营企业家吃尽苦头，甚至拖垮企业。贵永集团董事长宋悦一直头疼企业承建环渤海某市机关办公楼烂尾的事。2011 年，贵永集团与该市相关部门、某机关签订协议，由企业为该机关量身定做一栋办公楼。贵永集团于 2012 年 12 月开工后陆续投资 2.7 亿元。一年后，该机关以“不符合《关于党政机关停止新建楼堂馆所和清理办公用房的通知》”为由让企业停工。随后，该办公楼由市里一街道办接手。贵永集团于 2018 年与街道办签订收购框架协议，不过直到现在仍然没有完成收购。“市场估价 3.9 亿元的办公楼，对方只出 2.6 亿元，还不能还价。”宋悦说，“1 个多亿可能就这样拖没了”。

领导一换，接着拖。近年来，一些领导干部发现纠纷，要求及时处置，但一些部门“催一催，动一动。领导一换，就不动”，让当事人苦不堪言。早在 2012 年，山西省灵丘县供销社下属的下关乡供销社计划建办公楼。“两栋楼，3 个月就能完工。”河北省包工头耿保柱及其合伙人看到工程量不大，便接下来，没想到，一拖好几年，没有拿到工程款。双方几经交涉，工程纠纷并没有得到化

解。“9年来，事情拖了又拖。县里领导催一催，下面的人动一动，可一换领导就不认账了。”耿保柱说。

没有能力“被动拖”。一些干部满足于当太平官，没能力解决矛盾便挂起“免战牌”，躲进小楼成一统，管他冬夏与春秋。半月谈记者在中部某县调研时，当地干部说了一件怪事：干部调整竟然遭遇“刹车”。一些乡镇重要干部岗位“空悬”近一年，有的乡镇甚至连主要负责人都没有，乡镇两委班子不齐，人代会都开不起来。一名乡镇干部透露，县里主要负责人发现动干部有风险，怕制造矛盾，引发上访告状，就和稀泥，最终影响基层工作的开展。

一拖再拖，拖进死循环。为什么部分基层干部热衷一拖再拖？中部某县一名乡镇干部直言，“拖字诀”有时在基层很有效。“基层的事面广量大，各种状况层出不穷，许多问题扛过一阵、拖上一阵，避过风口浪尖，多半也就大事化小、小事化了。”这名在基层干了20多年的干部说，“等新问题出来了，老问题就‘冷却’了，也是一种无奈的办法”①。

以上案例中领导干部不能够尽职尽责，他们有的是因为一己私利，无视民营企业的利益和诉求，直接拖垮了企业；有的是因为频繁的职位变动就无视群众的诉求、无视已经存在的问题，“催一催，动一动。领导一换，就不动”；有的是因为能力不足为了不制造矛盾引发上访告状直接导致重要干部岗位空缺，人代会都开不起来。这些领导都因为各种原因不愿意倾听民众的意见，不想为人民群众解决实际问题，指望用“拖字诀”大事化小，小事化了。最后的结果就是把新问题拖出来，把老问题拖“冷”，把人民群众的信任彻底拖尽，把党和政府的形象拖垮。

① 言必称程序，就是不作为？“拖星”干部拖垮基层［EB/OL］. 人民政协网，http：//www. rmzxb. com. cn/c/2021-04-22/2836133. shtml.

第三节　公共决策重大项目评估

一、重大公共项目立项过程中对社情民意的吸纳

（一）建立社情民意吸纳平台与机制

做好社情民意吸纳工作，首要的事情就是建立完善的社情民意吸纳平台。这对于社情民意的初步收集，以及后续的对社会层面的反馈，都起到了十分关键的作用。

1. 电子平台的建立

当今社会之中互联网技术让我们实现了“天涯若比邻”式的联系。为了能使更多的公民更加便捷地了解政府准备或正在实施的重大公共项目内容，更方便地发表自己的意见，政府社情民意收集平台的建设也要充分运用互联网技术，建立电子平台以便收集更全面的社情民意信息。

电子平台的建设十分有必要，首先电子平台可以确保信息传递的及时性，公民可以通过电子平台及时查询到政府的决策并把自己的意见建议传递给政府。与此同时电子平台的存在大大减轻了公民进行参政议政的现实成本，极大提高了公民参政议政的热情。但是电子平台的建立要注意确保实名制的落实，这样更有利于保证社情民意的多样性和有效性。

2. 线下平台的建立

虽然电子平台有很多优势，但是我们也不能放弃线下平台，因为有些公民并不能熟练运用电子平台，所以政府还是要不断完善线下的信访机制。通过政府相关部门主动调查，或者是公民主动到相关部门反映情况来更全面地收集社情民意。

（二）社情民意的筛选与数据分析

社情民意的收集不一定都是有效的，所以政府应该对收集到的社情民意进行筛选，筛选出与政府要立项的重大公共项目相关的社情民意信息。然后通过专业的第三方机构对这些社情民意信息进行数据分析，发现其相关性。

（三）依据社情民意分析项目的有效性和可行性

我们要对搜集到的社情民意信息进行归纳总结，结合其数据分析结果，来讨论重大公共项目是否有实行的必要，也就是此重大公共项目是否有有效性。其次就是我们要根据对社情民意的分析来确定此重大公共项目是否能得到大部分公民的支持，以及其是否已经具备重大公共项目实施的条件，也就是重大公共项目推进的可行性。

案例：国家发改委启动“十四五”规划《纲要》问计求策活动

新华社北京11月9日电（记者 安蓓）国家发展改革委9日启动为期两周的“凝思汇智 共谋新局”——“十四五”规划《纲要》问计求策活动。此举旨在进一步集思广益、凝聚共识，切实把社会期盼、群众智慧、专家意见、基层经验充分吸收到“十四五”规划《纲要草案》的编制中。

按照党中央、国务院的部署，国家发展改革委正在牵头编制“十四五”规划《纲要草案》，把规划《建议》变成推动经济社会发展的具体蓝图。

国家发展改革委官网开设“十四五”规划《纲要》问计求策平台，并在中国政府网和主要新闻媒体门户网站增设专题链接，聚焦关系国计民生、社会关注度高的领域，重点征求贯彻落实规划《建议》精神的具体举措。有关意见建议汇总整理后将提供“十四五”规划《纲要草案》编制工作参考。①

国家开展问计求策活动是为了能够通过人民群众的视角，聚焦那些切实人民群众最根本利益的问题，并针对这些问题提出有效可行的解决方案。重大公共项目从根本上来说还是为了为人民群众谋福祉。只有坚持一切为了人民，一切依靠人民，政府才能推出更加符合人民意愿的重大公共项目。

（四）立项结果

根据之前对社情民意的分析结果，最终要确定是否对此重大公共项目进行立项。如果重大公共项目的有效性和可行性均已具备则批准立项，若重大公共项目不具备有效性或可行性则不批准立项。

政府在确定立项后应向社会进行公示，促进公众对政府重大公共项目将要实施的工作的理解，以便获取更多的社会支持促进接下来工作的顺利实施。

总而言之，政府在重大公共项目立项过程中对社情民意的吸纳，主要是为了判断此重大公共项目是否有有效性和可行性，以便做出正确的决策来对必要的重大公共项目进行立项。

二、重大公共项目实施过程中政策落实情况评估

（一）政策落实情况相关资料的收集与筛选

在重大公共项目的实施过程中我们也要时刻注重社情民意的收集，通过问卷、实地调查等方式针对公民对政策的了解，公民对重大公共项目实施过程中的意见建议等内容进行社情民意调查，了解重大公共项目

① 孟钟藜．国家发展改革委启动“四五”规划《纲要》问计求策活动［EB/OL］．中国政府网，http：//www.gov.cn/xinwen/2020-11/09/content_5558961.htm.

实施过程中的真实情况。

案例：北京市委书记多次调研，加快推进城市副中心建设

北京举全市之力紧锣密鼓推进城市副中心建设，市领导高位布局、狠抓落实。两年多来，市委书记蔡奇到通州区调研、检查、暗访多达35次，仅2019年截至目前公开报道的调研就有7次。在广渠路东延道路施工现场、市郊铁路城市副中心线、城市绿心、环球影城项目工地……市领导一次次靠前指挥、现场“督战”，紧紧抓住重大交通节点、重点功能区域、重大产业项目，为城市副中心立柱架梁。随着城市副中心从行政办公区建设为主，向城市功能建设为主转变，重大公共项目建设加速推进，东六环路改造工程取得规划方案批复，城市绿心千亩示范区主体绿化完成，剧院、图书馆、首博东馆等设计方案正在审查……副中心城市框架稳步拉开。

如今，驾车行驶在副中心，清风路、通济路、兆善大街……宽阔崭新的公路纵横交错，时尚气派的高楼鳞次栉比，水光潋滟的大运河穿城而过，一座新城初见端倪。①

在北京市副中心建设过程中，正是因为市委做到了不断地调研、检查和暗访才能做到副中心城市框架稳步拉开的成绩。这种对于政务工作中社情民意重要性的信心与信念，协助了一系列工作的完成。可见在重大公共项目的实施过程中也要注重对社情民意的搜集分析，不要让重大公共项目的落实工作跑偏。

（二）发现重大公共项目实施过程中政策落实的问题

针对重大公共项目实施过程中进行的社情民意的调查，政府要总结

① 礼赞祖国 好事成“双”，双翼齐飞——构筑北京发展新骨架［EB/OL］. 北京市人民政府网，http：//www.beijing.gov.cn/ywdt/yaowen/201910/t20191014_1820851.html，2019-10-14.

归纳出公民对政府政策理解方面的问题、重大公共项目在实施过程中遇到的问题等相关问题的分析。根据收集到的社情民意信息内容认真讨论出现问题的原因，找到问题的关键点，以便解决问题，更好地进行下一步工作。

（三）针对问题给出相关政策和措施

在对社情民意反映出的问题的分析中，政府要注意引进专业人士的建议。政府在问题分析的过程中要确保专业力量的发挥，专业人士针对问题的建议对政府解决问题、修正政策有很大的助力作用。注重第三方专业人士的意见建议更有利于政府提出相关的政策和措施，解决重大公共项目实施过程中政策落实的问题。

三、重大公共项目实施结果的满意度评估

（一）重大公共项目实施结果公示

对于重大公共项目的结果我们要及时向社会公众进行公示，以保障公民的知情权和监督权。政府把做了什么、形成了什么样的结果主动向大众公示，展现了一种积极接受大众监督的正向态度，这样既有利于加强公众对政府重大公共项目的理解，又有利于政府吸纳群众意见，搜集项目评估所要用到的材料。

案例：国务院办公厅推进社会公益事业建设领域信息公开的意见

增强公开实效

（一）扩大公开范围。地方各级政府和国务院有关部门要梳理细化本地区、本部门社会公益事业建设领域应当公开的事项，主动、全面、及时公开相关政府信息。加强基层政务公开标准化规范化建设，探索形成符合基层实际的社会公益事业建设领域政府信息公开标准和规范。对公民、法人或者其他组织提出的社会公益事业

建设领域政府信息公开申请，行政机关要按照《中华人民共和国政府信息公开条例》的规定认真办理，最大限度满足公众的信息需求。

（二）完善公开方式。要充分发挥政府网站、政务服务平台的优势，按照内容权威、格式规范、体例统一的要求，集中发布相关政府信息，归集展示公共企事业单位、社会组织发布的相关信息，便于公众查询利用。稳妥推进社会公益事业建设领域信息共享和数据开放，为部门间核对和社会开发利用提供条件。针对社会公益事业主要服务基层和特定群体的特点，灵活运用政务新媒体、新闻媒体、手机短信、公告栏、宣传手册、政务服务平台等多种载体和方式，定向发布，精准推送，提升信息覆盖面、到达率，确保人民群众看得到、看得懂。

（三）加强解读引导。要高度重视社会公益事业建设领域政策的解读和引导工作。对于出台的相关政策措施，注重更多运用客观事实进行解读，及时准确传递政策意图，赢得人民群众的理解和信任。对于敏感事项和存在地区、领域差异的相关政策，公开时要及时把政策解释清楚，避免误解误读。加强对社会公益事业建设领域热点舆情的预判、跟踪和处置，进一步提高对社会关切事项引导的针对性和时效性。要指导和监督从事社会公益事业的公共企事业单位、社会组织做好相关舆情处置工作，确保不失声、不缺位。①

通过以上案例内容阐述，我们可以初步认识到重大公共项目实施结果公示过程中所需要注意与了解的一些必要性原则，以及关键的注意节点。我们要做好重大公共项目实施结果公示，以便公民更好地参与重大公共项目实施结果的满意度评估。

---

① 国务院办公厅关于推进社会公益事业建设领域政府信息公开的意见［EB/OL］. 中华人民共和国中央人民政府网，http：//www. gov. cn/zhengce/content/2018-02/26/content_5268879. htm，2018-02-09.

（二）确定评估目标

除了向大众公示重大公共项目的相关信息，主动接受群众监督外，政府还应该根据实际情况制定好评估的指标和标准。这样可以更好地把人民群众对此重大公共项目的满意度进行量化评估。

（三）收集并分析评估材料

根据确定的评估目标制作评估工具，并且结合线上线下社情民意平台搜集到的人民群众对于此重大公共项目的看法，根据设定好的标准从多维度分析人民群众对此次重大公共项目满意的地方和不满意的地方。

（四）形成评估报告

根据重大公共项目的评估材料及其分析形成最终的评估报告，并将评估报告进行政务公开接受人民群众的监督。

在重大公共项目结果的评估过程中不能忽视人民群众的意见，坚持“从群众中来，到群众中去”的工作方法，要注重人民群众的满意度。以人民群众的满意度为准认真反思人民群众不满意的地方，这样才能脚踏实地做好重大公共项目，更好地为人民谋福祉。

第四节　社会民生发展状况评估

一、地方政府营商环境评估

营商环境是指市场主体在准入、生产经营、纳税、退出等营商过程中涉及的政务环境、法治环境等有关外部因素和条件的综合环境。近年来，优化营商环境俨然成了一个高频词汇，多次出现在各级政府文件以及会议报告中，其中“十四五”规划纲要进一步强调要加快转变政府职能，持续优化市场化、法制化、国际化的营商环境。营商环境日益成为中国政府治理的关注焦点和地方政府竞争的重要场域，以梳理营商环境现状和发现营商环境薄弱点为目的的营商环境评估是优化营商环境的前提和基础。① 评估地方政府营商环境可以从其是否达到了高效廉洁的政务环境和公正透明的法治环境两个维度开展。

（一）高效廉洁的政务环境

政务环境就是影响行政事务内部和外部各种因素的总和，主要包括了软件和硬件两方面。软件方面包括工作制度、审批流程、效率、公务员廉洁从政、依法行政等内容。硬件方面就是工作环境、办公设施等。高效廉洁的政务环境是政府营造良好营商环境的重要资源，创建高效廉洁的政务环境可以提升地方政府的工作效率以及人才竞争力，促进当地企业以及各种市场主体的快速成立，从而为当地的经济发展提供强有力的支持与保障。

案例：梁山县提升服务标杆优化政务环境

一是打造标准化品牌，全面提升政务服务能力。于 2017 年 9 月正式启用了政务服务新大厅，服务面积 5000 多平方米，共有发改局、国土局、工商局等 41 个单位进驻，进驻各类服务事项 440 项，进驻人员达到 200 余人。以开放式监督促进管理公开化，通过摆放实名制座牌、设立意见箱、公布投诉电话、满意度调查等形式畅通监督举报渠道，提升全方位监督力度。

二是坚持软硬件双管齐下，全力提高审批效率。硬件建设方面，通过“实体大厅+网上大厅”双重集中统一的行政审批模式，借助山东政务服务网公开审批事项，审批人员通过网上系统进行公开透明办理，努力实现“零跑腿”服务。软件环境方面中心积极探索“全程代办制”，在大厅设立代办窗口，由代办员负责大厅内

① 娄成武，张国勇．基于市场主体主观感知的营商环境评估框架构建——兼评世界银行营商环境评估模式［J］．当代经济管理，2018，40（6）：60-68.

审批手续的受理登记、建立档案、组织协调等工作，直接与企业对接，实现审批事项帮办代办。

三是多方位加强放管服改革，打造最优政务环境。在实现权力缩减的同时，积极推动政务服务事项的积极落实，对各进驻事项办理流程进行再次优化，在审批时限上进行大力压缩，审批环节平均压缩了10%，审批时限压缩了50%。规范“多证合一”登记流程，简化准入手续，缩短办证时间，实行“一表申请、一窗受理、一套资料、信息共享、联合办理”。

四是积极探索新型服务方式，助推政务服务便捷化。在实现政务服务平台省、市、县三级互联互通基础上，加快网上办公平台的数据融合，创建了政务服务微信平台，开通了中心公众号，将现实中的政务服务“搬到了”手持终端上，使“放管服”改革的各类信息在“弹指间”传向了广大办事群众，拉近了和群众的距离。通过宣传引导，公众可以根据实际办理事项进行在线申报、上传资料，提升了政务服务的规范化、高效化、智慧化水平，得到了社会的一致好评。①

案例中的山东省济宁市梁山县坚持政务服务大厅建设与转变政府职能相结合，以政务服务平台建设为抓手，不断强化自身职能，全力打造政务服务品牌，优化政务服务环境。通过畅通监督举报渠道，为人民群众反馈自身需求开辟了道路，有利于提升人民群众的参与度，政务服务大厅的启用更为人民群众办理所需业务提供了便利，真正做到服务为民；“实体大厅+网上大厅”“全程代办制”的行政审批模式开拓了行政审批新领域，为企业办理业务节省大量时间，全面提高了行政审批效率；各类与人民群众密切相关的政务服务事项统一办理、流程缩短等改革措施，为人民群众营造了良好的政务环境；政务服务微信平台的创建

① 梁锋．提升服务标杆 优化政务环境［EB/OL］．东方圣城网，http://www.jn001.com/news/2018-01/03/content_520590.htm，2018-01-03.

极大地提升了政务服务的便捷化，种种举措都体现了梁山县政府为打造高效廉洁的政务环境所作出的努力。

（二）公正透明的法治环境

法治是营商环境的重要维度，健全的法治是营商环境最根本、最稳定、最长久的保障，优化营商环境的关键就是创建公正透明的法治环境。① 而评估地方是否拥有公正透明的法治环境要从政府的权力是否受到法律制约以及该环境是否维护人民群众的权利与利益两个维度开展。只有当政府的权力受到宪法与法律的约束、各项工作的开展都严格依照法律程序，政府保护人民当家作主的地位、保障公民的权利不受侵害，才能更好地创建公正透明的法治环境。

案例：青岛市北法院奏响优化营商环境“四部曲”

青岛市北区人民法院立足审判执行工作实际，充分发挥司法职能作用，努力营造稳定公开透明、可预期的营商环境，积极服务青岛经济社会发展大局，强力奏响优化营商环境“四部曲”。去年，青岛市北区法院共受理各类案件 18411 件，审执结案件 17871 件，同比分别提高 29.1%和 23.7%，结案率 97.1%。今年，审判质量稳中有进，审执效率进一步提高。

“扫黑除恶”最强音

李某跃及其黑社会性质组织打着“台东瑶瑶”的恶名在青岛市北区台东商圈称霸一方，店铺业主叫苦连天，社会影响恶劣。公安机关根据工作中掌握的线索组建专案组，将该团伙一网打尽，这也是开展扫黑除恶专项斗争以来青岛市侦办的首起黑社会性质组织案。该案由青岛市北区法院受理后，立即行动、周密部署，组成由院长担任审判长的 7 人合议庭公开进行审判，在依法充分保障被告

① 赵海怡．中国地方营商法治环境的优化方向及评价标准［J］．山东大学学报（哲学社会科学版），2019（3）：108-114.

人合法权益的基础上，一审从严从快判处主犯李某跃数罪并罚最高刑期25年。

“民商审判”交响乐

青岛某汽轮公司是我国汽轮机行业重点骨干企业，但因业务面覆盖全国各地，合同纠纷不断。去年，该公司与浙江某公司因承揽合同系列案，涉及订购合同六十余份。青岛市北区法院的法官在审理这些案件时了解到，双方企业都是在各自行业各自区域有一定影响力的企业，且经营业绩都很好，他们之间的矛盾简单一判了之、强制执行并非不可行，但这样双方之间的业务无法继续开展，也有可能因判后强制执行导致一方企业资金短缺而引发种种不良后果，只有双方和解才是双赢唯一之举。为促成双方达成和解协议，审判法官先后七下江南，组织双方调解，对他们晓之利弊。最终法官又利用一次赴杭州为他案解封的时机，再次调停双方之间的矛盾，双方企业为法官锲而不舍的精神所感动，并再三权衡利益得失后达成调解协议，2300余万元履行金额分批次偿清，双方的合作关系得以继续，案件得到圆满解决。

“攻坚执行”进行曲

2016年，青岛某外贸公司承诺青岛某针织有限公司，将在近期内支付300余万元欠款。然而，到期后经多次催要，外贸公司始终以种种理由推脱，迟迟不履行还款义务。2018年6月，针织公司得知外贸公司经营不善正准备转移资产，为此针织公司急忙向青岛市北区法院提起诉讼。青岛市北区法院受理案件后，在原告的申请下，果断在立案当日即作出财产保全裁定，并经过财产查控迅速对被告资产采取保全措施，查封了被告名下的不动产及银行账户，避免了财产流失。案件经判决进入执行程序后，今年年初得以快速执结，原告终于拿到了被告拖欠已久的欠款。

“惠民安商”和谐歌

某建筑公司在青岛承包施工房地产项目，但因开发商资金链断裂，该项目烂尾，工程款迟迟不能偿付该建筑公司。建筑公司1300多名农民工长达三年的时间没有拿到应得的劳务费，其中还包括130名哈尼族的来青务工人员。青岛市北区法院接手案件后，一方面安抚好农民工，另一方面加快对欠款开发商资产处置的进程。涉案项目拍卖款项到位后，青岛市北区法院第一时间从中回收资金并发放到1300多名农民工手中，发放劳务费高达2580余万元。

3月25日，青岛市北区法院又出台《青岛市北区人民法院关于进一步优化营商司法环境的实施方案》，细化19条措施持续强化服务意识，将行动落实到位。①

案例中青岛市北区法院为扫除黑恶势力成立专项斗争领导小组，经过严密部署与快速行动，一举歼灭了该地的黑恶势力，一方面保护了青岛市台东商圈的店铺不再受到迫害，另一方面有力净化了该地的营商环境，做到了保护公民的合法权益。除此之外，上述各个案例中青岛市北区法院始终坚持依法开展各项工作，让每一家企业都能体会到公平公正的对待。公正透明的法治环境可以促进生产力的发展，法治既是市场交易的准则，同时又是政府行为实施的依据。从一定程度上，法治环境的优劣对政治文明建设起着重要的作用，公正透明的法治环境有利于保障企业权利、节省经济资源、实现多方共赢。

二、反垄断公平竞争评估

我国反垄断法于2007年8月30日第十届全国人民代表大会常务委员会第二十九次会议通过，反垄断法的颁布是为了防止垄断行为的发

① 王静．青岛市北法院奏响优化营商环境“四部曲”［EB/OL］．民主与法制网，http：//sh. mzyfz. com/detail2020. asp？ r = t&dfid = 15&cid = 392&id = 393332，2019-04-17.

生，维护市场的公平竞争。公平竞争的市场环境有利于商家享有和谐的营商氛围，从而维护其自身权益和社会公共利益，促进社会主义市场经济的平稳健康发展。在反垄断公平竞争评估过程中，要从吸纳社情民意信息出发，广泛接受人民群众的意见建议，了解人民群众真实需求与面临的困境，以此为依据制定出符合广大人民群众根本利益的反垄断法。当反垄断法颁布后，仍要对反垄断法的政策落实情况进行评估。通过问卷、监督反馈平台等途径了解反垄断法中存在的不足，并根据事实情况加以修改，寻求符合社会发展规律的法律法规。

案例：美团遭遇反垄断诉讼

29日，据《中国经济周刊》报道，因取消支付宝渠道，美团日前遭到反垄断诉讼，由北京知识产权法院立案审理。王某诉被告北京三快科技有限公司、北京三快信息科技有限公司滥用市场支配地位纠纷案，经审查，符合《中华人民共和国民事诉讼法》规定的受理条件，北京知识产权法院决定立案审理。王某的诉讼，正是针对7月底的这次事件。网友们对此也是议论纷纷。“我还以为就我的不能用支付宝呢”“给美团投诉后，给我在最下边加上了支付宝支付，但是是折叠的，需要点开——技术阻碍”“淘宝会不会开放支付方式”“怎么不说京东啊，不能支付宝支付”……美团被立案调查的话题引发了网友的关注，新浪微博的评论区，网友不仅分享美团的经历，还表示其他巨头也存在类似问题。

今年11月10日，市场监管总局就《关于平台经济领域的反垄断指南（征求意见稿）》公开征求意见，明确规定平台不得要求经营者“二选一”。征求意见稿提出，网络交易平台经营者不得滥用优势地位干涉平台内经营者的自主经营，不得对平台内经营者与其他平台的商业合作进行不合理限制或者附加不合理条件。平台内经营者可以自主选择在多个平台开展经营活动。平台与平台内经营者建立或者变更独家经营合作关系有关的事项，应当在平等基础上

> 进行公平协商，并通过书面形式对合作条件、双方义务、违约责任等予以明确约定，平台不得通过不合理的搜索降权、下架商品、限制经营、屏蔽店铺、提高服务收费等手段强制平台内经营者接受。①

案例中北京知识产权法院经过审查，对王某的申诉进行立案审理体现了反垄断法的真实有效实施，法院结合案件具体情况展开科学调查，可以保护市场竞争的公平。市场监管总局就《关于平台经济领域的反垄断指南（征求意见稿）》公开征求人民群众的意见体现了社情民意在反垄断与维护市场公平正义中的应用。现如今，平台经济的快速发展使经济领域的反垄断监管有了新的任务。为了更好地加强反垄断，维护公平，政府应坚持对市场主体一视同仁，通过完善反垄断相关法律法规，保护平台经济领域公平竞争。

三、各地居民消费指数评估

居民消费价格指数是反映一定时期内城乡居民所购买的生活消费品和服务项目价格变动趋势和程度的相对数，是对城市居民消费价格指数和农村居民消费价格指数进行综合汇总计算的结果。通过该指数可以观察和分析消费品的零售价格和服务项目价格变动对城乡居民实际生活费支出的影响程度。② 编制居民消费价格指数的资料采用抽样调查的方法取得，即在全国选择不同经济区域和分布合理的地区，以及有代表性的商品（服务）作为样本，对其市场价格进行定期调查，以样本推断总

① 黄毅．突发！美团遭遇反垄断诉讼，因“封杀”支付宝通道，已正式立案［EB/OL］．中国公平竞争网，http：//www.zggpjz.com/keji/yena/6191.htm，2020-12-30.

② 国家统计局发布的指标解释（2019 年版本）［EB/OL］．国家统计局网，http：//www.stats.gov.cn/tjsj/zbjs/201912/t20191202_1713056.html，2019-12-02.

体。目前，参加国家级数据汇总的调查市、县共500个。①

（一）北京市居民消费价格指数评估

案例：北京市2020年4月居民消费价格指数表

项　　目	以上年同期为100的指数		以上月价格为100的指数
	本月	本年本月止累计	
居民消费价格总指数	102.4	103.4	99.3
其中：食品	107.5	110.8	95.9
非食品	101.4	102.0	100.1
其中：消费品	102.5	103.6	98.6
服务	102.2	103.1	100.3

注：单位：%

1. 统计范围

居民消费价格指数（CPI）涵盖城乡居民生活消费的食品烟酒、衣着、居住、生活用品及服务、交通和通信、教育文化和娱乐、医疗保健、其他用品和服务等8大类、262个基本分类的商品与服务价格。

2. 调查方法

采用抽样调查方法抽选确定调查网点，按照“定人、定点、定时”的原则，直接派人到调查网点采集原始价格。数据来源于全市16个区、1940多个价格调查点，包括商场（店）、超市、农贸市场、服务网点与互联网电商等。②

① 宁吉喆等．中国统计年鉴（2020）［M］．北京：中国统计出版社，2020.

② 北京市统计局．居民消费价格指数［EB/OL］．国家统计局北京调查总队网，http：//tjj.beijing.gov.cn/tjsj_31433/yjdsj_31440/cpi/2020/202005/t20200513_1895831.html，2020-05-13.

根据上表我们可以看到北京市居民消费指数评估的具体情况。

（二）上海市居民消费价格指数评估

案例：2021 年 2 月下旬上海市“菜篮子”价格指数数据表

附注：

1. 指标解释：上海市“菜篮子”价格指数是度量一组代表上海市居民日常消费的主副食品项目价格水平随着时间变动的相对数，综合反映居民日常购买主副食品价格水平的变动情况。

2. 数据来源：上海市“菜篮子”价格指数数据来源于全市 16 个区 61 家农贸市场和超市等价格监测定点单位，进行定点、定时、现场采价。①

指数类别	2021 年 2 月下旬	
	与上一旬相比涨跌幅（%）	与去年同期相比涨跌幅（%）
上海市“菜篮子”价格指数	−6.3	−1.6
粮油	−0.1	1.9
肉禽蛋	−4.9	−9.6
鱼虾	−4.9	1.9
蔬菜	−16.8	7.3
水果	−0.2	1.7
豆制品	0.0	3.6

根据上表显示可知，上海市居民 2 月下旬蔬菜价格指数与上旬相比

① 2021 年 2 月中旬上海市“菜篮子”价格指数数据表［EB/OL］. 上海市人民政府网，http：//www.shanghai.gov.cn/nw17239/20210302/56f1d18d580f4c8d97cf81b49001f3e4.html，2021-02-26.

跌幅 16.8%，是“菜篮子”价格指数中跌幅最大的；豆制品价格指数与上旬相比幅度无变化；肉禽蛋价格指数与去年同期相比跌幅 9.6%，是“菜篮子”价格指数中跌幅最大的；蔬菜价格指数与去年同期相比涨幅 7.3%，是“菜篮子”价格指数中涨幅最大的。

居民消费指数对于人民群众来讲，就是购买同一商品，今年比去年要多花多少钱。对各地居民消费指数的评估与分析可以衡量出通货膨胀的程度，居民消费价格指数上涨则意味着通货膨胀的严重程度有所增加。居民消费价格指数上涨还可能导致货币贬值、居民实际工资减少、居民收入缩水等。

四、各类新生事物出现评估

互联网技术的快速发展使社会民生的各个领域涌现出一批批新生事物，在建设服务型政府的过程中，政务微信平台、监督平台等提升了人民群众参与基层事务以及政府决策的意愿。5G 技术的快速发展也使网络信息安全成为社会民生领域的新生事物。在错综复杂的网络世界之中，每一个网络用户的个人隐私信息以及个人的网络通信信息，都没有得到一个很好的保护。窃用网络用户个人隐私的事件时有发生。因此，对于网络信息的安全评估成为新时代的一项重要任务。

案例：网暴黑产化：对这类“生意”必须零容忍

新型网络暴力正被越来越多地应用于商业竞争领域，呈现出了有组织、有策划、有产业链条的倾向：小到饭圈内斗、网红互殴，大到网站之间互黑下架，都可能借此制造假舆情、绑架真民意，有企业在特殊节点给竞争对手恶性灌入大量违规信息；有“职黑团队”利用小众文化圈的“心病”做引子，提前数月“测敏”埋线、左右“下套”、布局“挖坑”，舆情多重走向全在其预案掌控中；过去的网暴往往针对个体，但新型网暴有扫射泛化制造群体对立的趋势，个体的言行会被无限度连坐上升，教师、记者、医护、警察等群体纷纷成为受害者。

这样的新产业，显然是网络负资产。因为网络是虚拟的，暴力却是实实在在的，对人以及社会的伤害，也是实实在在的。①

由案例可知，新型网络暴力正被越来越多地应用于商业竞争领域，呈现出了有组织、有策划、有产业链条的倾向。这种网络暴力是在有意制造假舆情，捆绑真民意。这种假的舆情不光会为我们搜集筛选社情民意带来巨大难度而且也会通过制造群体对立的方式来伤害普通群体，造成很严重的后果，危害社会安定团结。

【参考文献】

1. 李育蒙．让社情民意直达全国两会现场［N］．遵义日报，2021-03-08（004）．

2. 履职触角延至最基层 协商平台建到家门口［N］．人民政协报，2019-05-22（004）．

3. 韩勇．让政协走进群众 让群众走进政协［N］．人民政协报，2019-05-22（008）．

4. 芮萍．南京市高淳区政协：信息“直通车”通上“小康路”［J］．中国政协，2021（1）：59．

5. 吴道连．把社情民意融入建议之中——记南雄市人大代表李泽平［J］．人民之声，2021（1）：47．

6. 中国人民政治协商会议北京市委员会．“你们正在关心的，就是我们马上报送的”——上海市政协反映社情民意信息工作跑出“加速度”（节选）［N］．人民政协报，http：//www.bjzx.gov.cn/zxgz/qgzx/202012/t20201221_31718.html，2021-03-12．

7. 刘继春．人民政协社情民意信息工作的问题与对策研究［D］．

① 网暴黑产化：对这类“生意”必须零容忍［EB/OL］．人民政协网，http：//www.rmzxb.com.cn/c/2020-07-22/2624336.shtml，2020-7-22．

济南：山东大学，2013.

8. 赵晓军．公民参与政府绩效评估的过程模型建构［J］．理论与改革，2014（4）：125-128.

9. 郎玉莹．地方政府绩效评估中公民参与的有效性研究［D］．南京：南京理工大学，2019.

10. 廖志豪，吴志华．基于三大核心原则的干部选拔任用三原则探讨［J］．江西师范大学学报（哲学社会科学版），2020，53（6）：3-10.

11. 向航．人大代表的辞职、监督和罢免［EB/OL］．全国人大信息中心，http：//www. npc. gov. cn/zgrdw/pc/11_2/2008-01/31/content_1468987. htm.

12. 言必称程序，就是不作为？"拖星"干部拖垮基层［EB/OL］．人民政协网．http：//www. rmzxb. com. cn/c/2021-04-22/2836133. shtml，2021-4-22.

13. 孟钟藜．国家发展改革委启动"四五"规划《纲要》问计求策活动［EB/OL］．中国政府网，http：//www. gov. cn/xinwen/2020-11/09/content_5558961. htm.

14. 礼赞祖国 好事成"双"，双翼齐飞——构筑北京发展新骨架［EB/OL］．北京市人民政府网，http：//www. beijing. gov. cn/ywdt/yaowen/201910/t20191014_1820851. html，2019-10-14.

15. 国务院办公厅关于推进社会公益事业建设领域政府信息公开的意见［EB/OL］．中华人民共和国中央人民政府网，http：//www. gov. cn/zhengce/content/2018-02/26/content_5268879. htm，2018-02-09.

16. 娄成武，张国勇．基于市场主体主观感知的营商环境评估框架构建——兼评世界银行营商环境评估模式［J］．当代经济管理，2018，40（6）：60-68.

17. 梁锋．提升服务标杆 优化政务环境［EB/OL］．东方圣城网，http：//www. jn001. com/news/2018-01/03/content _ 520590. htm，2018-01-03.

18. 赵海怡．中国地方营商法治环境的优化方向及评价标准［J］．

山东大学学报（哲学社会科学版），2019（3）：108-114.

19. 王静．青岛市北法院奏响优化营商环境“四部曲”［EB/OL］．民主与法制网，http：//sh. mzyfz. com/detail2020. asp？ r = t&dfid = 15&cid = 392&id = 393332，2019-04-17.

20. 黄毅．突发！美团遭遇反垄断诉讼，因“封杀”付宝通道，已正式立案［EB/OL］．中国公平竞争网，http：//www. zggpjz. com/keji/yena/6191. htm，2020-12-30.

21. 国家统计局发布的指标解释（2019 年版）．［EB/OL］．国家统计局网．http：//www. stats. gov. cn/tjsj/zbjs/201912/t20191202＿1713056. html，2019-12-02.

22. 宁吉喆等．中国统计年鉴（2020）［M］．北京：中国统计出版社，2020.

23. 北京市统计局．居民消费价格指数［EB/OL］．国家统计局北京调查总队网，http：//tjj. beijing. gov. cn/tjsj＿31433/yjdsj＿31440/cpi/2020/202005/t20200513_1895831. html，2020-05-13.

24. 2021 年 2 月中旬上海市“菜篮子”价格指数数据表［EB/OL］．上海市人民政府网，http：//www. shanghai. gov. cn/nw17239/20210302/56f1d18d580f4c8d97cf81b49001f3e4. html，2021-02-26.

25. 网暴黑产化：对这类“生意”必须零容忍［EB/OL］．人民政协网，http：//www. rmzxb. com. cn/c/2020-07-22/2624336. shtml，2020-07-22.

第六章　社情民意队伍建设

社情民意队伍是社情民意研究与应用过程中的主体，负责社情民意信息的调查、收集、整理、上报以及监督反馈。在社情民意相关工作开展的过程中，社情民意队伍通过深入了解民情、传递人民心声，促进相关政策的落实和调整，推动社会经济的发展和进步。无论是信息的沟通与传达、数据的收集与分析还是报告的撰写与整理等，都需要社情民意队伍共同参与完成。社情民意队伍的建设在有利于社情民意相关工作发展的同时推进政府的科学决策。本章将重点围绕社情民意队伍建设展开，第一节从社情民意队伍建设的基本现状出发，分析社情民意队伍的主要内容、主体构成、建立和发展；第二节通过案例分析，提出队伍建设中存在的主要问题；第三节为社情民意队伍建设的原则和路径，包括健全人才培养机制、强化社会需求导向、深化科学考核评价三个方面；第四节以民主参与及大数据两个角度预测社情民意队伍建设的未来趋势。

第一节　社情民意队伍建设的基本现状

随着社会需求的不断增加和社情民意工作机制的不断完善，社情民意队伍逐渐发展，形成了以党政机关、企事业单位和社会公益组织、团体为主体的社情民意队伍，在广泛、深入应用社情民意的同时贯彻和落实人民当家作主的理念，提高了公民对国情的关注程度，促进了公民与相关部门的互动。本节从社情民意队伍的主体构成、社情民意队伍的建立与发展、社情民意队伍建设的主要内容三个方面，具体阐述社情民意队伍建设的基本现状。

一、社情民意队伍的主体构成

（一）党政机关

党政机关包括党的机关、人大机关、行政机关、政协机关等，作为社情民意队伍的组织者，领导和监督社情民意队伍的建设，是社情民意队伍建设的核心。党政机关领导下的社会发展研究院及政策研究室，积极指导并督促社情民意研究中心进行相关社情民意工作。

案例：巴彦淖尔市委政策研究室领导莅临市统计局社情民意调查中心参观考察①

2020 年 12 月 31 日，巴彦淖尔市委政策研究室主任熊国元一行，到市统计局社情民意调查中心参观考察。

熊国元主任一行实地参观了社情民意调查中心综合办公室和访问市，现场听取了调查问卷录音。社情民意调查中心负责人从调查工作的组织结构、工作职能、队伍建设、工作流程、设备配备、访问员储备及培训和调查项目开展情况等方面进行了详细介绍。

熊国元主任一行，对社情民意调查工作指导思想明确，工作思路清晰，主动服务意识强，调查方法公正客观，工作效率规范严谨，档案资料齐全完备等方面表示高度赞赏。特别是对电话调查数据采集的可信度给予高度评价，对民意调查这种新型的调查方式产生浓厚兴趣，表示在今后的工作中两部门之间加强沟通联系，可以

① 巴彦淖尔市委政策研究室领导莅临市统计局社情民意调查中心参观考察[EB/OL]. 潇湘晨报，https：//baijiahao. baidu. com/s? id = 1687922078888441026&wfr=spider&for=pc，2021-01-04.

共同开展课堂研究。

（二）企事业单位

除党政机关之外，企业事业单位相关人员也在社情民意信息工作中扮演着重要角色。一些青年企业家协会、电子商务协会等企业事业单位中的优秀成员积极建言献策或以人大代表、政协委员的身份积极参政议政，搭建起政府、党委和企业之间的桥梁，推动经济社会发展。为专业、细致地进行社情民意工作，一些社情民意调研机构也逐渐建立起来，不少省、市乃至高校也已经建立起社情民意研究中心，承担起社情民意调研的重要责任。他们从不同层次、不同方面拓宽了社情民意信息的来源，更加全面地收集了社情民意信息，向党委、政府报送大量社情民意信息，推动党委、政府决策部署的贯彻落实，促进重要民生问题的解决，在社情民意队伍中起传递社情民意信息的重要作用。

案例：杭州市社情民意研究中心成立暨“走向现代城市治理的公众参与”论坛举行①

2018年12月13日，杭州市社情民意研究中心成立暨“走向现代城市治理的公众参与”论坛在浙江财经大学举行。浙江省社科联党组书记盛世豪在讲话中指出，社情民意研究中心是高校科研机构和地方政府协作，同时联合新媒体、基层政府多方合力打造智库平台服务实践的有力探索。他提出，要想运作好社情民意中心，就必须在目标上取得共识，建立常态化体制机制，同时要体现特色，培养优势。杭州市委政策研究室（改革办）副主任、市决资委副主任兼办公室主任沈金华对研究中心的挂牌和论坛的举办表

① 浙江财经大学公共管理学院．杭州市社情民意研究中心成立仪式暨“走向现代城市治理的公众参与”论坛在我校顺利召开［EB/OL］．［2018-12-14］．https：//ggxy. zufe. edu. cn/info/1051/2270. htm.

示祝贺。他在致辞中指出，社情民意研究中心的成立是“问计于民”政策的重要支持，通过政、学、媒三方的共同努力将“问计于民”活动办成特色平台，为杭州建设中国特色社会主义理论展示窗口。

（三）社会公益团体、组织

社会公益团体、组织在社情民意工作中也起到了补充社情民意信息的作用。他们密切了党政机关和人民群众的联系，向党政机关传递着人民群众的意见、想法和呼声。为更好地做好社情民意工作，快速收集、反映和分析社情民意信息并精准提出工作建议，社情民意研究机构或相关国家机关联合高校专家学者和优秀人才，建设智库机构，充分运用智库力量，积极献计献策、反馈信息，诊断社会问题并提出优化方案。同时，利用网络新平台，扩大社会舆论信息的传播容量、范围并提高信息传播速度，有效地推进社情民意工作的进行与发展。各市委网络宣传部与网信办切实肩负起管理网络社情民意工作的相关责任，维护广大人民群众的根本利益。

案例：盘州市委宣传部和宣慰社情民意收集服务中心以及重庆市渝中区委会

1. 盘州市委宣传部①

盘州市委宣传部充分发挥网络便捷及时的特点，设置“盘州发布社情民意”“人民网地方领导留言板”“文明城市创建不满意问题征集”等专栏专版征集民意，畅通渠道，形成网上网下联动办事机制，减去了群众心中的“烦心事、揪心事、闹心事”。针对

① 盘州市委宣传部．“网上网下”搭建“民心桥”［EB/OL］．天眼新闻，https：//baijiahao. baidu. com/s？ id = 1650148423951091798&wfr = spider&for = pc，2019-11-14.

群众在网络上反映的“盘州市垃圾中转站搬迁”“红果街道公园路井盖哪里去了”等问题转交相关单位进行办理，并将办理情况纳入文明城市创建目标考核负面清单；针对群众在网络上反映的城区存在“遛狗不拴绳，犬伤人、扰民”等不文明行为，拟定了《盘州市人民政府关于规范城市养犬行为的通告》《盘州市市民公约》，开展专项治理，获得网民、市民一致好评。主题教育开展以来，共收集处置涉及脱贫攻坚、征地拆迁、教育管理、生态环境、市民生产生活等各类社情民意35起，协调相关单位和部门开展线下处置工作，真正做到”线上有反应、线下有回应、网上听民意、网下解民忧”。

2. 宣慰社情民意收集服务中心①

宣慰街道以群团工作站“新市民、追梦桥”为主线，整合团县委、县妇联等十家群团组织集中“一站式”办公资源，建立“街道、居委会、网络”三级社情民意收集服务站，以人民群众关心的热点难点问题为重点，秉承“沟通、汇智、引导、服务”四位一体发展理念，依靠党支部、网络长、楼栋长、志愿者、热心群众等力量，通过电话访问、入户走访、集中座谈的方式，广泛收集社情民意，认真倾听群众呼声，搭建便民服务连心桥。

3. 重庆市渝中区委会召开参政议政教育智库工作会②

为扎实推进“反映社情民意信息”主题年建设，发挥代表性人士和骨干会员作用，2月26日，民进渝中区委会召开参政议政教育智库工作会议。

会上，区委会教育智库成员共同学习了民进十四届四中全会精神。《民进中央2021年反映社情民意信息主题年工作方案》

① 宣慰街道：成立社情民意收集站 搭建便民服务连心［EB/OL］.［2020-09-17］. http：//www.gznayong.gov.cn/xwdt/xzdt/202009/t20200917_63213788.html.

② 中国民主促进会．重庆市渝中区委会召开参政议政教育智库工作会［EB/OL］.［2021-03-03］. https：//www.mj.org.cn/xwll/gzdt/202103/t20210303_236677.htm.

《蔡达峰在民进中央2021年反映社情民意信息主题年动员会上的报告》等。

教育智库成员在交流发言中聚焦自身所在教育行业领域，热议了教育改革发展、教育督导、教育信息化工作、职业教育、民族教育、艺术教育、教师队伍建设等方面的热点、难点问题，并表示将结合民进中央“反映社情民意信息”主题建设的相关要求，深入开展调研、提出针对性的社情民意信息。

二、社情民意队伍的建立与发展

社情民意建设是一个系统工程，本节以政协机关建设为核心，具体阐述社情民意队伍的建设与发展。

第八届、第九届全国政协主席李瑞环曾多次强调：“政协各项工作都应有社情民意的意义”，并把社情民意工作称为“人民政协的一项创举”。

1994年11月，全国政协八届第20次主席会议正式提出“把反映社情民意作为政协的一项基础性工作”。之后，各级政协迅速开展工作，设立专门机构，畅通联系渠道，完善信息网络，广泛、及时地反映社会的真实情况和群众的意见呼声。1996年1月，全国政协办公厅下发的《关于加强信息工作的若干意见》中，强调了解和反映社情民意，是人民政协履行职能的重要基础和关键环节。

2001年6月26日，全国政协九届十四次常委会召开，此次会议将“反映社情民意”列为会议的唯一议题，深入开展讨论，并发出文件。2001年6月29日，在此次会议闭幕会上，李瑞环发表了《进一步重视和加强反映社情民意工作》的讲话，系统论述了政协在了解和反映社情民意方面的意义、独特优势和重要作用。同年9月制定了《关于进一步加强反映社情民意工作的若干意见》。各民主党派和工商联成员、无党派人士和各级政协委员反映社情民意的积极性进一步增强。

2007 年 11 月，全国政协有史以来第一次召开反映社情民意信息工作座谈会，对反映社情民意工作进行了认真总结，并提出了具体要求。

2008 年 3 月，全国政协下发《关于加强和改进反映社情民意信息工作的意见》，明确指出，反映社情民意信息工作是人民政协进行政治协商、民主监督、参政议政的重要基础，是发扬社会主义民主、促进科学民主决策的重要形式，是党和国家社会舆情汇集和分析机制的重要组成部分。

2013 年 7 月 30 日，全国政协在京召开各民主党派中央、全国工商联反映社情民意信息工作情况通报会。这是十二届全国政协召开的首次反映社情民意信息专题性工作会议。会上，全国政协副主席兼秘书长张庆黎提出了做好政协社情民意信息工作的“五为”理念。即“以人为本，始终把实现好、维护好、发展好最广大人民根本利益作为工作的出发点和落脚点；以特为先，更好发挥政协优势，突出自身特色；以真为贵，把求真务实精神贯穿于信息工作全过程；以快为要，努力提高信息工作的时效；以制为基，健全配套完备、有效管用的信息制度体系”。

十二届全国政协以来，全国政协领导高度重视社情民意工作，强调要“健全社情民意信息分类收集、综合分析和整理报送机制，及时将调研视察和协商座谈成果通过信息上报中共中央”。并创立了双周协商座谈会这一新的协商形式。

除此之外，《中国人民政治协商会议全国委员会反映社情民意信息工作条例》第七条要求：“政协全国委员会办公厅聘请若干委员为信息特邀委员。”第九条要求：“政协全国委员会办公厅根据需要在基层政协地方委员会建立若干反映社情民意信息联系点。”第十一条要求：“政协全国委员会办公厅设立专门工作机构，负责社情民意信息的收集、编辑、报送、反馈，以及有关组织、协调、服务、保密的具体工作。”第十二条要求：“政协全国委员会办公厅建立专门反映社情民意信息网络，为政协全国委员会委员和各民主党派中央、全国工商联，政协各省、自治区、直辖市和副省级市委员会，以及反映社情民意信息联系点等，提供畅通、安全、快捷的传递渠道。”①

社情民意队伍发展的二十多年来，社情民意工作不断受到国家党政机关的重视，积极吸纳社会人才，充分利用社会资源，组成人员工作能力逐渐提升，反映信息更加全面，工作机制不断完善，社情民意队伍的建设得以快速发展。

三、社情民意队伍建设的主要内容

（一）目标与要求

社情民意队伍建设是新时代做好社情民意信息工作的保障，也是做好协商民主、加强党的领导、坚持以人为本的重要基础条件。其目标包括：通过各队伍主体，密切联系群众，深入了解民情、体察民意、集中民智，积极反映社情民意信息；通过实践，不断创新工作方法、完善工作机制、健全管理体制、提高运行效率，推动社情民意相关工作的规范化和专业化发展；促进科学决策和社会进步是社情民意队伍的最终目标及任务。

建设一支高水平的社情民意队伍也同样需要做好工作要求的指导与约束。建设高质量社情民意队伍要求相关工作人员：高度重视，端正态度，牢记职责，深入群众，真实体察民情民意，围绕政府的中心工作、民生热点问题、具有普遍全局性问题等相关内容反映民情民意，为党政部门科学决策等献力；掌握方法，提高工作质量，注重学习，参加培训，积累业务知识，增强分析问题和解决问题的能力，深入调研，提高信息质量和工作效率；加强联系，促进交流，社情民意队伍的各个主体要密切联系，共同致力于信息收集、报送、跟踪反馈等程序，统筹各方力量，整合信息资源，努力形成各方支持、共同参与、密切配合的工作

① 中国人民政治协商会议全国委员会反映社情民意信息工作条例［EB/OL］. 中国政协网，［2019-03-02］. http://www.cppcc.gov.cn/zxww/2019/03/02/ARTI1551496407489774.shtml.

局面，以促进问题的最终解决；完善工作机制，出台相关政策条规，将责任明确到人，引导、督促工作人员落实相关工作，并根据工作结果对工作人员予以奖励以提高其工作积极性。可见，明确目标、提高要求是建设好社情民意队伍的基础。

（二）队伍管理方法

社情民意队伍的建设与完善离不开有效的队伍管理方法。近年来，我国不断创新与积累社情民意队伍的管理机制与方法，从社情民意信息和反映社情民意信息的主体队员两方面加强社情民意队伍建设。

从社情民意信息方面着手，通过拓宽社情民意信息渠道，增加社情民意信息量，建设高质量的社情民意队伍，从而为做好社情民意工作夯实基础，包括完善信访接待等传统表达渠道；重视网络等新兴平台对社情民意表达的作用，充分传达民生民智；通过关注热点、严格把关、整合多方力量等方式提高工作和信息质量；注重实效速度，对群众心声要做到早发现、早上报、早解决；加强社情民意信息员队伍建设，实施学习培训机制，提高反映的信息质量；建立社情民意的跟踪和反馈机制，做到加强督导，对社情民意信息的落实全程跟踪，最大限度地发挥社情民意信息工作的资政实效。

从反映社情民意信息的主体队员着手，积极发挥主要负责人的带头作用。主要负责人要高度重视社情民意信息工作，做到带头引领、统筹全局、亲自把关，引导全体队员做好与社情民意相关工作。发挥党政机关的主体作用，完善对相关工作人员的管理约束机制，制定相关管理办法，明确其履职任务和要求，建立履职档案，完善奖惩机制。①

（三）激励机制

在分工明确、人员精干的基础上，良好的激励机制有利于提高队员

① 彭东明．创新政协工作履职方式初探［N］．文史博览（理论），2013（12）：30-32.

的工作积极性，推动社情民意队伍建设。首先，通过对在社情民意报送中作出积极贡献的相关人员进行表彰、奖励、开展评选活动，激发社情民意队员的活力。其次，通过传统媒体和网络宣传意见、建议的采纳和落实实效，调动队员间的经验交流及撰写信息的积极性和参与度。① 最后，健全考评机制，通过考评社情民意调研成果的数量和质量，建立并筛选出更加务实且反应迅速的专业化队伍，提升社情民意工作质量。

案例：山西省政协②

山西省政协为表彰先进、促进工作，制定了反映社情民意信息工作考评表彰办法。本办法规定反映社情民意信息工作考评表彰活动每年举行一次，表彰项目分别有反映社情民意信息工作先进单位、反映社情民意信息工作先进个人和优秀信息联络员。反映社情民意信息工作考核采取积分制：党和国家领导人等作出批示的、被采纳反馈的以及起主要作用的稿件均有加分，相反，报送抄袭或失实的稿件均扣分。市政协对市政协委员、各县（区）政协、特邀信息员反映社情民意信息工作情况进行专项通报、考评，市政协委员每季度至少报送一篇社情民意信息，特邀信息员每季度至少报送2篇社情民意信息。表彰与奖励的方式以精神鼓励为主，政协阳泉市委员会通报表彰先进单位、先进个人、优秀信息联络员，并颁发奖牌或证书，奖品或奖金。市政协办公厅每季度发文通报采用积分情况和采用数量及篇目，通报情况同时抄送同级党委和主管部门。

① 俞德光．建设队伍 健全机制 畅通渠道——反映社情民意信息工作浅谈[N]．政协天地，2010（8）：34-35.

② 工作制度——反映社情民意信息工作考评表彰办法［EB/OL］．中国政府网，［2019-01-07］．http：//www.yqzx.gov.cn/gzzd/201901/t20190107_822990.html.

第二节　社情民意队伍建设中存在的主要问题

一、社情民意队伍管理与发展中存在的问题

（一）职能部门重合，队伍分散，统筹、沟通不畅

开展社会治理，实施科学决策，需要大量来自基层的社情民意信息。党委、人大、政府、政协都有收集研究社情民意信息、组织管理社情民意队伍的职能，但同时也存在职能交叉重合的问题。比如，党委办公室一般设置专门的信息科室，政协机关内部也设置社情民意信息管理机构，虽然侧重角度不同、面向群体有别，但信息管理职能有重合之处。同时，党政部门中多数部门都有社情民意信息管理职能，如公安、民政、应急管理等部门都掌握社情民意信息，但因各司其职、各负其责，缺少高效的统筹协作、条块衔接、密切配合，容易造成社情民意信息资源分散、队伍整体合力不强、信息统筹利用不够等问题。这些问题亟待在实践工作中得到有效解决。

案例：深圳市委市政府信息处①

2019年3月，深圳市委办公厅信息处正式更名为深圳市委市政府信息处，成为全国副省级城市中唯一党政信息合一的单位，实现上报中央、国办、省委办、省政府办信息的统一归口。在党政机关单位基础上，推行信息“十百千”织网工程（十个区、百个新增信息成员单位、千人优秀信息员库），发挥各区信息直报点、市

① 李宏涛．努力实现信息工作“三个转变”［J］．秘书工作，2020（1）：29-30.

直单位、驻深机构、高校、智库、企业等多方作用，全面拓宽、畅通信息收集报送渠道，实现信息队伍“协同作战”。

深圳信息队伍建设的做法，统筹了全市党政信息工作力量，发挥了各行业、各领域信息资源优势，避免了相互衔接不畅。在社情民意工作实践中，应结合各地实际，探索不同部门之间的社情民意工作合作机制，解决职能部门重合、队伍分散等问题，促进工作提质增效。

（二）队伍能力参差不齐，专业化、精细化、科学化不够高

社情民意信息关键在于建言建到点子上、献策献到关键处，需要独到的观察、独特的观点、较强的专业水准。当前，很多社会热点难点问题呈现多样性、复杂性、综合性等特点，社情民意往往涉及多个行业、多个领域，需要吸收多个专业领域力量分工合作，为化解社会问题提供科学方案。但目前社情民意信息队伍分领域、分专业、分行业的特色不够突出，缺少针对某一行业、某一专业、某一领域的精细分类，专业人才研究专业问题、提出专业对策建议、报送专业信息的机制需要进一步完善。

案例：首批12家湖南省专业特色智库①

2018年11月，湖南省为首批专业特色智库授牌，省委宣传部确认12家单位入选湖南省专业特色智库。12家专业特色智库为：湘潭大学中国区域发展与治理研究院、新时代中国特色社会主义故事传播研究中心、湖南乡村振兴战略研究院、湖南绿色发展研究院、湖南创新发展研究院、民族地区扶贫与发展研究中心、湖南省廉政建设协同创新中心、湖南省新型城镇化研究院、湖南省党的创

① 李慧．首批湖南省专业特色智库授牌［EB/OL］．［2018-11-20］．https：//hn. rednet. cn/c/2018/11/20/4778012. htm.

新理论研究和学习服务中心、湖南省教育战略研究中心、湖南省经济建设与投资决策研究智库、湖南远景经济发展研究院。专业特色智库由省委宣传部综合管理和指导协调，入选单位深入开展前瞻性、针对性、储备性政策研究，提出专业化、建设性、切实管用的对策建议。

湖南智库案例说明，社情民意队伍应突出专业领域特点，注重开放化、多元化，提高建言献策的精准性、针对性、实效性。应大力吸收各类专业的管理人才、实践人才，从“大而全”向“专而精”转变，建设基于专业优势的社情民意信息队伍。

（三）智库平台建设不够完善，组织管理和作用发挥有待提升

智库是重要的社情民意研究和决策咨询机构。欧美智库发展较早、经验成熟、制度规范，多为民间独立智库，提供大量决策咨询类信息，在国家治理中发挥很大作用。

案例：美国智库①

美国的大型咨询公司实力雄厚，机构庞大，经费充足，人才集中，经常从事全局性、战略性、综合性的研究课题，竞争力很强，经济效益很好。仅在华盛顿特区，大型的咨询公司就有近百家。美国历届政府十分重视智库作用，如尼克松政府和福特政府依托美国企业公共政策研究所进行重大问题咨询，卡特政府依靠布鲁金斯学会为其出谋划策，里根政府把斯坦福大学的胡佛研究所作为自己的智囊团。智囊机构被称为“影子内阁”“影子政府”“美国政府的外脑”等，对美国决策的影响举足轻重，能在相当程度上左右美

① 许共城．欧美智库比较及对中国智库发展的启示［J］．经济社会体制比较，2010（2）．

国政治、经济、军事、外交等重大决策。美国政府对咨询机构给予优惠扶持，美国政府历来都是美国大型咨询公司的重要客户，咨询公司有时直接受某一届政府的委托，接受重大的咨询课题，有时通过投标的方式取得政府咨询项目。政府规定超过100万人口的城市要建立区域发展综合咨询机构，政府决策过程参考咨询方案成为法定程序。

我国智库起步较晚，以官方和半官方为主，包括各级党委政府研究室、社科院、党校、行政学院、高校内设研究机构等。党政机关以外的智库与党政机关之间缺少经常性联系机制和固定的联系机构，缺少实体化运作，科研人员难以直接、及时掌握党委政府关心的重大问题。政府需要一些好参谋、好建议时，智库人员难以有效满足，智力优势转化为信息质量优势遭遇梗阻。智库参与决策咨询没有纳入规定程序，理论性研究较多，针对性不够强，很难走近党委政府决策。对社情民意所关注的问题与政府缺少精准对接，不能面向政府需要去规划一些好的选题。智库吸收人才精英不够，智库研究人员专职化程度低，缺少激励机制。纯民间的社会独立性智库很少，发展较慢。

二、社情民意调查员队伍建设中存在的主要问题

（一）社情民意调查工作需改进完善

社情民意调查是通过统计学方法，把公众态度指标化、数量化的重要途径。其搭建了党委政府与群众沟通的桥梁，已越来越多被各级党委、政府绩效考核和专题调查所采用。社情民意调查员在开展工作中，存在群众对社情民意调查工作知晓率低、配合度低、拒访率高等问题，抽取调查样本的代表性、调查问卷的科学性还不够强。个别地方对群众存在调查“诱导”问题，影响调查的科学性、准确性。

案例：河南洛阳老城区西南隅街道被指“诱导”调查①

12340 热线是全国统计系统社情民意调查专用号码。2020 年，河南洛阳老城区西南隅街道为宣传 12340 社情民意调查热线，在社区挂出横幅，上面写着：您接到 0371-12340 电话时，请回答：“我知道！我满意！好！”西南隅街道某社区负责人解释称，横幅已经撤下。挂横幅宣传满意度调查的原因，是不少群众反映，总接到不少垃圾电话、骚扰电话，所以一遇到陌生号码就不接。横幅的内容上没有经过慎重的考虑，没想到会引发网络热议。“没有要求说‘满意’，说‘好’，不过是为了宣传，马上要做调查，让大家知道 12340 电话就行。挂横幅主要就是强调，看到这个电话请配合答题。”

据报道，“诱导”满意度调查并非个例。这些案例，一方面提示地方政府需树立正确政绩观，以问题为导向改进工作；另一方面，说明应进一步加大对社情民意调查工作的宣传力度，激发群众支持、配合、参与的热情。

（二）网络社情民意调查和应急处理能力需提升

在互联网信息爆炸时代，网络作为最大的媒体，已经成为突发公共事件的助推器、公众情绪的集散地。对于突发公共事件，网络舆情能否妥善处理，将直接影响社会和谐稳定。在目前社情民意调查工作中，网络渠道还没有被广泛、充分利用，媒体记者、网站编辑等作用发挥机制尚未有效建立，网上网下资源缺少有效整合，影响了社情民意的调查效果和科学处置。

---

① 李行健．多地群众满意度调查被指诱导回答“满意”如何使满意度调查不再只是表面文章?[EB/OL]. http://china.cnr.cn/gdgg/20201127/t20201127_525345318.shtml，2020-11-27.

案例："辛集发布"——反映社情民意信息的"网上高铁"①

河北省辛集市委、市政府建设的微信公众号"辛集发布"，自2017年启动以来，积极主动广泛调查、收集网上社情民意信息，拥有粉丝38万，占全市人口一半以上，为群众解决热点难点问题7000多个。2018年，"辛集发布"推送了一篇题为《辛集高铁站前广场雕塑征求大家意见》的稿件，引起网民热议。留言中，大多数网友表示不支持建雕塑，希望政府缩减不必要的开支，多建公用设施。辛集市委、市政府专门研究网友的意见和建议后，决定取消雕塑项目，把省下来的钱用于建公厕、搞绿化，有效发挥了社情民意调查员的重要作用，被誉为践行群众路线的"网上高铁"。"辛集发布"被评为河北省最具影响力政务微信公众号、全国网信系统创新案例、全国新媒体影响力评价和扶持"十佳账号"。

从河北辛集案例看出，作为政府最大的媒体网络平台，网上社情民意信息调查对政府决策具有重要现实意义。在该案例中，微信公众号记者、编辑发挥了社情民意信息调查员的作用，及时抓住舆论核心，反映社情民意信息，为政府科学决策、民主决策提供了准确的民意基础。

（三）大数据时代社情民意调查工作面临新挑战

随着大数据战略的实施，大数据已成为基础战略资源。社情民意大数据涉及面广、数据量大，重要价值信息与繁冗琐碎信息并存，如何排除虚假信息、无效信息、同质化信息影响，更有效地去伪存真、去粗取精，成为社情民意工作亟待解决的现实问题。用科技"赋能"社情民意调查，用大数据分析、人工智能等技术手段了解社情民意，推动社会治理创新，将成为新的发展趋势。

① 任学光，董燕．辛集融媒：融出影响力 融入百姓心［N］．河北日报，2020-10-06（2）．

（四）调查员调查思考解决问题的时代视角不够新

社情民意信息工作是新时代社会治理的良方之一。社情民意信息的广泛收集和合理运用应源源不断为改革发展创造新点子、新思路。但一些信息一定程度上囿于经验之谈、惯性思维、个人立场，用旧观点看新问题，看当前多、看长远少，看现在多、看未来少，对时代发展方向、事物发展趋势把握不准，出现“身体进入新时代，思想停在过去时”的问题。这些问题是社情民意信息工作服务社会治理的新挑战。站在更前瞻、更科学、更宏观的角度，立足于当前正在发生的、正在改变的现实情况，更多思考当下和未来、现在和长远的关系，增强新时代社情民意信息工作的前瞻性、原创性、实践性、改革性和引领性，是提高社情民意信息工作质量的关键。

三、社情民意监督员队伍建设中存在的主要问题

（一）基层社情民意信息报送范围不够广泛

基层党员干部、村居干部、居民代表、企业代表、专业技术人员等群体都有监督社情、反映民意的义务，但这些群体反映社情民意信息不够多。作为监督员主体的人大代表、政协委员，对建议、提案比较重视、关注度高，对社情民意重要性认识不足。基层社情民意监督员为同级政府报送信息多，为上级报送信息少。以政协工作为例，近年来，省级政协层面需求的社情民意报送范围比以前更加宽广，不仅省政协委员可以报送，省以下各级政协组织、政协各参加单位、市县政协委员、民主党派成员以及所有与政协相关的工作人员均可向省政协报送。但这些新变化还没有被基层单位充分重视，信息报送仍以省级和市县直报点为主，基层人员向省级政协报送信息仍不够多。

（二）党政机关与社情民意监督员沟通不够紧密

社情民意监督员作为信息的“前哨”和“触角”，与党政机关之间

的沟通联络不够通畅。部分监督员信息选题不够精准，对党政中心工作了解不够，没有紧扣党政所需、群众所盼反映信息。反映问题、提出意见建议的信息比较多，帮助党委政府引领思想、凝聚人心、反映共识的信息相对不足。有的监督员虽然在其所关注领域有独到见解和专业考量，但因局限于业务范畴，与省级层面的领导干部、高校专家学者、智库机构人员相比，站位不够高远，视野不够宽阔。

（三）社情民意信息内容质量有待提高

在社情民意信息监督员工作中，应着力解决信息选题不够精准、调查不够全面深入、对策措施针对性和报送时效性不够强等问题，多出选题好、分析透、举措实的精品信息。相对于部分监督员在反映社情民意工作中存在的问题，党政机关大多站位更高、观察更广、思考更深。如何把监督员基层优势与党政机关上层优势相结合，提高信息高度、广度、深度，使社情民意信息更好地服务决策，是提高社情民意信息质量的关键。

案例：江西“政协人+政府人+专业人”社情民意遴选机制①

江西省政协着力推动反映社情民意信息工作提质增效，实行“政协人+政府人+专业人”的优秀社情民意遴选机制。对社情民意信息来稿，省政协机关宣传信息处先行会商，遴选优秀篇目，再分头咨询政府职能部门人员和业内专家学者，一个《社情民意》专报至少征求10余人次意见。变一人执笔、层层画圈“一人说了算”的垂直管理模式，为多人“执笔”、面对面商量“多人说了算”的“扁平化”管理、“围读”商量，促进了信息质量提升。2020年2月江西省政协创办《社情民意》专报以来，15期专报，省委书记、省长批示14次，省委、省政府领导批示47人次，催生

① 蔡久伟. 改变“一小步”提升“一大步——江西省政协推动反映社情民意信息工作提质增效记事［N］. 人民政协报，2020-08-10（1）.

13 份文件出台，推动省直有关部门采取 35 项务实举措，有力助推了 35 个问题的有效解决。

从江西政协案例看出，社情民意信息监督员作为“最后一公里”起着基础作用，党政机关作为“最上一公里”起着关口作用。党政机关必须对信息准确甄别、综合研判，基层监督员必须提高能力素质，确保信息质量。应进一步加强对社情民意监督员的业务培训，提高政治站位、综合能力，掌握搞调研、写信息的方式方法，为社情民意信息工作提供能力保障。

第三节　社情民意队伍建设的原则与路径

社情民意队伍建设之所以为人们关注和重视，在于其由社会各阶层、领域人员组成，是信息的收集者、意见的反馈者也是科学决策的推动者。然而队伍建设中现存的问题在很大程度上阻碍了社情民意的发展，针对这些问题，本节重点阐述三个原则和路径：健全人才培养机制、强化社会需求导向、深化科学考核评价，以实现社情民意队伍的高效运作和优化升级。

一、健全人才培养机制

人才培养的管理是社情民意队伍建设中的重中之重，明确人才培养定位，健全人才培养机制有利于解决社情民意队伍管理中存在的人员素质参差不齐、专业性不强、队伍分散等问题，具体包括：

（一）完善激励机制

1. 薪资激励

在公平合理的薪酬分配制度的基础上进行薪资激励是最直接有效的方式之一，从队伍的整体角度出发有利于效率的提高，从队伍的个体角度出发有利于提高其积极性和参与度。通过奖金、津贴的激励，创新分配方式，提高社情民意工作人员福利待遇。坚持“效率优先”，根据工作人员所做的贡献大小，分配相应物资和奖励，最大程度地激发社情民意工作人员的潜能和热情，更好地吸引人才，留住人才。

2. 荣誉激励

完善人员晋升管理机制，不同队伍主体设立相应的专业人才库，确立考核标准，每年定期实行绩效考核，并以考核结果作为选拔依据。同时，实行末尾淘汰制，针对工作不积极、效率低下的人员，予以调整。设立“优秀个人”“优秀团队”等称号的评选，激励社情民意工作人员脚踏实地地工作。

3. 环境激励

在客观的工作环境满足的条件下，创建良好的主观激励环境。如：根据工作人员能力分配工作岗位、建立和谐的人际往来关系等。① 保持各队伍主体之间以及队伍内部的有效沟通，通过召开座谈会、讲座、报告、漫谈式讨论等方式分享信息、促进交流，提高工作效率。合理制定团队激励机制，加强团队意识，形成共同协作的良好氛围。

（二）加强队伍管理

1. 扩大人才培养范围

随着国家对民生问题的逐渐重视，社情民意调查研究的范围不断扩大，涉及人民生活的方方面面，社情民意对专业人才的需求随之加大。社情民意各队伍主体应扩大人才培养范围，不仅重视发达地区的人才培养，更应重视欠发达地区的人才需求。可通过高校培养、人才引进等方式满足人才需要，促进社情民意队伍发展。

2. 提高队伍专业水平

社情民意人才培养是系统性、长期性的工作，通过聘请专业人员对

---

① 陈思．招商银行科技人才培养与激励机制优化研究［D］．南昌：江西师范大学，2019.

社情民意工作人员进行定期差异化培训、为其提供进入人才机构学习交流的机会、选拔优秀人才进行技能和经验分享、参与网络平台的线上学习等方式，创建高效的培训体制。通过高质量的培训内容，提高培训的实用性和指导性，促进社情民意队伍的专业化、精细化和科学化。

3. 吸引民间智慧力量

社情民意调查研究的过程中应积极联合智库机构，充分利用智库平台吸引社会专业人才。同时，通过社情民意联系站、实际走访等多种方式吸收基层群众的呼声和建议，集中民间智慧。另外，重视不同专业、领域人才的吸纳，紧跟社会进步发展需要，培养和造就根底扎实、专业过硬的社情民意队伍。

案例：利津县政协培养队伍健全机制①

今年以来，利津县政协高度重视反映社情民意信息工作，坚持把反映社情民意信息作为履职为民和关注民生的重要渠道，着力在畅通渠道、培养队伍、健全机制等方面下功夫。

1. 健全激励机制，规范信息管理

利津县政协建章立制，完善信息采集机制。研究修订《反映社情民意信息工作实施办法》，对信息报送机制采用反馈程序和量化考核作了细致说明，推动反映社情民意信息工作规范化、制度化和长效化发展。结合省政协反映社情民意信息每季度信息征集要点，利津县政协以“命题式信息征集”的形式定期向乡镇街道、委派民主监督单位征集信息，有效解决报送信息数量不多、质量不高的问题。为激发信息工作者报送信息的积极性、主动性，按照末尾淘汰制，对全年报送信息不积极、质量不高的信息员予以调整。通过系列活动开展，有效激发了委员撰写报送信息的积极性和主动性，信息综合成绩名列全市前列。

① 李俊三，顾龙．畅通渠道 培养队伍 健全机制 利津县政协下功夫发挥反映社情民意信息“直通车”作用［N］．联合日报，2020-12-25（2）．

2. 加强队伍管理，提升素质水平

利津县政协发挥多方作用，凝聚干事合力。充分发挥委员、特邀信息员的主体作用，带动委员们积极报送高质量的反映社情民意信息，采取末位淘汰制，及时调整委员特邀信息员和乡镇信息直报点，增补社会人士信息员，充分挖掘乡镇（街道）基层政协委员联络室的便捷作用，引导他们积极报送事关基层群众切身利益的信息。同时，利津县政协积极带动各委派民主监督单位上报信息，多层面反映县直有关职能单位的困难问题，通过反映社情民意信息这个渠道，有效解决制约委派民主监督单位工作的瓶颈问题和实际困难，以更好地促进本单位工作、优化发展环境。加强学习培训，提升写作素养。今年以来，利津县政协通过举办"政协讲坛"、信息讲评会、座谈交流会等多种形式，广泛开展业务培训和沟通交流，帮助广大委员和信息员认识规律，把握技巧，提高素质能力，扎牢信息工作者的信息素养根基。

利津县政协通过健全激励机制、规范信息管理及加强队伍管理、提升素质水平健全队伍培养机制，充分发挥社情舆情"直通车"作用，积极协助党委政府解决社会民生问题。

二、强化社会需求导向

社会需求是指在特定时期，社会对专业人才数量及质量上的要求。① 社情民意队伍建设在提高队伍自身专业性的基础上，如何进一步强化社会需求，成为新的关注焦点。以社会需求为导向有利于解决公民参与度不高、相关政策认知缺乏等相关社会问题，保障群众利益和权益。在强化社会需求导向的过程中，应做到深入人民群众、利用网络宣传，具体包括：

---

① 刘乐乐．基于社会需求的美国专业学位研究生教育研究［D］．长春：吉林大学，2017.

（一）深入人民群众

1. 深入调查研究

在社情民意的调查过程中应深入群众提高调研能力，做到由表及里的深入调查。多听，多看，多问，多思考，在调查研究中“把准脉”“诊对症”“开对方”，准确掌握真实情况，剖析现实问题，提出符合实际的对策，不断提高应对问题的能力和水平。既要重视社情民意调查研究的数量，也要重视过程、结果和质量。通过深入调查研究，积极与群众互动，挖掘并提高其问题反馈能力，强化社会需求。

2. 培养法律意识

社情民意队伍可通过讲座、论坛、互联网等多种形式加强公民相关法律知识储备。在普法内容上，应从实际情况出发，在了解群众诉求和问题的基础上进行有针对性的创新，满足公民的法律需求，更好地维护公民权益。使其了解自身权益，当权益受损时，有能力自我保护并反映给相关部门，更高效地解决自身问题和系列社会问题。

案例：大连市积极深入基层，调动群众智慧①

大连市各民主党派调研人员一方面积极向选题领域的专家进行咨询，另一方面多方与有关政府部门和企业进行对接交流。相关部门一改往日“报喜不报忧”的做法，将工作中的问题和困难逐一梳理，再三叮嘱调研人员要将问题说深、讲透，希望调动更广泛的智慧，群策群力共同研究解决方法。有关企业也主动找上门来，不但积极提供材料，而且恳请民主党派为他们多发声、发好声。

“多管齐下”推动了大连市各民主党派选择出一系列具有综合性、全局性、前瞻性的重大课题，开展了深入的专项调研和协商议政活动，收集到了翔实的第一手资料。各民主党派市委纷纷表示，

① 董菀菀，石朕．我市各民主党派深入调研准确反映社情民意［N］．大连日报，2018-04-24（A08）．

下一步，将认真组织撰写调研报告、提案和反映社情民意信息，提出有价值的意见建议，努力为推动振兴发展建睿智之言、献管用之策，积极促进党委科学决策和政府依法高效施政，推进一些重点难点问题的解决。

大连市通过专家咨询、与企业对接等方式提高社情民意调查的专业性和广泛性。深入基层，多管齐下，调动群众智慧，从多角度研究问题并且解决问题，利于强化社会需求导向，从社会需求出发探讨社会问题，推动社情民意发展。

（二）利用网络宣传

1. 统一安排部署

社情民意队伍在实际调查问题、宣传相关政策的过程中，应整合传播渠道，通过微信公众号、微博、抖音等途径形成宣传合力，扩大传播范围，加大传播力度。达到“快、精、准”的宣传效果。充分利用自媒体平台，增强传播感染力和吸引力，提高宣传的针对性与实效性。

2. 提高双向互动

在扩大宣传的同时，及时收集反馈，建立“输出—反馈”模式，完善实时反馈。无论是社情民意队伍还是公众，都应认可自身积极交流的责任和义务，通过双方的良性互动充分发挥主观能动性。通过建立社情民意联系站，了解群众呼声，促进公众参与意识的觉醒和参与水平的提升。

案例：海西州帮助民族群众通过网络反映社情民意①

为了适应新形势下群众工作的新特点、新要求，习近平总书记

① 杨阳．帮助民族群众通过网络反映社情民意［N］．柴达木日报，2019-03-11（1）.

提出了领导干部“要通过网络走群众路线”的重要指示。针对如何将网上群众工作落到实处，2019 年 3 月 6 日，全国人大代表、青海省海西州州长孟海在做客人民网时介绍了海西的工作抓手，将采取更多便民措施，帮助当地群众尤其是民族群众通过网络反映社情民意。

“由于海西是民族地区、偏远地区和欠发达地区，我们还采取了很多便民措施，帮助当地群众尤其是民族群众通过网络反映社情民意。”孟海说。他介绍，海西州政府门户网站开设了蒙古族和藏族语言版本，并同步更新内容；本地新闻同步使用民族语言播报，并上载网络；在通过网络征求意见建议时，同步采取多种文字方式征求；各地区、各部门还安排了双语干部日常巡查网友留言，及时办理和回应。

下一步，海西州还将采取更多措施方便网民，比如完善政务服务 App 民族语言功能、民族语言资讯同步上网公布等，进一步提升网络服务水平，提高群众满意度。

海西州作为偏远的欠发达地区，网络加快了社情民意信息的传达速度，也提高了民众反映度，加快了问题解决效率和双向互动。尤其针对偏远的农村、山区等信息沟通欠发达地区，加强网络宣传，对强化社会需求导向有着极为突出的作用。

三、深化科学考核评价

提高社情民意队伍内部人员的专业性和积极性，是社情民意队伍建设的重点。除了增强精神激励、培养社会责任感外，实施科学的考核评价成为最有效且直接的手段之一。具体包括：

（一）合理设置考评指标

1. 确立考评标准

将社情民意调查研究过程中所涉及的工作逐步列项，对以数量明确的项目，指出数量要求；以质量要求的项目，确立质量标准；以时间明了的项目，规定完成时限。同时，重视外部评价，将其作为考核标准之一，如与社情民意工作人员态度、技巧相关的群众好评率，与工作完成效率、成果相关的群众满意度等。

2. 区分考评标准

根据工作人员职责任务、工作性质、职务类别、工作内容的差异，分别设立不同的考评标准，如：管理人员侧重“德”“能”，一线工作者侧重于“勤”“绩”，监督员侧重廉洁与公正、信息员侧重数量与质量等，通过不同的考核标准提高考评的针对性和公平性，推动考核实施。

3. 确立考核制度

实行百分制考核，分别设立加分项及扣分项标准。实行平时考核、定期考核和任期考核三种方式相结合的绩效考核制度，以年、季度、月为期限确立定期考核评价的时限，加强平时考核和任期考核，确保社情民意工作人员的工作反应度和完成率。

（二）全面推动考评落实

1. 加强督导

实行督导制，实时跟进相关工作人员的工作进程，并对其进行知识、技能、态度等方面的指导，提高工作效率。及时对工作人员的工作完成度进行评价，将加分和减分落到实处。

2. 公开透明

实时公开分数，对分数暂时领先的社情民意工作人员进行表扬，对分数暂时落后的人员提供帮助，促进互相沟通和交流进步，正向激励工作人员。同时，在落实考评的过程中注意杜绝“靠关系”“走后门”“乱加分”等现象的发生，做到领导示范、人人平等，严格落实考评标准。

3. 外部督查

社情民意队伍中党政机关处于核心地位，而党政机关的工作离不开外部督查。包括人民群众的监督、上级部门的监督、社会舆论监督等。社情民意调查研究的过程中，应重视外部监督，时刻关注社会评价。

（三）切实增强考评实效

1. 考评+薪资

考评结果与工作人员利益挂钩才能直接发挥考评的作用。考评结果与薪资相结合，激发工作人员内生动力。如根据考评结果划分等级，依据不同等级分别设立考核奖金，奖金随考评等级浮动。对连续五次等级为“优”的工作人员进行基本工资档次的提升并调整福利待遇。

2. 考评+淘汰

实行末尾淘汰制，对工作积极性不佳的工作人员适当鼓励和指导，但是针对考核评分中连续多次处于末端、无法胜任工作且在工作岗位浑水摸鱼的工作人员应及时进行换岗调动，实行严格的内部监督和外部反馈。

3. 考评+晋升

将考评结果与社情民意工作人员的评优评先和荣誉奖章结合，作为其职位晋升的重要参考依据，满足社情民意工作人员发展进步需求，强化考核结果的激励作用，增强其职业认同感和责任感。

案例：各地政协量化考核委员履职

1. 邻水县政协量化考核委员履职①

2018年1月5日，邻水县政协召开十届第20次主席（扩大）会议，审议通过了《邻水县政协委员履职考核办法（试行）》（以下简称《办法》），采取分值量化考核委员履职，着力提高委员履职实效。

---

① 陈超，朱中芳．邻水县政协着力提高委员履职实效 量化考核委员履职［N］．四川政协报，2018-01-09（1）．

《办法》对委员履职的考核目的、考核内容、考核标准、考核程序、考核方式以及结果运用等做出了明确规定。在考核内容方面，实行量化记分考核，委员基础分为100分，其中参加政协会议35分，参加政协活动30分，提交提案20分，反映社情民意10分，参与其他工作5分。除基础分之外，《办法》还规定了奖惩分值，提案被立案的，两件以上每增加一件加5分，反映社情民意信息超过一条加3分，推荐到全会大会发言一次加5分，提出的意见建议得到县委、县政府领导肯定和批示一次加5分。此外，对委员参与社会公益性活动及扶贫帮困、捐资助学等，都给予不同的加分。

《办法》还规定，不履职或履职不到位的，给予扣分。如政协委员全体会议全程缺席扣15分，常委会全程缺席扣10分，专委会和界别活动缺席一次扣3分，年度请假3次扣5分。年度履职考核称职的委员方能参加优秀委员评选，对年度考核不称职的委员，由相关专委会负责人、分管副主席诫勉谈话、全会通报批评或按照程序免去委员资格。委员履职考核情况，作为县政协换届时提名担任下一届委员的重要依据。

2. 大姚县政协开展委员履职量化考核①

为科学考核委员履行职责情况，增强委员的政治责任感，调动委员参政议政的自觉性、主动性和积极性，大姚县政协自2019年开始，对政协委员履职情况实行量化考核。考核明确了考核原则、考核对象、考核内容、考核标准和要求、组织领导和责任分工、结果运用，对政协委员从参加政协会议、提交政协提案、反映社情民意、参加政协的各种活动四个方面进行考核。其中，委员参加政协的活动包括参加县政协及其专门委员会、政协委员小组、界别组组织的协商民主、民主监督、重点调研、专项视察、学习培训以及庆

① 罗能．大姚县政协开展委员履职量化考核［N］．云南政协报，2019-07-16(3)．

祝纪念、理论研讨、资料征集、宣传报道、公益行动等。对委员履职情况从基本考核分（满分 100 分）和奖励分（不限）两块进行量化考核，年度考核累计分高于 60 分（含 60 分）以上的为称职等次，低于 60 分的为不称职等次，高于 90 分的为优秀等次。委员履职考核结果以县政协办公室文件在县政协“委员联络服务群”中公告并向委员所在工作单位通报，作为单位年终评先评优的依据、作为当年评选表扬优秀委员的重要推荐条件、作为县政协换届时推荐提名继续担任下一届委员的重要依据。对年度履职考核不称职的委员，由主席会议指派相关成员负责提醒谈话，对 2 个年度履职考核不称职的委员，将按照相关程序进行处理。

第四节　社情民意队伍建设的未来趋势

社情民意队伍要随着新时代的变化发展而不断完善，我们应始终以动态的眼光看待我国社情民意队伍建设。未来一段时间，我国新技术新业态的蓬勃发展将带来巨大的变量，社情民意队伍在此期间的作用更显突出，建设任务更加纷繁复杂。

一、民主+参与——万变不离的立场

《关于新形势下党内政治生活的若干准则》① 指出：“人民立场是党的根本政治立场，人民群众是党的力量源泉。”人民群众是历史的创造者，各级各类社情民意队伍建设无论如何发展，始终都应遵循以人民为中心的思想。民主与参与，这是社情民意队伍建设万变不离的立场。

① 关于新形势下党内政治生活的若干准则（全文）［EB/OL］. http：//www. xinhuanet. com//politics/2016-11/02/c_1119838382_5. htm.

（一）民主

于民主而言，首先应明确自身调研目的，据此圈定调研对象范围，明确调研实施方案，设定调研预期目标，同时预设好备选方案，防范化解可能出现的问题。对于被调研民众的群像描绘，不应强求精准无误，完全统一，但应保证整体风向把握正确，整体民意把握正确。运用多种方法保证民主，根据自己调研对象，考量可能导致偏差的因素，例如某一重大事件造成社会民意变动，此事件影响是正面还是负面、影响时效是长是久、影响群体是有限还是广泛；再如调研过程中，当时当地的民意是否具有普遍性和代表性，是否存在某种历史文化政治经济因素影响民意走向的可能，都是需要考虑的影响民主效力的因素。

若想充分保障民主，应当做到以下几点：

1. 确保调研对象具有代表性和普遍性

选取具备代表性的社会群像，能有效提升决策可推广性，获取较明确的总体趋向。社会群体广泛纷杂，根据调研目的与需求，提前选定调研的具体目标群体，该群体一定要具备代表性典型性，在一定时间内处于相对稳定状态，有利于决策长久推行实施，节省决策资源。

2. 确保调研精准落实到个体，保证调研真实性

调研结果真实可靠是结论有效可行的前提。调研中脚踏实地，一步一行收集整理民情，切忌推诿扯皮，投机取巧。条件允许下，走访调研略优于电话调研等非接触形式，深入群众，详谈细说，防止出现“精英政治”和“拍脑袋决策”。

3. 考虑其他影响因素

如前文所提，考虑诸如疫情、社会热点、历史文化等变量因素影响。例如疫情导致人员无法大规模聚集，无法实现面对面表达意见，经济运行受影响致使民众对未来几年持不乐观态度等，都是具体实操过程中可能影响工作开展的因素，都应事先考虑，提出备案预案。

案例：南雄市人大代表李泽平①

李泽平是南雄市十五届人大代表，也是南雄市古市镇丹布村的村主任。如何才能当好一名人大代表？李泽平的做法是充分发挥自己工作的特点，多贴近群众，收集好民意，把群众的所想所盼写进建议之中并推动落实。

每次人代会之前，李泽平都会抽出很多时间走村串户，收集村情民意，把群众反映较多的热点难点问题提炼出来，从而形成有分量的民生建议。2017 年市人代会上，李泽平针对当时食品安全问题在农村、城乡接合部多发的现象，建议有关部门将监管的重点和工作重心下移，加强对农村卫生室、个体诊所和个体药店的监管力度，推动有关部门进一步加大对重点区域和重点群体的执法力度。2018 年市人代会上，李泽平根据选民反映比较集中的山区公路维护问题，提交了《关于解决山区公路维护的建议》，被定为市人大常委会当年重点督办建议，促使有关部门加大专项资金投入，及时做好山区公路维护，确保山区公路的安全畅通。2019 年镇人代会期间，他结合乡村振兴工作热潮，提交了《关于农村闲置土地流转的建议》，促使镇有关部门会同村组尽快形成了对闲散地块科学合理利用的方案，加快推动了古市镇的土地流转。目前，古市镇土地流转 5000 多亩，用于种养业，带动了群众致富。

李泽平代表的事迹是社情民意调研队伍深入基层，用脚丈量土地的真实案例，在进行各项调研工作时，理应学习这种一线走访不怕烦琐的精神，“从活人口中采撷文字，再搬到纸上来”，提高调研民主性。

（二）参与

于参与而言，参与度与民主性相辅相成，互相支撑。保障了参与

① 吴道连．把社情民意融入建议之中——记南雄市人大代表李泽平［J］．人民之声，2021（1）：47.

度，使每个人能充分表达自己的意见建议，有利于信息民主性的提高；提高了民主性，有利于调动人民积极性，进一步保障参与度。二者互成一体，不可割裂看待。鉴于此，提供几点参考意见：

1. 加大调研和民主参与宣传工作

提高公众知情度，确保调研工作公平公正公开，充分听取人民群众意见呼声。

2. 降低民主参与门槛

此处降低应考虑调研对象综合情况，根据具体情况适时调整，对于文化水平较低的群体应当舍弃网络调研或电话调研，采用当面调研走访等形式。

3. 排除其他影响因素

诸如特殊原因无法参与，特殊情况影响调研，或者时间紧张，组织不当挫伤积极性等因素，都应当提前考虑，排除在外。

案例：2020 年赤峰市政协提案、社情民意信息工作综述①

2020 年，赤峰市政协常委会积极拓展督办形式，促进提案成果转化和委员意见建议落地见效。组织开展提案集中办理协商，集思广益，共同探讨解决问题的思路办法，有效推动了相关提案的落实和解决，形成了群众乐见的办理成果，反响良好；通过调研座谈、专题办理协商等方式进行督办，提高了重点提案办理落实效果；及时跟踪了解办理进度和质量，坚持长期督、督长期，以督促办，推动工作开展。引导与服务并举，为委员建言资政提供更好保障。提高提案率，引导督促委员更好努力履职尽责；突出抓质量，在提案撰写上提要求、严把关，真正发挥提案建言资政作用；重点抓落实，努力提高提案办理质量和采纳落实效果。通过抓交办、抓培训、抓激励，提高委员政策理论水平，增强提案撰写能力，提升

① 白银波．资政建言质效齐升 发出政协“好声音”——2020 年市政协提案、社情民意信息工作综述［N］．赤峰日报，2021-02-17（1）．

提交提案热情，实现提案工作提质增效。完善工作程序，促使提案在提、审、办、督各环节更加规范有序。市政协常委会不断加强制度建设，立足工作实际，顺应发展要求，制定了《赤峰市政协提案协商规则》《赤峰市政协优秀提案、先进承办单位和先进承办个人评选办法》《提案委员会工作简则》等工作制度，不断推动提案工作制度化、规范化、程序化，更好保障提案工作有规可依、有章可循。

赤峰市政协在采集意见建议时采用多种方法结合互补，多维度丰富补充，使民意调研无死角，民意表达更畅通，参与度正是在调研多方位多角度的不断完善中得以提高。同时也要注意适度，防止过度占用公共资源和成本过高。

二、大数据+互联网——以新冠肺炎疫情防控为例

近年来，互联网技术发展日新月异，更新换代速度不断加快，人工智能、5G 和物联网等新兴业态随之产生。以过去十年为参考，4G 技术诞生之初，大众普遍认为 4G 相较于 3G 只是网速更快，但 4G 技术普及带来的是短视频平台、直播技术、视频通话和网上教学等的蓬勃发展，在此期间，社情民意工作也发生了巨大变化——推广渠道拓展、可用公共资源增多、社情民意工作参与门槛进一步降低、受众群体进一步拓展等，社情民意工作的面和体都在不断拓展。同时，此次新冠肺炎疫情中，互联网和大数据的运用也发挥着不可替代的作用：从疫情防控数据、人员流动信息到社情民意决策和具体工作开展。此次抗击疫情的战役，既是对大数据互联网技术成功运用的证明，也是对未来新形势下工作的一次预测。2021 年我们再一次面对 5G 技术的推广普及，对于其可能催生的新业态新模式我们尚且不得而知，但可以明确的一点是，社情民意队伍要始终秉持动态发展的眼光看待未来工作，在稳固自身民主参与的核心前提之下，勇于尝试敢于突破，以高瞻远瞩的姿态看待未来发展趋势，在未来工作中取得有效成果。

（一）大数据与互联网的当下现状与实际运用

CNNIC 公布了第 47 次《中国互联网络发展状况统计报告》①。报告称，截至 2020 年 12 月中国网民总数达到 9.89 亿；互联网普及率达 70.4%，截至 2020 年 12 月，初中、高中/中专/技校学历的网民群体占比分别为 40.3%、20.6%；小学及以下网民群体占比由 2020 年 3 月的 17.2%提升至 19.3%。由此，可以得出两点结论：

1. 网民数量不断增加，互联网普及率不断提升

未来的社情民意工作显得更加艰巨，因为网民基数的膨胀，致使网络调研的绝对工作量有所提升，网民意见建议波动区间可能进一步加大，在过滤民意信息时，需要社情民意工作者有更敏锐的直觉，要从海量信息中甄别出真实信息。网民数量的增加也可能致使网民素质良莠不齐，在开展工作过程中会面临一些因文化水平差异导致的困难，因此尽可能落实参与调研者个人信息，增加可靠性尤有必要。新技术的运用分拣有利于降低工作量和工作难度。但不可过度依赖网络技术，一是因为网络技术发展尚不完善，二是因为互联网具有隐蔽性，难以保证信息真实可靠。必要时还是应采取传统方法或是多方法结合。

2. 网民群体整体素质尚且较低

报告中看到，本科以下学历网民占比最多，高达 80.2%。不否认低学历人群中也有很多具备远见卓识，能力出众的民众，但网民群体素质整体较低是不争的事实。在开展工作时应考虑受众文化水平，采取相对亲民的调研方式。

同时需要注意的一点是，中小学生占网民比重不断提高。大部分中小学生心智尚且不成熟，对事物认知片面，容易受误导和影响。工作中应适当引导青少年塑造正确的价值观，采用青少年乐于接受的工

① 中共中央网络安全和信息化委员会办公室．第 47 次中国互联网络发展状况统计报告［EB/OL］. http://www.cac.gov.cn/2021-02/03/c_1613923423079314.htm.

作形式。

互联网在实际工作中尤其是新冠肺炎疫情中的运用尤为重要。除了疫情监管、人员流通信息和指挥调度等重大领域，社情民意工作的互联网大数据应用在疫情中同样扮演了重要角色，小到社区微信群内每日上报的居民体温，大到全国人大常委会通过的各项有关疫情防控的法律法规，都是互联网在社情民意工作中的运用。互联网大数据技术未来可期，近年来表现亮眼，各类社情民意平台不断建立，各类社情民意账号相继入驻新兴媒体平台，各类层级制度不断完善，通过新网络平台，各类与疫情有关的重大信息得以广泛传播，有效降低了疫情防控难度，防范化解了疫情风险。尽管社情民意在网络中的运用存在诸多实践性问题，但公认的是其正在发挥愈来愈重要的作用。可以说，社情民意工作非但绕不开互联网技术，更要深入钻研，透彻利用互联网技术。

案例：湖南省长沙县政协委员连时彦疫情期间作为①

新冠肺炎疫情爆发期间，连时彦出行受限，只得在家。这段时期让他充分认识到，政协委员绝不仅仅只是荣誉头衔，它需要有强烈的社会责任感和专业知识才能发挥真正作用。同时也说明，只要意见合理、科学，党委、政府也是极为重视委员建议的。随着疫情的逐步控制，社会生活趋于正常，信息中心也开始更多引导委员聚焦各类民生话题。

在此阶段，连时彦根据走访与调研，连续报送了 3 篇社情民意，其中两篇被全国政协采纳。特别是撰写《手机 App 过多收集个人信息的行为亟须重视》稿件的时候，不仅得到了县政协相关领导的重视，更主动组织调研相关企业，为内容的“补盲”提供了相当大的帮助。虽然说政协组织以委员为主体，但通过这件事可以看出，只有委员主动依靠组织、信赖组织，组织才能更好地引导、协助委员就关心的议题给出答案。也只有如此，委员方能有针

---

① 连时彦．民意表达，人微言不轻［N］．人民政协报，2020-12-28（7）．

对性地表达。在他看来，让民意得到充分而有序的表达，整个社会的运行才能更为有效、精准。为此，他会有意识地将历年来为各级政协采编的非涉密社情民意，发到《人民政协报》“假如我是委员”栏目。最初的想法，一来可以为网络思政教育提供力所能及的作用，二是借此机会结识更广范围内的各地政协委员，共同就一些问题形成头脑风暴。因此他获得了 2019—2020 年度的“积极建言政协委员”。

疫情限制了人员之间的直接接触，但柳暗花明又一村，传统方案效能降低的疫情期间，大数据运用与网络调研得到充分发掘，对于互联网和大数据在社情民意中的运用也更显成熟进步。危机中包含机遇，对于社情民意工作也同样要保有危中见机的锐利眼光，主动拥抱技术进步。

（二）大数据背景下社情民意队伍建设趋势展望

未来随着 5G 等更前沿技术投入运用以及网络实名化普及，互联网在社情民意工作中只会更加重要。互联网大数据具有传统方法不具备的诸多优势，诸如信息收集高效、深广度较高以及信息处理科学性、时效性和针对性更强。灵活运用互联网大数据等新兴技术，能有效提高工作效率。某种程度上与传统调研方式是互补填充的关系，弥补了传统调研中人员接触多、调研效率低和处理分拣困难等短板。互联网技术未普及之前，调研形式大多以效率较低的走访等进行，一定程度上浪费人力物力。前文提过的 5G、人工智能和物联网的出现，很可能会带来更多变化。过去十几年，微信小程序、人大议案投票网站、线上会议等新兴内容，在 4G 等技术催生下出现和成长，5G 时代社情民意工作大概率会出现更多便利快捷的形式，5G 高效迅速的运行能进一步加快语音视频等信息要素的传达，也可能催生出立体投影等新交流方式，人与人之间不但可以实现“面对面”交流，更能实现“体对体”交流。社情民意信息的反馈与传达更加及时高效，信息收集效能进一步提高。同时，人们可以用多种多样的形式表达民声民意，工作平台可能在手机电脑等设备基础上再加突破，利用人工智能技术研制出更智能更精确的客服机器人，降低人工成本的同时提高接待效率；根据不同用户群体，利用大数据精准画像，定制民众个人专属问卷等，靶向收集民意信息，收集内容信息的深度广度得到拓展。

提高对话沟通效率，更广泛更全面地收集各类信息是未来大数据时代的绝对值。从此次疫情防控中就已经能窥见一斑，互联网大数据减少了不必要的人员接触，诸多会议讨论移至线上，减少直接接触和人员流通，社情民意工作开展受到影响较小，群众呼声依旧清晰，疫情不抑情；再如大数据直观展示全国疫情防控情况，感染人数、死亡人数、痊愈康复人数以及无症状感染者人数公开发表，实时更新，大幅提高公民信息流通效率，提高信息时效性；有关疫情的各类信息在互联网上高速流通监管，居民或是社情民意工作者在处理分拣时，都可根据关键词、时间地点等要素快速掌握正确信息，提高了社情民意工作的科学性和针对性。

新技术的运用伴随机遇和挑战，未来工作中要抱有直面挑战、冷静分析的态度，既不固步自封，也不好高骛远。

案例：河南疫情期间大数据民意调研①

全省大力推行“预约办”“网上办”“掌上办”和不见面审批。通过河南政务服务网、12345 政务服务热线、“豫事办”App和微信公众号等渠道，征询收集企业群众节后集中办理和急需办理的事项，确保实现网上办，减少疫情防控期间人员接触；推广“豫事办”App 和支付宝小程序，对已上线的社保查询、公积金查询、生活缴费等政务和公共服务事项，确保业务办理渠道畅通，提供更多服务掌上办、指尖办；利用多渠道公布各类办事窗口值班电话和咨询电话，对于确需到现场办理的事项，做到服务人员下沉就

① 国脉电子政务网．河南：大数据支撑硬核战“疫”——新冠肺炎疫情防控专题报告之四［EB/OL］．http：//www.echinagov.com/news/290954.htm.

近办，速来速办，尽量减少人员“面对面”。

河南省各地市政务服务和大数据管理部门，第一时间下发关于延迟（暂停）开放各级行政服务中心（市民之家）办事大厅窗口线下服务推行网上办、预约办的通知（公告），全面推行政务服务“网上办、掌上办”等线上办理方式，避免人群聚集，防止交叉感染，有效保护人民的生命和健康要求。同时采取最严格的举措，细化落实各项联防联控措施，全力抓好疫情防控工作，坚决遏制疫情发生蔓延，切实保障人民群众健康。充分发掘新技术效能，提高调研运用效率，考验着每个社情民意工作者的智慧。

【参考文献】

1. 浙江财经大学公共管理学院．杭州市社情民意研究中心成立仪式暨“走向现代城市治理的公众参与”论坛在我校顺利召开［EB/OL］．［2018-12-14］．https：//ggxy. zufe. edu. cn/info/1051/2270. htm.

2. 巴彦淖尔市委政策研究室领导莅临市统计局社情民意调查中心参观考察［EB/OL］．［2021-01-04］．潇湘晨报，https：//baijiahao. baidu. com/s？ id=1687922078888441026&wfr=spider&for=pc.

3. 盘州市委宣传部．“网上网下”搭建“民心桥”［EB/OL］．［2019-11-14］．天眼新闻，https：//baijiahao. baidu. com/s？ id=1650148423951091798 &wfr=spider&for=pc.

4. 宣慰街道．成立社情民意收集站 搭建便民服务连心［EB/OL］．［2020-09-17］．纳雍县人民政府网，http：//www. gznayong. gov. cn/xwdt/xzdt/202009/t20200917_63213788. html.

5. 重庆市渝中区委会召开参政议政教育智库工作会［EB/OL］．［2021-03-03］．中国民主促进会，https：//www. mj. org. cn/xwll/gzdt/202103/t20210303_236677. htm.

6. 中国人民政治协商会议全国委员会反映社情民意信息工作条例

[EB/OL]．[2019-03-02]．中国政协网，http://www.cppcc.gov.cn/zxww/2019/03/02/ARTI1551496407489774.shtml.

7. 彭东明．创新政协工作履职方式初探 [N]．文史博览（理论），2013（12）：30-32.

8. 俞德光．建设队伍 健全机制 畅通渠道——反映社情民意信息工作浅谈 [N]．政协天地，2010（8）：34-35.

9. 工作制度——反映社情民意信息工作考评表彰办法 [EB/OL]．[2019-01-07]．中国政府网，http://www.yqzx.gov.cn/gzzd/201901/t20190107_822990.html.

10. 李宏涛．努力实现信息工作"三个转变" [J]．秘书工作，2020（1）：29-30.

11. 卢军．"信息联姻"提升信息专业化水平 [J]．秘书工作，2021（1）：28-29.

12. 许共城．欧美智库比较及对中国智库发展的启示 [J]．经济社会体制比较，2010（2）.

13. 张述存．关于加强地方新型智库建设的几点思考 [J]．东岳论丛，2015，36（9）：5-9.

14. 上海市委办公厅．打通专家学者服务决策咨政"最后一公里" [J]．秘书工作，2021（2）：24-25.

15. 覃利．关于社情民意调查工作的几点思考 [J]．清江论坛，2017（1）：47-49.

16. 白万平．大数据时代的社情民意调查：机遇、挑战与趋势 [J]．现代经济信息，2016（19）：34-35.

17. 钟信石．提高精准性是新阶段新征程做好党委信息工作的必然要求 [J]．秘书工作，2021（2）：18-20.

18. 陈思．招商银行科技人才培养与激励机制优化研究 [D]．南昌：江西师范大学，2019.

19. 李俊三，顾龙．畅通渠道 培养队伍 健全机制 利津县政协下功夫发挥反映社情民意信息"直通车"作用 [N]．联合日报，2020-12-25

(02).

20. 刘乐乐. 基于社会需求的美国专业学位研究生教育研究 [D]. 长春: 吉林大学, 2017.

21. 董菀菀, 石朕. 我市各民主党派深入调研准确反映社情民意 [N]. 大连日报, 2018-04-24 (A08).

22. 杨阳. 帮助民族群众通过网络反映社情民意 [N]. 柴达木日报, 2019-03-11 (1).

23. 陈超, 朱中芳. 邻水县政协着力提高委员履职实效 量化考核委员履职 [N]. 四川政协报, 2018-01-09 (1).

24. 罗能. 大姚县政协开展委员履职量化考核 [N]. 云南政协报, 2019-07-16 (03).

25. 关于新形势下党内政治生活的若干准则 (全文) [EB/OL]. 新华网, http: //www. xinhuanet. com//politics/2016-11/02/c_1119838382_5. htm.

26. 吴道连. 把社情民意融入建议之中——记南雄市人大代表李泽平 [J]. 人民之声, 2021 (1): 47.

27. 白银波. 资政建言质效齐升 发出政协"好声音"——2020 年市政协提案、社情民意信息工作综述 [N]. 赤峰日报, 2021-02-17 (1).

28. 中共中央网络安全和信息化委员会办公室. 第 47 次中国互联网络发展状况统计报告 [EB/OL]. http: //www. cac. gov. cn/2021-02/03/c_1613923423079314. htm.

29. 连时彦. 民意表达, 人微言不轻 [N]. 人民政协报, 2020-12-28 (7).

30. 河南: 大数据支撑硬核战"疫"——新冠肺炎疫情防控专题报告之四 [EB/OL]. 国脉电子政务网, http: //www. echinagov. com/news/290954. htm.

第七章　社情民意与政府对网络舆情的应急管理

社情民意一旦上升为舆情，必然会对政府的应急管理能力和水平提出挑战。本章主要介绍社情民意的表达方式和途径，包括：政务网站和新闻媒体、微信、微博及新闻跟帖与论坛、网络民意调查、信访和民生服务热线等。社情民意会经历最初反映、热点事件广泛传播上升为舆情，进而引发其他衍生议题的过程，因此政府的应急管理方式也需要及时做出转变。

第一节　社情民意表达方式和途径

一、政务网站和新闻媒体

（一）政务网站

政务网站指的是国家行政机关面向社会公众提供公共服务并履行相关职能的官方网站。1996 年，海南省政府率先推出我国第一个政府官方网站平台，经过几十年的快速发展，已经形成了由中央政府门户网站、国务院部门网站、地方各级人民政府网站及其部门网站组成的政务网站体系。社会公众可以通过政府网站随时随地直接与政府进行沟通与交流，这是一种开放且高效、便捷的政府办公方式，可以有效地实现官民互动，消除了政府和公众之间的时空距离，成为政府和人民群众之间的“连心桥”和“直通车”。

有网络的地方就有群众，有群众的地方就有民意。政务网站日渐作为听取民意、收纳民声的重要公共平台。政务网站通过开设多种网民反馈通道、设置民意征集栏目来保证社会大众可以随时随地地向政府反映问题、提出诉求、以及建言献策。以吉林省长春市政务网站为例，长春市政府网站为更好地汇聚民意、倾听来自社会四面八方的意见与建议，设计了独特而又人性化的“短信中心”这一栏目。另外，长春市政府相关部门的负责人通过“在线访谈”系统以网上直播的方式做客网站，对于百姓提出的关于教育、医疗、社会保险等方面的问题让政府负责人现场回答，通过网络电视实时地传送访谈画面与内容，这种方式极大地提升了社会大众的问政参与感和建言献策的现场感，成为长春市越来越闪亮的城市名片。①

（二）新闻媒体

随着生产力的大幅度提高和现代科学技术的加速进步，新闻媒体以其所具有的受众覆盖广、开放便捷、权威实时的优势，已经逐渐成为不同阶层、领域、社会群体维护切身利益、表达诉求与意愿的最高效快捷方式之一，尤其是在现在手机等移动通信设备的普及的情况下，使得人们随时随地都能收到各种新闻信息，并能通过互联网在指尖随时发表自己的意见，通过新闻媒体表达社情民意变得更加便捷。新闻媒体也随之承担了促进社会公众之间的沟通与了解，化解矛盾、解决问题，凝聚共识、促进经济与社会发展的重要职责。

现如今，已经进入了网络时代，相比于电视、广播、报纸、杂志等传统大众传媒，网络时代新闻媒体借助互联网发挥着重要作用。各种主流媒体都纷纷开设网络账号，建立官网或是借助手机 App，进行信息的报道和传递。在网络时代，新闻媒体信息传播的一个重要特征就是其交

① 李晓平．政府门户网站的功能分析［J］．才智，2012（31）：230.

互性，交互性是指信息发送者和信息接受者可以进行双向互动交流，而非被动接受。我们每个人都可以成为信息的制造者、信息的加工者，以至成为信息源，而在传统的广播、电视、报纸等媒体，受众很难与信息发送者进行互动。①

网络媒体交互性的特点就使得人们通过新闻媒体表达社情民意的方式更加便捷：315 维权网、人民网、凤凰网、人民日报、南方周末、新京报等大型媒体都会有自己的官方网站，在网站上人们可以在相应版块反映自己的问题；各种新闻栏目如“省长热线回声”“新闻 30 分”“法治在线”等都会有求助热线，通过拨打热线电话可以和相关记者直接取得联系，反映自己遇到的困难或问题；热门媒体都会有微博、抖音等账号，通过网络私信这些媒体，相关运营工作人员审查后通过网络会播放到公共平台上，这种方法可以让公众直接反映社情民意。

二、微信、微博及新闻跟帖与论坛

（一）微信

微信是一款即时信息交流工具，凭借着具备文字、音频、网站链接等立体传输、多平台互动、实时“秒传播”交互等技术优势成为国内当下最热的移动社交应用，同时也提供了朋友圈、订阅号、看一看、搜一搜、小程序等功能，“微信依赖”已是一种很普遍的现象。

对于我们社会民众中的大多数人而言，我们通过微信实时地互动沟通交流和快捷地获取服务已经成了生活中的一种常态，普通百姓通过微信来登录政府网站来浏览所关注的政务信息并参与互动和获取相关的政务服务。由此，催生了更为方便快捷的移动电子政务微信，人们通过微信发声、了解新闻动态、政策消息，并通过微信直接与政府沟通、对话、咨询相关业务、办理相关服务，还能参与政府政务决策，监督政府工作。例如：为了了解民众“原汁原味”的诉求，倾听来自基层民众

① 杨兴坤．网络舆情研判与应对［M］．北京：中国传媒大学出版社，2013.

的声音，黑龙江省绥化市绥棱县委书记王安通过电视节目播出个人微信账号—“绥棱人”，任何一位绥棱县百姓都可以通过添加县委书记微信账号为好友就可以在线实时反映问题。①

微信具备将信息精确地发布给用户、私密地同用户进行互动的强大功能。政务微信改变了以往政府网站、政府官方微博被动信息传播的方式，政务微信公众账号实现了同用户精准、高效、快速的信息传播，官方机构部门通过政务微信账号向关注政务微信公众账号的用户主动推送消息。与此同时，政府网站实现的是同民众公开的互动，而政务微信作为一种信息即时交流工具采取的是隐蔽与封闭的点对点的互动交流方式，很大程度上保护了服务过程中的信息安全和个人隐私，民众在这里可以畅所欲言，说一些不方便的话，也可以咨询一些不便公开的私人问题。同时，政府也可进一步回应社会民意关切，及时地、一对一地解决网民反应的问题。②

（二）微博及新闻跟帖与论坛

微博，就是指微型博客。微博结合了即时消息和博客的特点，是一个基于用户关系的信息分享、传播以及获取平台，用户可以通过互联网、客户端、手机短信、WAP 等多种手段，以 140 字为限，不受时空限制地发布信息和接收信息。③

微博创新了与以往不同的社交平台，网民在微博客户端通过使用手机来浏览自己感兴趣和关注的内容，同时也可以实时地发布信息，对于发布的内容任何人都可以参与评论与转发。微博新增的长微博可记录较长的内容，以网页链接的方式呈现。微博还可以分享图片，发布视频

① 李财富，薛张伟．社会管理视阈下的政务微信探析［J］．四川理工学院学报（社会科学版），2014，29（4）：1-7.

② 廖莎莎．我国政务微信发展现状、问题及对策研究［D］．重庆：重庆大学，2015.

③ 关思佳．谈中国互联网的微博时代［J］．黑龙江科技信息，2011（30）：108.

等。微博之所以受网友追捧值得注意的特点是：消息发布的便捷性，消息转载传播的飞速性。假如你有10万的关注者，那么你发布的内容会在短时间内迅速被10万人看到，这10万人继续转发传播，可以想象微博平台消息的融通量之大。用网络的表达方式来说，微博十分“接地气”，随时随地都可分享自己身边的新鲜事，任何账户都有可能成为网民关注的焦点，比如一些突发事件发生后，在现场的微博用户就可以通过自己的微博账号发布自己拍摄或说明现场情况，其他网民便可通过这种方式第一时间获取现场资讯，微博的传播在某些方面甚至更快于电视媒体新闻。①

微博可以进行多维高效的互动。微博用户可以在同一平台针对同一话题展开广泛的讨论，微博的交流者可以自愿地把自己认为最精彩、最得意、最有价值的信息发布出来供其他用户欣赏、借鉴和讨论。这样的模式极大地调动了所有交流者的积极性，使互动交流越来越精彩，也具有了充分的自由表达和自由批评的权利。

三、网络民意调查

网络民意调查，简称网络民调，是指一定的行为主体基于互联网的技术平台，利用网络问卷或网络互动交流组等多媒体载体，在互联网空间内迅速、准确地收集网民或公众对公共事务的意见和态度，并加以整理，以此为政府或者相关单位决策或研究提供依据和参照的过程与行为。②

民意调查的完整档案包括：确定目的、确定内容、获取调查样本、对调查数据进行分类、分析和上报、利用调查发展完善公共政策和服务等。目前，我国的网络舆情问卷有两种类型：一种是直接使用普通问卷，只改变个别文章的措辞和内容；另一种是根据具体的调查需要设计

① 邹懿．突发事件微信微博舆情治理研究［D］．湘潭：湘潭大学，2019.

② 刘力锐．论网络民意调查的政治作用［J］．东北大学学报（社会科学版），2009（5）：427-431.

电子舆情问卷。第二类问卷是根据具体调查的需要设计的，并结合网络的实际特点和网民的心理，确定网络舆情的问卷条目，最符合网络舆情问卷设计程序，最科学。① 网民对当前热点和普遍性问题的看法，在很大程度上可以反映民意，总体上取得较好的调查结果。

在网络技术日益普及的今天，网络民意调查具有网络技术优势、成本低、方便快捷、调查客观、效率高、关注度高等特点，在网络上进行民意调查变得越为普遍。网络民意调查作为大众舆论中国家形象的直接体现，一方面成了政策制定者了解公众支持的窗口，一方面成了公众表达自己态度，影响决策者的工具。②

目前，政府可以通过四种方式进行网上民意调查：第一是在全政府范围内成立社会民意调查小组，开展社会民意调查；第二是通过社会民意调查中心网站进行民意调查；第三是授权权威的媒体或机构，开展网络舆情状况调查；第四是利用大型的商业机构来进行调查（例如盖洛普）。新浪、搜狐、腾讯等部分网络媒体越来越多地实施网络舆情调查项目，舆情调查已成为新闻策划的重要组成部分。这些媒体门户网站通常会设计并上传在线问卷，吸引网民在第一时间点击刚刚发生的事件并参与调查。网民将问卷填答完毕之后，计算机大数据系统将自动完成数据传输、筛选和统计，并可即时显示投票结论。

现如今，网络技术越来越先进，网络调查方式越来越便捷有效。网络问卷的填写速度快，回收方式便捷，可以自动形成数据结果，而传统的纸质问卷则需要调查者实地发放问卷，回收问卷，进行录入整理，最后进行分析才能得到最后的数据结果，耗时耗力，不适用于大规模的民意调查。所以，网络民意调查已经成为政府民意收集的重要途径。

---

① 朱续章，马红艺. 如何提高网络民意调查的科学性［J］. 人民论坛，2010（10）.

② 何辉，刘朋. 新传媒环境中国家形象的构建与传播［M］. 北京：外文出版社，2008.

四、信访和民生服务热线

（一）信访

信访，是指个人法人或者其他组织采用书信、电子邮件、电话、走访等方式，向各级人民政府反映情况，提出建议或进行投诉的一种表达社情民意的方式。

信访制度是一种有中国特色的机制，是我国治理体系和制度体系的重要组成部分，国家通过统一的制度化手段来安排信访工作的进行。从国家工作的角度来看，这种信访制度具有两方面的功能：一是冲突化解；二是社会动员。① 在我国社会和谐稳定的大环境下，反映社情民意已逐渐成为信访制度的最重要功能。信访部门的一个重要工作之一就是定期地对信访案件进行汇总统计与分析整理，将其民意及时地向其上级单位或者有关部门提出反映，使得领导人和职责部门都能够充分了解到民情，在其施政、执政的过程中要特别注意一些与其他方面相关的问题，从而避免这些方面带有一定普遍性的争端纠纷和矛盾②，信访已经成为我国很重要的独具特色的表达社情民意的方式。

当代信访主体多为拆迁安置对象、征地农民、复退军人安置就业、社保人员、下岗职工、残疾人等。其诉求也复杂多样，主要是提出意见、建议或投诉请求，还有咨询、申诉、举报等。信访主体的多元及诉求的多样也就意味着政府在信访工作中会出现很多困难。在实际工作中，有共同利益诉求的个人或社会团体往往会相互串联、聚集在一起形成集体信访，向党委政府施压；或是一些信访群众为了个人利益会采取一些过激行为，如，静坐示威，有的甚至扬言自杀。另外，信访事件具有突发性和敏感性，在短时间内就可能形成大规模的群体性信访。敏感

① 冯仕政．国家政权建设与新中国信访制度的形成及演变［J］．社会学研究，2012，27（4）：25-47，242.

② 杨小军．信访法治化改革与完善研究［J］．中国法学，2013（5）：22-33.

性主要发生在一些重大节假日或是重要会议期间，与之相关的信访问题多是与政府公务人员有关。① 由于信访事件的突发性和敏感性，很容易形成公共突发舆论事件，需要特别关注。

目前，国家开设了互联网信访网站，群众通过网站就可以提交自己的诉求或建议。以国家信访局官网为例，在网页上设有专门的“网上信访”栏目，包括“网上投诉请求”“网上建议征集”“网上查询评价”三个子栏目。前两个可以通过阅读了解相关政策法规、网上信访流程等内容，注册新用户并登录按要求填写相关内容，提交投诉事项。在“网上查询评价”一栏中，信访者可以对信访工作组织机构及其办理的工作状态等做出评价。

（二）民生服务热线

民生服务热线是政府设立的一个工作平台，旨在倾听群众呼声、协调各方、为民服务。现在的民生服务热线多指12345政务服务便民热线，是各地市人民政府设立的由电话12345、市长邮箱、手机短信、手机客户端、微信、微博等方式组成的专门受理热线事项的公共服务平台，24小时全天候为人服务。

民生服务热线以“受理转办回访”的“闭环”工作流程为主要工作模式，具有官方属性，但其本身不具备行政功能。此外，目前的民生服务热线以先进的技术和强大的系统平台为基础，整合了业务办理、监督评估、知识查询、舆情调查、舆情研判、数据分析等多种服务模式，实现了对电话、短信、网络等多种新型通信方式的受理。

许多城市很重视民生服务热线建设，各地政府都纷纷设立了民生热线综合服务中心。这些服务中心一般会设置综合协调、行政服务、社会保障、就业服务、社会救助、机关效能投诉、矛盾纠纷调处等多种功能，并依托这个平台，在整合多条原有服务热线的基础上建立一条公共服务热线12345，全天候接受群众的各类求助与投诉，以便于市民更便

① 霍凤悟．信访工作理论与实践［M］．石家庄：河北人民出版社，2018.

捷地使用便民服务。

第二节　网络舆情的形成与变动

一、舆情潜伏期：社情民意初反映

社情民意初反映，是由舆情源头开始到舆情危机快速升高之前的这段时间，这一阶段我们划分为舆情的潜伏期。

这段时间的网络舆情主要具有如下特征：第一，根据舆情的上升速度我们一般划分为温和型舆情（潜伏期5~15天）和突发型舆情（潜伏期仅1~2天）两种类型。温和型舆情一般情况下会比较容易发现，舆情上升的速度也比较慢，会为我们留出宽裕的时间来解决，但是也有一部分温和型舆情快速演化为突发型舆情，究其原因是相关部门并未对此类事件给予足够的关注，也并未及时处置而导致舆情突发。第二，网络舆情的潜伏期，网民的用词强度在网络舆情的潜伏期这个阶段可以反映该事件的危机程度。由于受到外界信息的刺激，社会民众对此引发一系列的思考、表达他们的态度、提出相应的意见，是一种综合性的主观能动反映。潜伏期的舆情危机特征较为隐蔽，抽取这个时期的网络舆情特征并不容易，也对我们准确判断该事件是否会带来舆情泛滥造成十分巨大的考验，但我们可以通过观察网民观点和内容分析对网民态度来做出统计分析，挖掘出此事件中热度和烈度较高的敏感词汇以及得出网民对网络舆情事件的整体态度。第三，潜伏期的网络舆情一般很少有媒体的介入，影响力也十分有限，影响力一般呈现缓慢升高的态势，一旦有知名媒体介入，就会随之引发网民热议，舆情也随之进入爆发期，立刻成为社会热点事件，成为大家所关注的焦点。①

① 赵岩，王利明，杨菁．公共危机事件网络舆情生命周期特征分析及对策研究［J］．经济研究参考，2015（16）：57-69.

二、舆情爆发期：热点事件广泛传播

经历了潜伏期后，舆情事件的发展达到爆发点，引发公众关注的热点事件开始广泛传播，各种问题不断发酵，舆情进入快速爆发期。

此时，网民情绪比较高涨，参与积极性被激发，处于观望迟疑的网民大量参与进来。信息传播者为了得到更多网民的关注，往往会通过论坛、博客、微博等媒体将信息以文字、图片、视频等形式发布到互联网上，相关事件主题帖的点击量和回复量会迅速增加，并出现了网民大量分享转发的现象。① 部分网民由于缺乏的一定知识储备且存在盲目跟风的心理，在群体极化的作用下非常容易失去理性思考的能力，因此对网络舆情恶化起到了推波助澜的负面作用。由于影响范围的扩大，事件发展情况经过传统媒体和网络媒体大量报道，事件的主要责任人和涉事主体进入公众的视野，引来越来越多人的关注。

现代舆情借助于网络技术的普及，传播影响力已远远高于从前，舆情一经爆发，会迅速广泛传播。一般来说，引起舆论的热点事件都存在多种诱因、涉及面广、影响深远等基本特点。② 舆情的快速爆发与手机的使用是离不开的，在热点事件的信息交互、舆情生成过程中，手机虽不是唯一可用的媒介，但当下手机已然成为国内公众广泛使用的上网方式，是将网民留在网络空间的主导载体，而且我国移动互联网已经成为全球最热的“掌上舆论场”，因而在舆情事件爆发期间，手机的作用无疑是最重要的。③

三、舆情蔓延期：舆情引发其他衍生议题

随着舆情事件的不断发展，舆情主题往往会不断偏移、深化，从而出

---

① 李纲，董琦．Web2.0 环境下企业网络舆情传播过程的研究及实证分析［J］．情报科学，2011，29（12）：1810-1814.

② 易承志．群体性突发事件网络舆情的演变机制分析［J］．情报杂志，2011，30（12）：6-12.

③ 庹继光，但敏，张颖．突发事件手机舆情的生成与应对［M］．成都：电子科技大学出版社，2017.

现新的热点、焦点，衍生出新的相关议题，舆情事件也随之进入蔓延期。

一些主流媒体和大量的网络意见领袖在舆情的蔓延期中积极投身于对该事件细节的分析，从而使事件内容放大。媒体通过借助主流网站的转发、传统主流媒体的加入和新兴自媒体，进一步扩大舆情事件的影响力，以及为公众提供表达意见的平台。一些热衷于关注社会动态的网络意见领袖在这期间也开始大量发表自己的看法，挖掘舆情的根源所在与爆发原因，分析该事件的发展态势，加速了舆情的进一步发展。舆情蔓延造成事件内容被放大：衍生出各种主题、出现一些网络流行语和不实的网络谣言。① 此外，一些由舆情引发出的网络流行语也在舆情蔓延期出现，这些风趣、幽默、简洁的流行语是从舆情传播中总结或概括出来的，表达了网民对现实的调侃。通过把事件中的主要人物或情节以符号化形式来表达，将涉事方进行概念化，例如“周老虎”“范跑跑”等，这种讽刺式的认知模型使得网络舆情的传播效果大大增强。② 尤其需要注意的是，在舆情蔓延演变期间，网民会受到来自四面八方的负面情绪、非理性的声音，甚至虚假谣言的干扰，加上部分网民的自身知识有限，容易被“带偏”，这种情况往往会使一部分网民偏离真实的本意而成为不良声音的发声者，这严重影响了国家和政府事务决策，破坏了和谐稳定的社会环境。③

第三节　政府对网络舆情的引导与应急管理

一、从被动应急到主动防范

首因效应，指的是事物因出现的顺序有先后之别，而让人们产生

① 李庆林，张超，吴芳菲．网络舆情的发展阶段及其特点研究［J］．编辑之友，2014（11）：47-53.

② 曹劲松．网络舆情的发展规律［J］．新闻与写作，2010（5）：45-47.

③ 石新宇，孙慧婷．当代大学生网络舆情分析及对策研究［M］．沈阳：辽宁大学出版社，2018.

“先入为主”的效果。这种现象在传播学领域广泛存在，根据传播心理学的观点，第一次出现的事物比后来出现的更容易让人记住。社会心理学中的首因效应则认为“事物出现顺序的先后会影响人们对事物的认知，人们对信息的第一印象通常会影响其对事物的后续判断。”① 人们通常会相信最先接触到的信息，这些最先出现的信息成为影响人们的思想和行为的主导因素，会影响其对事物的总体认知。为了抢占主动权，充分利用人们先入为主的心理，政府在处理网络舆情时要做到第一时间发声，抢占舆情引导的先机，以便更好地引导人们对事物的总体认知，防范舆情事态的扩大及新舆情的出现。

但是，在网络时代，各种信息的传播也进入加速状态，使得自然灾害事件网络舆情一旦发生，即可通过各种即时社交平台进行广泛的传播，真假信息像雪花一样飘向大众。此时，如果大众先接触到的是关于该突发自然灾害事件的虚假信息，在首因效应的作用下，虚假信息会持续影响公众对事件的正确把握，会造成社会恐慌，政府就需要花费更大的力气去消除由虚假信息带来的恐慌。因此，面对突发自然灾害事件网络舆情，政府就要及时发出权威信息，抢占信息空间，让虚假信息和谣言没有滋生的空间，只有积极地主动发声、及时发布权威的消息，才能更好地发挥首因效应，从而为高水平、高效率地打好突发自然灾害事件网络舆情引导战取更多的主动，赢得更多的认可与支持。②

案例：四川木里县森林火灾事件③

2019年，四川省木里县发生森林火灾，并造成汉族、彝族、黎族在内的31名扑火人员英勇牺牲，抗险救灾牺牲的英雄的遗体

① 高贝伦，韦铁．创意标题对创意实施可能性的影响：基于首因效应与认知心理学视角［J］．科技管理研究，2019，39（11）：275-282.

② 陈秋芸．突发公共事件网络舆情引导研究［J］．齐齐哈尔大学学报（哲学社会科学版），2021（1）：44-46.

③ 陈强．新时代民族地区地方政府网络舆情治理研究——以凉山州木里县“3·30”森林火灾为例［J］．情报杂志，2019，38（12）：120-125.

时隔两日后被消防队员找到，举国悲痛。此时，一位昵称为“龙卷风等你”的网民却在新浪微博客户端上发表多条侮辱性的言论，这些侮辱性言论在社会上造成了极其恶劣的影响，引来网民的一致批判。对地方政府来说，处置此事件是网络舆情治理能力方面一次巨大的考验，一旦处置不当，将有损地方政府的良好形象。

凉山网警迅速处置案情，及时地发布案情通告，并提示广大网民“网络不是法外之地，英雄已逝，岂容诋毁”，积极防范发生污蔑英雄事件的再次发生。同时，森林火灾发生以后，州应急管理局和木里县政府第一时间通过官方网站发布火情相关信息，举办火情新闻通气会，做到了实际情况不隐瞒、火灾现场全公开；同时成立应急协调工作领导小组并迅速启动应急预案，组织人员立即前往立尔村灭火救灾。扑灭火灾后，组织专家对此次火灾的成因、救援过程、火情处置速度进行详细论证，及时公布“3·30”森林火灾的调查结果。

此次网络舆情事件发生以后，凉山州各级地方政府在严厉打击侮辱灭火英雄的犯罪分子、火情信息发布方面均体现出从过去的舆情发生后的被动应急到积极、科学地应对，主动来防范新舆情的出现及事态的扩大。

二、从事后处置到常态监控

网络空间是一个虚拟世界，信息量大，门槛低，这就可能导致关键信息容易被忽视，而且由于网络信息来源真假难辨，容易产生舆论漩涡，引发舆论危机。从很多事例中都可以看出，在信息传播方式多元化的今天，事先没有预防，事件发生后才紧急进行事后处置的方法已不能及时有效地缓解舆论。因此，完善网络舆情预警机制，抓住舆情发展机遇，引导网络舆情朝着积极、理性的方向发展，是舆情治理的重要组成部分。

做到舆情的常态监控，一是要建立有效的舆情控制制度，在具体实施阶段为查处和消除舆情提供第一手资料，在时间上要坚持全过程持续监控，在内容上要注重各方面，特别是在舆情集中时期，网络舆情热点经常发生变化，二次舆情时有发生，要集中关注。第二，要完善舆论调查和审判预警机制。对于来自被监测舆情的信息，要按照影响因素、范围等方面对舆情主体进行分类、归类，做好舆情风险评估，找准舆情切入点，与案件解决方案相适应。第三，必须建立联络应急机制。要制定完善的应急预案，设立专门的公共政策管理部门，协调多个相关部门的联合行动，确保应急措施的高效实施。①

三、从消息封锁到信息公开

信息公开是指国家行政机关和法律、法规以及规章授权和委托的组织，在行使国家行政管理职权的过程中，通过法定形式和程序，主动将政府信息向社会公众或依申请而向特定的个人或组织公开的制度。② 在现代社会应对突发社会事件的过程中，政府信息公开，让大众及时准确了解相关信息十分必要，是预防引起公共舆论的关键举措。

例如 2003 年“非典”爆发，中国各级政府部门因为信息没有及时公开而导致社会上流言四起，并贻误了应对病毒传播的最佳时机。但是，在当今全球化的时代，随着人口流动的频繁，新通信技术在整个社会传播，以及各种通信形式的出现，政府屏蔽新闻，再也不能有效阻止信息的传播。如果现在政府还继续实行消息封锁的措施，极有可能会引起社会大众的强烈不满，导致谣言四起。

在此背景下，我国政府正在逐步从信息封锁走向公开透明。2007 年国务院通过《中华人民共和国政府信息公开条例》，国家高度重视突发事件中的信息公开、舆论引导工作。为进一步做好当前和今后一个时期政务公开工作，中共中央办公厅、国务院于 2016 年印发关于实施

① 丁晓．重大突发公共卫生事件网络舆情演变特点及应对研究——基于新冠肺炎疫情的网络舆情分析［J］．中共郑州市委党校学报，2021（1）：56-59.

② 刘恒等．政府信息公开制度［M］．北京：中国社会科学出版社，2004.

《关于全面推进政务公开工作的意见》，同时提出要以公开促落实，以公开促规范，以公开促服务，充分发挥好媒体作用。此外，由于其传播速度快、信息共享、获取方便、复制方便的特点，网络已成为政府信息传播的首选。① 经过这几年的发展，政务微博、微信公众号等新兴媒体与政府网站、广播、电视报纸等主流媒体的结合越来越密切，政府信息公开的渠道越来越多样。信息的公开在应急事件的处理过程中发挥着重要作用。

案例：重庆万州公交车坠江案

2018 年 10 月 28 日，重庆市万州区长江二桥发生一起重大交通事故。事件的主要经过是这样的。当日 22 路公交车在行驶过程中不知什么原因突然驶过中央线，正好迎面来了一辆正常行驶的红色轿车，两位司机都躲闪不及相撞，相撞后 22 路公交车由于紧急转弯不受控制最后掉进河里。这一经过被现场市民拍下，并发布到网络上，现场视频流开始传播之后，新闻媒体开始在各种平台上报道此事。刚开始，北京的一家媒体报道称是因为轿车女司机的缘故导致了公交车发生车祸。舆论的矛头指向了女司机，人们纷纷指责女司机是事故的主要责任人，言语中充满了暴力。但当天下午，官方部门发布通知称，该女司机正常驾驶，对事故不负责任，之后舆论的矛头又转向了报道虚假消息的新闻媒体。

不久万州区政府在对事故进行调查后发现了事故的真正原因。根据公交视频黑盒显示，司机驾驶公共汽车在桥上移动，突然，有一名女乘客与司机发生了身体冲突，导致司机驾驶出现了偏差，车子突然失控，并歪到另一边的车道上，撞上正常行驶的红色小轿车，然后失控公交车直接撞断桥梁栏杆坠入长江。重庆市政府在网上发布了这段视频，让人们知道真相。此后，网络上的大量舆论才逐渐平息。

---

① 颜海．政府信息公开理论与实践［M］．武汉：武汉大学出版社，2008.

重庆万州公交事故不仅引起了公众的极大关注，而且在事故发生后由于媒体的错误引导出现了舆论反转现象，这是由于公众对事件信息的了解不够造成的。回顾整个事件，在这种情况下，政府部门公众舆论管理的行为应该积极，及时公开事件信息，占据主动，及时跟踪、实时报告最新发现，救援的过程中控制流量，防止二次事故等，这些舆论事件管理行为在全面治理舆论过程中会发挥重要作用。从这次事件中，我们可以看出政府必须公开信息，封锁信息只会让公众更加好奇，扩大舆论。只有及时发布相关信息，才能掌握舆论管理的主动权。

四、从命令动员到共同治理

我国的应急社会动员模式经历了从命令动员到共同治理的积极转变。新中国成立后，面对全新的社会任务，我们借鉴历史经验，保留了战争年代所形成的社会动员模式，政府依托行政权力，自上而下地对公众进行应急动员，集中全社会的人力、物力、财力应对突发公共事件。这种命令动员模式覆盖面广，效率高。它可以控制和动员全社会的成员，实现“集权办大事”①。但是改革开放后，我国逐渐从计划经济向市场经济转轨，非公有制经济不断壮大，国家的行政控制开始成为死角。这种转变使得政府的事后动员参与已经不能更好地应对越来越复杂的突发公共事件。在这种情况下对于风险的事前预防和应急准备显得越来越重要，传统的命令型动员逐渐失灵，开始向社会共同治理型的应急模式转变。

应急管理的共同治理是指政府同企业和社会组织一道，通过合作来共同应对突发事件。在这种模式中政府与社会协同有机结合在一起，充分利用企业、社会组织等各方面的力量，将权力适度下放，使各方共同

---

①　王宏伟，董克用．应急社会动员模式的转变：从“命令型”到“治理型”［J］．国家行政学院学报，2011（5）：22-26.

参与事前预防、应急准备、事后应急处理、长期防控等一系列工作，这会大大缓解政府单方处理的压力，提高国家应急管理能力。

五、从惧怕媒体到善用媒体

网络的即时性是一把双刃剑，它可以使某一信息高效快速地传播，也可以成为谣言扩散的温床，在这种情况下，政府的危机管理面临着更大的难题。

突发事件发生后，政府要充分调动传统媒体、新兴媒体的不同优势，整合对外宣传资源，第一时间发布官方信息，提高事件的透明度，表明官方立场。主要媒体要赶赴现场，由专业记者进行现场采访。政府可以透明地公开信息，开拓媒体对事件的报道空间，保障新闻的时效性和真实性。同时，进一步提高政府处理突发事件传播的工作效率，帮助政府掌握引导舆论的主导权。

发挥传统主流媒体的优势，引导舆情。传统主流媒体在很长一段时间内起到了传播公共信息的作用，有着深厚的群众基础。网民的谣言识别能力提高，“等待真相”的呼声增加，这是传统媒体引导舆论的结果。要发挥传统媒体的优势，加强与政府的联系，收集并公布舆情，将信息传达给民众，引导舆情。传统媒体是公众获取官方信息的主要媒体，在引导网络舆情方面承担着重要责任和重要任务。政府要强化阵地意识，通过主流媒体向公众传递有利于社会稳定的信息，正面回应公众关切的问题，引导民心。主流媒体利用其官方背景优势搭建政府和民意间的沟通桥梁，可以对疏解舆情起到关键作用。①

【参考文献】

1. 李晓平．政府门户网站的功能分析［J］．才智，2012（31）：230.

① 刘娜，丁艺璇．突发公共卫生事件的网络舆情传播及社会治理［J］．当代传播，2021（1）：73-76.

2. 杨兴坤．网络舆情研判与应对［M］．北京：中国传媒大学出版社，2013.

3. 李财富，薛张伟．社会管理视阈下的政务微信探析［J］．四川理工学院学报（社会科学版），2014，29（4）：1-7.

4. 廖莎莎．我国政务微信发展现状、问题及对策研究［D］．重庆：重庆大学，2015.

5. 关思佳．谈中国互联网的微博时代［J］．黑龙江科技信息，2011（30）：108.

6. 邹懿．突发事件微信微博舆情治理研究［D］．湘潭：湘潭大学，2019.

7. 刘力锐．论网络民意调查的政治作用［J］．东北大学学报（社会科学版），2009（5）：427-431.

8. 朱续章，马红艺．如何提高网络民意调查的科学性［J］．人民论坛，2010（10）.

9. 何辉，刘朋．新传媒环境中国家形象的构建与传播［M］．北京：外文出版社，2008.

10. 冯仕政．国家政权建设与新中国信访制度的形成及演变［J］．社会学研究，2012，27（4）：25-47，242.

11. 杨小军．信访法治化改革与完善研究［J］．中国法学，2013（5）：22-33.

12. 霍凤悟．信访工作理论与实践［M］．石家庄：河北人民出版社，2018.

13. 赵岩，王利明，杨菁．公共危机事件网络舆情生命周期特征分析及对策研究［J］．经济研究参考，2015（16）：57-69.

14. 李纲，董琦．Web2.0 环境下企业网络舆情传播过程的研究及实证分析［J］．情报科学，2011，29（12）：1810-1814.

15. 易承志．群体性突发事件网络舆情的演变机制分析［J］．情报杂志，2011，30（12）：6-12.

16. 庹继光，但敏，张颖．突发事件手机舆情的生成与应对［M］．

成都：电子科技大学出版社，2017.

17. 李庆林，张超，吴芳菲．网络舆情的发展阶段及其特点研究［J］．编辑之友，2014（11）：47-53.

18. 曹劲松．网络舆情的发展规律［J］．新闻与写作，2010（5）：45-47.

19. 石新宇，孙慧婷．当代大学生网络舆情分析及对策研究［M］．沈阳：辽宁大学出版社，2018.

20. 高贝伦，韦铁．创意标题对创意实施可能性的影响：基于首因效应与认知心理学视角［J］．科技管理研究，2019，39（11）：275-282.

21. 陈秋芸．突发公共事件网络舆情引导研究［J］．齐齐哈尔大学学报（哲学社会科学版），2021（1）：44-46.

22. 陈强．新时代民族地区地方政府网络舆情治理研究——以凉山州木里县“3·30”森林火灾为例［J］．情报杂志，2019，38（12）：120-125.

23. 丁晓．重大突发公共卫生事件网络舆情演变特点及应对研究——基于新冠肺炎疫情的网络舆情分析［J］．中共郑州市委党校学报，2021（1）：56-59.

24. 刘恒等．政府信息公开制度［M］．北京：中国社会科学出版社，2004.

25. 颜海．政府信息公开理论与实践［M］．武汉：武汉大学出版社，2008.

26. 王宏伟，董克用．应急社会动员模式的转变：从“命令型”到“治理型”［J］．国家行政学院学报，2011（5）：22-26.

27. 刘娜，丁艺璇．突发公共卫生事件的网络舆情传播及社会治理［J］．当代传播，2021（1）：73-76.

第八章　社情民意在人大、政协、民主党派中的作用

当前，我国正站在“两个一百年”奋斗目标的历史交汇点上，社会结构、利益群体和思想观念正在发生深刻变化，畅通利益诉求渠道、全面听取人民意愿对于推动我国各项决策科学化、民主化具有基础性作用。长期以来，各级人大、政协和民主党派作为收集社情、反映民意的重要途径，在充分发挥自身独特优势的同时，也面临着更高的发展要求和目标。通过探索社情民意在人大、政协、民主党派中的作用，推动相关制度、机制的建设和完善，不仅能够全面、准确、及时地反映人民意愿，推动舆情民意工作的高质量发展，对于完善社会主义民主政治建设，推动国家治理体系和治理能力现代化也具有重要作用。

第一节　社情民意在人大工作中发挥的作用

各级人大代表是各社会团体和公民的代表者，是连接党、政、群的纽带。“长期以来，地方人大及其常委会坚持党的领导、人民当家作主、依法治国有机统一，履职尽责，开拓进取，为地方改革发展稳定工作做出了重要贡献。”① 探索社情民意在人大工作中发挥的作用，不仅

① 习近平．习近平谈治国理政（第三卷）［M］．北京：外文出版社，2020.

有利于提高各级人大在立法、监督等工作中科学化、民主化、规范化水平，也将进一步推动我国的民主法治建设。

一、社情民意对发挥和完善人大职能的现实意义

各级人民代表大会通过行使立法权、决定权、任免权和监督权履行职能。随着我国小康社会的全面建成，公民的各项权利得到了切实保障，公民有序参与政治生活的热情高涨，社情民意在人大工作中的地位日益突出，对人大的工作产生重要影响。具体来看，社情民意在发挥和完善人大职能中，有以下三个方面的现实意义。

（一）社情民意工作有助于完善人大立法职能

立法权是指各级人大及其常委会制定、修改、废止法律的权力，是人大的基本权力，也是最重要、最大量、最经常行使的职权①，是人民群众意愿表达的重要方式和途径。为适应时代发展的需要，第十二届全国人民代表大会第三次会议对《中华人民共和国立法法》作出了首次修改，在设区的市地方立法、完善立法程序等方面进行了完善。进一步下放立法权，拓宽参与立法的路径，让民众真正地参与立法，不仅为立法工作的高质量发展、完善中国特色社会主义法律体系奠定基础，也更加凸显出畅通社情民意沟通渠道的重要性。

案例：立法权下放

立法法修改五年来，全国人大常委会法工委高度重视设区的市地方立法工作，通过地方立法工作座谈会、法律询问答复、立法培训班、立法统计分析等多种措施推进设区的市地方立法工作。据统计，自2015年3月至2020年2月，各省、自治区人大常委会共批准322个设区的市、自治州制定地方性法规1864件，其中新赋予

① 蔡定剑．中国人民代表大会制度（第4版）［M］．北京：法律出版社，260.

地方立法权的设区的市共制定地方性法规1376件①。

进入新时期后，人民群众对立法工作的关注度提高，人民的呼声和意愿在人大对法律法规的解释和制定法律两个方面起到了积极作用：一方面助推了各级人大对法律的解读和宣传工作面向高质量发展，使法律能够更好地为人民所理解、接受和认可，在全社会范围内营造遵守法律、崇尚法律的良好氛围；另一方面，人民群众积极地建言献策也推动着各级地方人大当好“传声筒”。各级地方人大通过深入听取基层意见，在民生、社会治理等重点领域的立法紧跟时代发展，并结合本地经济社会发展情况和每部法律草案的特点，在与公民权利、义务密切相关的内容以及社会关注度高的法律条款方面更加具有针对性。各级人大在工作中既坚守原则又灵活有效，深入基层群众，减少了“中间阻碍”，能够全面、及时、准确地收集和反映社情民意，尤其是社会底层人员和弱势群体的意愿和心声，既紧贴人民群众的现实需求，推动了立法的民主化进程，又突出了地方权力机关的特点和优势，提高了立法质量，为我国的深化改革与全面发展提供了“良法”保障。

（二）社情民意工作有利于进一步发挥人大代议职能

人民代表大会是中国的民主代议机构，通过行使决定权和任免权发挥代议职能。第一，决定权是各级人大和常委会依照法定程序，决定国家或本行政区域内重大事项的权力。在重大事项的决定过程中听取人民意愿，注重实效，以人民的根本利益为出发点和落脚点。社情民意日益得到重视的同时，也使得全国与地方人大能够及时有效地履行其民主代议职能，许多社会矛盾在民主和法治的过程中得到妥善解决，为国家发展提供稳定的社会环境。第二，任免权是各级人大和常委会对国家机关领导人员及其组成人员进行选举、任命、罢免的权力。人民群众首先在

① 闫然．立法法修改五周年设区的市地方立法实施情况回顾与展望［J］．中国法律评论，2020（6）．

参与人大代表的选举过程中，积极发表自己的意见和建议，选举出真正能够站在最广大人民群众立场上的人大代表，进而由人大代表选举出的领导干部更能代表人民的利益，并最终在工作中贯彻以人民为中心的思想，服务人民、热爱人民。综上所述，将社情民意融入地方人大代议职能中，不仅民众能够多途径地参与重大事项的决定和领导干部的任免，地方人大代表也能够密切联系群众，忠实地代表人民意志，切实保障商事制度的有效运行，推动地方人大的代议职能得到实质性改善。

（三）社情民意工作有助于强化人大的监督职能

人大监督作为党和国家监督体系的重要组成部分，首要特征体现在直接的人民性，人民是地方人大行使监督权的不竭动力和根本目的。社情民意强化地方人大的监督职能具体体现在两个方面。第一，切实加强了各级地方人大机关对“一府一委两院”领导干部和工作人员的监督工作。通过对人民群众的走访、调查，各级地方人大能够得到领导干部和工作人员的行使权力最真实的一面，对领导干部的监督既能在前期阶段考察干部、发现问题，又能在后续培养、教育、管理及履行职责等多个环节进行综合考评。提高了干部敬畏法律、依法行政的水平，增强了干部的法治意识、公仆意识和责任意识。第二，加强了对“一府一委两院”工作的监督效力。行政机关、司法机关、监察机关的工作与人民群众的生活有着密切联系，地方人大通过对社情民意的调查，能够有针对性地对相关权力机关所制定的规章制度、决定政策进行备案审查，如果发现有违反宪法或法律精神的内容，能够及时责令修改或废止，确保党的决策部署得以正确落实。这一过程既能有效地弥补行政机关、司法机关、监察机关自查、自纠时未注意到的不足，又能使人民在与权力机关的互动过程中，规避因两者地位“不平等”所带来的问题和矛盾，在平等对话中有效保护人民合法权益。社情民意彰显着人民群众的利益诉求，为国家监督体系提供了最直接的视角，既能够有效发挥地方人大的监督职能，对防治腐败起到重要作用，又能够健全我国廉政监督机制。

二、新时期人大代表收集社情民意面临的问题与困境

社情民意在发挥和完善地方人大职能方面具有无可比拟的优越性，不仅能够完善立法体制、切实起到监督作用，更能在社会的治理中展现出事半功倍的效果。但是，在新的历史条件下，各级地方人大代表在收集社情民意时也面临着新的问题与困难。

（一）人大代表投入社情民意工作的时间和精力不足

如果各级人大代表能够履行好职责，在社情民意的工作中花费大量时间和精力必不可少。但每一个人的时间和精力都是有限的，具有客观现实性①。长期以来，并没有解决好人大代表的组成结构优化问题，大多数人大代表始终以兼职的身份履职，未能将大部分的精力投入人大工作，影响了国家权力机关职能作用的发挥。第一，人大代表在社情民意的工作中受到时间的限制。如果一位代表从事某方面工作花费众多时间，那么其他方面的工作必然会受到影响。委员们的本职工作与民意调查工作在时间上经常产生冲突，导致他们会对其中一个方面进行取舍，但无论怎样选择都会有悖于职业道德和操守。第二，委员们即使是在时间允许的情况下，也会受到个人精力的制约。在个人精力有限的情况下，本职工作和民意调查工作只能二者选其一。众多的人大代表在实际工作中并不能二者兼顾，他们都是各行各业的代表者，有着很强的责任心，热衷于人大工作，密切联系群众，但有时也会感到力不从心，有些代表甚至被迫辞去代表职务。

案例：W市P区人大代表收集社情民意时间不足

近4年来，W市P区有相当一部分的人大代表没有达到每年联系接待群众不少于10人次的要求。该区每年固定性的、大规模

① 尹中卿．人民代表大会制度理论研究（第五卷）[M]．北京：中国民主法制出版社，2017：110.

的视察活动有两次：一次是每年区人民代表大会召开前，各街（乡）受区人大常委会的委托，组织该区代表开展专题调研和集中视察；另一次是每年区人民代表大会召开前、代表报到后，由区委办公室组织的由全体人大代表、政协委员集体参加的视察活动。这两次调研活动，所有代表基本上会参加。除此之外，有超过二分之一的代表没有再参加过其他人大方面的视察、调研或检查活动①。

由此可见，W 市 P 区的人大代表虽每年都会联系人民群众，但投入社情民意工作的时间不足，联系接待群众工作没有呈现常态化。

（二）人大代表履职意识淡薄问题

在“互联网+”的大背景下，公民的全面参与是当前网络民主区别于以往民主形式的最典型特征②，更加凸显了民意调查工作的重要性。但是，在新时期，部分人大代表对社情民意工作的认识程度不够。他们的本职工作具体细致并且可以量化，定期的考核和评比结果与他们的切身利益密切相关，与此同时，舆情民意的收集工作复杂并且难以量化。这促使一些代表对自身使命认识不到位，民主意识淡薄，往往认为自己的本职工作远比人大工作更重要，本职工作必须做好，而群众工作尽力便可。各级人大代表对待社情民意工作的重视程度不够，不仅损害了选民的利益，更为严重的是还会影响到人民代表大会制度的效能与权威。

（三）收集社情民意的队伍建设不到位

随着民意调查工作的重要性日益凸显，人大代表的自身队伍建设却

---

① 范东升，刘鸿斌．基层人大代表结构及履职状况分析——以 W 市 P 区为例［J］．长江论坛，2017（3）：67.

② 杨光斌．当代中国政治制度导论［M］．北京：中国人民大学出版社，2015：233.

不能紧跟时代需要，问题和矛盾日益显现，人大代表的素质能力亟待提高。具体表现在各级人大代表的学习和培训工作不到位。人大代表的队伍必须是政治正确、专业能力强、代表性突出的有机统一。其中，政治性是根本，专业性是前提，代表性是基础①。人大代表象征的不仅仅是一种政治荣誉感，更重要的是一种政治责任感，代表民意和为人民表达利益诉求是最为重要的政治责任。目前，部分代表缺乏法律知识和有关专业知识，对实际情况了解不深刻，未能根据形势的发展变化，及时学习政治理论、法律法规和科技知识。同时，各级人大机关，虽为代表的学习培训创造了一定条件，但受到时间、经费等条件的限制，培训效果往往难以保证，对代表的素质提高帮助不大。因此队伍建设的不足有时会使民意调查工作难以展开，各级代表未能认真听取人民群众的需求，很难提出有针对性的意见和建议，难以有效解决人民群众的问题，弱化了社情民意调查工作的权威性和影响力。

案例：广饶县人大代表整体文化水平有待进一步提升

在一些专业性较强的监督、审议工作中，比如每年的财政预决算审议，对人大代表的知识水平，特别是财经知识素养要求较高。但是广饶县人大代表构成中，具有相关知识背景的代表并不多，因此在审议时，一般提不出什么具体的意见建议。为了弥补这一欠缺，广饶县人大常委会预算工作委员会专门聘请了10名社会专家，帮助进行相关审议以及每年年中的决算审查，这样一方面浪费了大量的人力、物力，另一方面，也不利于人大代表的作用发挥。由此可见，广饶县人大代表的自身队伍建设而未能充分适应时代需求，素质能力需要进一步提高②。

---

① 徐纬光，杨淑琴．当代中国政治制度［M］．上海：上海交通大学出版社，2012：220.

② 张大伟．地方人大代表履职问题及对策研究［D］．长沙：湖南农业大学，2019.

三、健全和优化社情民意在人大工作中的制度化路径

社会生活正在发生着翻天覆地的变化，人民群众关心的社会焦点、难点问题、需要一个有效的反映渠道，同时，社情民意调查是人大代表与民众沟通的桥梁，是社会发展的晴雨表，是各级人大制定法律、维护社会稳定的基本前提。完善社情民意调查的立法工作以及健全问责制度体系是人民代表忠实代表人民的必然之路。

（一）加强社情民意调查的立法工作

在现代法治国家，对社情民意工作的管理应该纳入法治的轨道。即使是在立法条件不够完全成熟的情况下，至少要有一个科学规范的标准或者政策，对社情民意的收集、办理、反馈等环节作出一些基本规定，使人大在社情民意的调查活动中有章可循。但目前，我国社情民意调查的法律体系尚属欠缺，相关基础制度的建设非常薄弱，制度规范很不健全。第一，完善社情民意工作的立法体系。完善人大组织、工作等制度，推动社情民意工作的法治化建设，促进社情民意工作的制度化、科学化和规范化。各级人大也应当多途径地搜集民意诉求，充分利用信息化技术和发挥大数据的便利优势，按照合法、合理、合情的原则对待民意诉求，严格按照法律程序来处理人民的意愿，使公众诉求以立法的方式得到显现，实现公共利益最大化，保障社会公众的合法利益免遭侵害。第二，加强立法的民主化工作。民意是制定法律的基础，将民意调查作为立法民主化的突破口，通过不断扩大意见征求范围，让更多的社会成员直接参与立法的各环节，向立法机关直接表达诉求，维护自身权益，提高立法机关在法律制定过程中与社会公众的互动能力，从而使最后出台的法律能够获得普遍的社会理解和民众支持。

（二）健全社情民意工作的问责制度体系

了解社情民意的目的不仅仅是为了收集民意，更重要的是能够正确

地处理和引导民意。完善问责制度体系建设是做好社情民意工作的重要保障。第一，完善述职评议制。通过人大代表向选民述职并接受评议，群众能够充分进行监督，切实地感受到自身在政治生活中的地位。第二，完善对人大代表民意调查工作的考评制度。以人民群众为主体定期对代表进行考核，考核环节要细化，考核的标准也要进一步量化，考核结果作为判断代表是否合格的重要依据。通过以上制度体系的建立和完善，最大限度地调动人大代表履职的积极性，依法履行职责，在议事、决策以及监督过程中，依据事实作出选择或判断，将广大人民群众的意愿融入法律法规。

综上来看，社情民意是人大工作中一个重要的方面，人大工作的重要内容之一就是收集和反映社情民意。尤其是党的十八大以来，社情民意工作在地位提升、要求加强、作用发挥方面有了明显发展。充分认知反映社情民意信息工作的地位作用，对于推动人大工作提质增效具有重要意义。但现实中存在着人大代表履职时间和精力不足、思想意识不到位等问题，需要在今后的工作中进一步探索、完善，以更好地反映普通民众需求，做好社情民意工作，切实推动我国民主政治建设的高质量发展。

第二节　社情民意在政协工作中发挥的作用

在中央政协工作会议暨庆祝中国人民政治协商会议成立70周年大会上，习近平总书记指出："人民政协在协商中既秉承历史传统，又反映时代特征，充分体现了我国社会主义民主有事多商量、遇事多商量、做事多商量的特点和优势。"① 进入新时代后，我国社会结构出现了重

① 习近平在中央政协工作会议暨庆祝中国人民政治协商会议成立70周年大会上的讲话［EB/OL］.［2019-09-21］. http://www.cppcc.gov.cn/zxww/2019/09/21/ARTI1569018440722116.shtml.

大变化，新的社会矛盾和问题也不断凸显，社情民意的地位日益上升，听取人民意愿、凝聚广泛共识是人民政协工作的必然要求，对于保障和扩大人民民主权利，维护社会稳定，促进民主政治发展，全面建设现代化国家具有重大意义。

一、人民政协的职能与社情民意的相互联系

人民政协的主要职能包括政治协商、民主监督、参政议政三个方面。做好社情民意的收集和反馈工作是人民政协履行职能、发挥作用的重要形式。具体来看，两者的相互联系体现在以下三个方面：

（一）政治协商职能与社情民意紧密相联

政治协商是人民政协的首要职能，是中国特色社会主义政治制度的重要内容。近年来，人民政协在国家的大政方针、政治生活和各项社会经济问题等方面进行协商讨论，畅通了社情民意的沟通渠道，在真实反映各界民众意愿的基础上，推动党和国家决策法律化、科学化、民主化。

案例：全国政协常委会丰富的协商形式

2020年，全国政协常委会丰富协商形式，发挥专门协商机构作用。全年召开协商会议71次、开展视察考察调研97项。首次在全体会议期间举行界别协商会议，对远程协商会作出机制性安排，在委员移动履职平台推出48个主题议政群，把协商从会场延伸到网上，拓展委员参与面、增强履职便利度，打造不受时空限制的协商平台初见成效。

近年来，全国政协常委会不断丰富协商形式，为社会各界拓宽了平等交流、建言议政的途径和渠道，推动社情民意工作高质量发展的同时，也进一步发扬了社会主义民主和团结精神。

（二）民主监督职能与社情民意紧密相联

人民政协的民主监督是当代中国政治制度中一种有组织的、反映统一战线各方面意见的、群众性的监督①。第一，全面反映社情民意是政协履行民主监督职能的基础。通过对人民群众的调查走访，政协委员能够了解人民对“一府一委两院”行使权力的满意程度，对机关单位与工作人员有一个更为全面的认识。以获得的信息为基础，不仅能够对机关单位行使权力进行有效监督，同时也提高了干部敬畏法律、依法行政的水平，增强了干部的法治意识、服务意识，有效提升了社情民意在政协民主监督工作中的权威与效能。第二，社情民意是政协履行民主监督职能的有效手段。各级政协委员具有广泛的代表性，与各民主党派、各族各界人士有着密切联系，能够对国家政策的制定、执行、评估等环节进行全流程、全要素的监督。通过深入了解社情，全面收集民意，获得的信息具有较强的针对性，形式灵活多样，反映的问题、提出的意见，能够突出以问题为导向，帮助党和政府弥补不足、工作人员及时改进工作，切实发展协商式监督，深入推进党风廉政建设和反腐败斗争。综上来看，人民政协的民主监督不同于党内监督、法律监督等“刚”性监督，作为一种“柔”性监督，对改进国家机关的工作具有重要的检查、督促作用，更能体现我国协商民主的特点，一切权力来自人民、忠于人民、服务人民。

（三）参政议政职能与社情民意紧密相联

1994年，参政议政被列为政协的一项主要职能，包含反映社情民意和专题调研两项工作，由此政协的社情民意工作具有了明确定位。第一，社情民意是人民政协参政议政的现实依据。各级政协机构以各民主党派、人民团体和各族各界人士的意见和建议为依据，着眼于人民的美

① 徐纬光，杨淑琴．当代中国政治制［M］．上海：上海交通大学出版社，2012.

好生活需要，科学确定议题，充分表达意见，为我国科学决策献计出力，推动我国高质量发展。第二，全面反映社情民意是人民政协参政议政的归宿。人民政协通过参与国家法规政策的制定和修改，充分反映各民主党派、社会各阶层的意愿和诉求，包括少数利益群体的不同意见和合理要求，充分表达了人民意志，切实保障了人民当家作主，巩固了社会团结与稳定的根基。

案例：人民政协网的“假如我是委员”平台①

“假如我是委员”是人民政协报推出的首款全国网络议政新媒体平台，该平台致力于让大众网民特别是青少年以虚拟委员身份，体验委员履职、学习政协知识，提交虚拟提案。该平台现已覆盖全国30多个省、自治区、直辖市，入驻政协委员达200多人，发布提案9000多条，评论数突破20万。自2019年9月上线以来，“假如我是委员”开展多场委员走进校园、学生走进人民政协的相关实践活动，平台产生了许多优秀提案，受到了外界普遍关注。例如，获得全国青少年模拟政协提案活动“百强提案”荣誉、北京市海淀区政协全会对优秀案例进行立案。

由此可见，“假如我是委员”平台在建言献策，反映社情民意的同时，也引导了广大网民尤其是青少年在实践中进行有序政治参与，围绕经济社会、民生热点等问题开展调研、讨论、交流，感受社会主义协商民主的魅力，将人民政协的参政议政职能与社情民意紧密地联系在一起。

二、人民政协在社情民意表达中的独特优势

了解和反映社情民意工作是人民政协的一项基础性工作，其地位和性质决定了在社情民意的表达中具有自身特点，反映的内容不仅客观真

① 网址为 http：//wswy. rmzxb. com. cn/。

实，而且具有较高的参考价值。具体来看，人民政协的独特优势具有以下两个方面：

（一）政协委员具有广泛代表性

人民政协由多个界别组成，每个界别都有其所联系的人民群众，在组织构成上具有广泛代表性。例如，人民政协虽然与各民主党派、工商联等各级统战部门信息获取渠道存有重叠部分，但人民政协额外拥有中国共产党党员以及青年、妇女等人民团体，这一独特优势能够帮助人民政协更为广泛地联系人民群众，获取覆盖范围更广泛、参考价值更高的信息，能够全面反映社会各界群众的意见、愿望和要求。

案例：近四届全国政协组成统计情况

界数	界别数量	委员数量
第十届全国政协	34 个界别	2238 名委员
第十一届全国政协	34 个界别	2237 名委员
第十二届全国政协	34 个界别	2237 名委员
第十三届全国政协	34 个界别	2158 名委员

通过上表可以看出，近年全国政协委员会的界别设置并无变化，委员数量随着时间不断调整，这表明人民政协能够根据社会发展的实际情况，自身不断发展和完善，以此保证和巩固人民政协的广泛代表性。在日常工作与生活中，委员们通过联系界别群众，收集来自不同阶层群众的利益诉求，充分反映他们的诉求，特别是收集少数意见和不同声音，使人民政协在社情民意工作中独树一帜，在决策部门汇集舆情民意、分析社会运行状况、制定切实可行政策、有效开展工作方面发挥着不可替代的作用。

（二）畅通的民意表达渠道

人民政协反映舆情民意的渠道畅通具体表现在以下两点。第一，政协委员来自各行各业，在日常生活和工作中联系基层群众密切，受到党政部门或行政地区各种利益关系的约束较少，能够及时、准确、深入地了解到各界人士和团体的意愿和诉求，分析问题和矛盾。查找根源，把零散的社情民意信息进行整合。第二，在我国的机构设置中，人民政协的性质是爱国统一战线组织，拥有较高的政治地位，与党委、政府级别相当，信息报送的渠道与党政部门的内部渠道相比相对畅通和简易，具备客观反映社会问题和情况的独特优势条件，这就保证了政协收集到的重要社情民意，经政协领导同意后，可以直接报送同级党委、政府主要领导批阅，减少了基层民意传递至决策层的中间环节，不同的意见和普遍性问题直接反映到决策部门，为决策提供了参考依据，在很大程度上提高了社情民意的有效性。

案例：湖州市政协畅通民意表达渠道

2019年，湖州市政协近年来不仅制定了《关于着力构建人民政协协商议政新格局，切实提高协商民主制度化规范化程序化水平的实施意见》，而且建立了"1246+X"的政协协商议政模式，它主要是在全体会议集中协商的基础上，实行市委书记、市长与政协委员"面对面"高端协商、政协常委会会议专题协商、双月座谈协商等多种方式综合的运用。在协商成果的落实考核方面，每一次协商活动结束之后，市政协都要在第一时间将《协商纪要》报送给市委市政府领导，并且相关领导要在第一时间做出批示，要求相关部门采纳建议并付诸行动。

由此可见，湖州市政协凭借自身较高政治地位，位置优越的优势，在与党政决策部门直接对话时，能够直接反映社情民意，减少了基层民意层层上报的中间环节，极大地提高了社情民意工作的时效性①。

① 王国勤，汪雪芬．市级政协"融协商"体系的构建：框架与方法［J］．治理研究，2020（6）：45.

三、提升人民政协社情民意信息质量的创新举措

随着全面深化改革进入深水区，我国社会的利益格局发生了重大变化，利益群体日益增多，人民政协在提升社情民意质量的过程中面临着新的机遇与挑战。人民政协应着眼于人民日益增长的美好生活需要，在制度建设、信息化技术建设方面不断创新，推广先进经验，弥补不足，践行党的群众路线，增进人民福祉，更好地服务党和国家工作大局。

（一）完善社情民意工作的制度建设

制度建设在提升人民政协社情民意信息质量中起到基础作用，在政协的工作中占据关键地位。复杂多变的社会结构和多元化的利益诉求对人民政协的制度建设提出了更高的要求，反映社情民意信息工作的一些基本工作制度也应当在实践中不断完善和创新。第一，建立人民政协制度的法律体系。应制定和完善《人民政协组织法》《人民政协反映社情民意信息工作规章》等法律法规，将人民政协的性质、地位，以及运作程序等加以规范，使人民政协履行职能有法可依。第二，完善反映社情民意信息工作的基本工作制度，例如提案工作制度、资政会制度、编报和呈报转送制度，规范社情民意处理程序，明确责任范围，对社情民意的落实情况进行跟踪反馈，及时向各界人士通报落实情况。通过建章立制畅通民意的表达渠道，充分表达人民意愿，推动社情民意落到实处。

案例：政协曲靖市委员会健全协商制度

2019年，政协曲靖市委员会认真落实《中共曲靖市委关于加强人民政协协商民主建设的实施意见》，制定出台政协曲靖市委员会《常务委员会议事工作规则》《界别协商活动实施办法（试行）》《委员履职考核办法（试行）》《关于委员列席常务委员会议和公民旁听常务委员会议的办法（试行）》《关于进一步加强与市级各民主党派工商联联系的制度》《关于加强反映社情民意信息

工作的实施意见》《关于提高提案质量的意见》等 17 项制度，政协工作进一步制度化、规范化和程序化①。

案例：眉山市政协建立、完善、探索协商制度②

2020 年是眉山市政协的“制度建设年”。市政协对照中央和省委文件梳理发现，要求建立、完善、探索的制度、机制有 35 项，其中已成熟 15 项，需完善 13 项、新建 7 项，每一项都是政协工作的一个“点”。有的是长期以来坚持的制度，如党政领导参加政协重要会议、定期听取政协党组工作报告等；有的是经实践检验的好经验需固化下来的制度，如专委会向主席会议报告工作、主席会议向常委会报告工作等；有的是需要探索总结的创新工作机制，如专门委员会分党组工作规则、上下联动调研协商、委员联系界别群众制度、“有事来协商”……目前，35 项制度均明确了建设要求、牵头领导、承办委室、完成时限。

从以上两地政协健全协商制度的过程中，可以看出，完善社情民意工作的相关制度设计，能够更好地适应时代变化和日益复杂的社会利益诉求，可以在提高社情民意工作质量中起到基础性作用。

（二）加强信息化技术支撑

信息化建设是时代发展的必然趋势，是社情民意信息工作逐步科学化、规范化的现实需要，也是人民政协事业发展的重要抓手。第一，完善互动平台建设。人民政协在建设和维护好自身的门户网站，做好信息公开的同时，也应重视以微博、微信等社交工具为媒介的信息收集渠道，探索反映社情民意信息的新方式，完善信息收集、在线提交、办理进程、反馈结果等综合功能，提高信息工作的参与度和互动性，提高人

① 2020 年中国人民政治协商会议曲靖市第五届委员会常务委员会工作报告。

② 章亚梅．制度建设年的工作之“新”［J］．中国政协，2020（21）：63.

民政协社情民意信息工作的便捷程度、科技程度。第二，利用大数据技术对社情民意信息进行分析。人民政协应当通过大数据分析技术对社情民意信息工作进行统计和分类，包括信息来源、整理分类、跟踪反馈等环节，科学预测社情民意信息工作的发展趋势。加强信息化技术建设，不仅能够加强政协委员与人民群众的沟通与联系、拓宽民意表达途径，也能够推动社情民意的价值最大化。

案例：地方政协积极推进智慧政协发展

许多地方政协积极建设以网络议政和远程协商为主要方式的智慧政协。比如，北京政协建立政协移动议政平台，浙江政协建立“一网四平台”，湖南政协成立信息化建设领导小组，河南政协开通“两网两户一端一号”。杭州政协建立“一网五系统、一库一中心”，南京政协出台《关于建设智慧政协的意见》，成都政协制定信息化工作规定，青岛政协建立“1+10”智慧政协体系，福州政协推进数字政协建设，银川政协建立提案办理系统、社情民意系统和委员履职系统，绍兴政协推行“互联网 + 政协”，佛山政协开展微信议政，江油政协建立云协商平台。平湖政协开设政协委员网上工作室，建立委员履职服务管理系统，向网络平台派驻民主监督员。湖南、浙江、银川、中山、宜昌等地政协都开通了App①。

社情民意信息不仅仅是决策法律化、科学化、民主化的基础，也是我国政治文明建设的重要组成部分。长期以来，人民政协利用委员的广泛代表性、表达民意渠道畅通的优势，有效开展社情民意工作，回应社会利益关切，表达人民群众的利益诉求，凝聚着人民智慧与力量。同时也应认识到，随着时代的变化与发展，人民政协与充分表达人民群众的意愿和诉求的目标还有一定差距，在今后的工作中，需要进一步完善社情民意工作的制度建设，以敢为人先、开拓创新的态度，加强信息化技

① 金江军．智慧政协建设研究初探［J］．政协天地，2020（12）：34.

术支撑力度，推动社情民意工作高质量发展，促进我国社会各族、各界人士大团结大联合，推动我国社会治理体系和治理能力走向现代化，建设独具特色的社会主义民主政治。

第三节 社情民意在民主党派工作中发挥的作用

做好社情民意工作是民主党派履行职能的坚实基础，也是民主党派参政议政的有效路径。通过对各民主党派的基本情况与特色、不同时期收集和反馈社情民意的表现进行分析，以健全和完善在社情民意工作中的体制机制，加强自身建设，极大地促进政治文明建设，在国家迈向现代化的新征程上作出应有贡献。

一、各民主党派的基本情况与特色

在坚持和完善中国特色社会主义政党制度的过程中，民主党派是有力的坚持者、坚定维护者、贯彻落实者。了解八个民主党派的基本情况与特色，对于分析民主党派的舆情民意信息工作具有基础性意义。

（一）中国国民党革命委员会

中国国民党革命委员会（简称“民革”），由原中国国民党民主派和其他爱国人士于 1948 年 1 月 1 日在香港创建，以促进祖国和平统一为工作重点，是具有政治联盟性质的、致力于建设中国特色社会主义和祖国统一事业的政党，是中国共产党领导的多党合作和政治协商制度中的参政党。

（二）中国民主同盟

中国民主同盟（简称民盟）是主要由从事文化教育以及科学技术工作的高、中级知识分子组成的中国特色社会主义参政党。民盟于 1941 年 3 月 19 日在重庆组成，当时的名称为中国民主政团同盟，1944

年9月改组为中国民主同盟。秉承“奔走国是，关注民生”的优良传统，围绕推进“五位一体”总体布局和“四个全面”战略布局，积极履行参政议政、民主监督的政治协商职能，持恒精准开展社会服务，为推进中国特色社会主义政治、经济、文化、社会和生态文明建设献计出力，为多党合作事业的不断发展、坚持和发展中国特色社会主义作出新的贡献①。

（三）中国民主建国会

中国民主建国会（简称民建）是主要由经济界人士组成的中国特色社会主义参政党。1945年12月16日，民建在重庆成立，成员主要是爱国的民族工商业者和知识分子。长期以来，民建坚持与经济界紧密联系，坚持与时俱进，坚持在自我教育中不断提高素质等优良传统，探索出三条具有特色的参政党建设规律：政治纲领与时俱进，引领会的前进方向；思想建设与时俱进，保证会的健康发展；履职能力与时俱进，巩固会的参政党地位。近年来民建各级组织带领广大成员，在各类企业、教育和研究部门、政府和社会管理等各个工作岗位上积极贡献力量，积极开展联谊工作，加强同港澳各界特别是工商、教育等专业界人士的联系②。

（四）中国民主促进会

中国民主促进会（简称民进）是主要由从事教育文化出版传媒以及相关科学技术领域高中级知识分子组成的中国特色社会主义参政党。民进是于1945年12月30日在上海成立的一个以“发扬民主精神，推进中国民主政治之实践”为宗旨的政治组织。民进继承和弘扬“坚持接受中国共产党的领导，坚持爱国、民主、团结、求实，坚持立会为

① 中国民主同盟简介［EB/OL］. http：//www. mmzy. org. cn/.

② 中国民主建国会简介［EB/OL］. https：//www. cndca. org. cn/mjzy/mjgk/mjjj/516423/index. html.

公”的优良传统，深入开展中国特色社会主义系列主题教育活动，学习践行社会主义核心价值观，持之以恒地将其作为贯穿各项工作的主线，积极推进中国特色社会主义参政党建设。

（五）中国农工民主党

中国农工民主党（简称农工党）是主要由医药卫生、人口资源和生态环境领域高中级知识分子组成的中国特色社会主义参政党。中国农工民主党自1930年成立以来，一代又一代农工党人同中国共产党并肩奋斗、携手前行，为民族独立和人民解放事业作出了重要贡献，为新中国建设、改革的伟大事业作出了重要贡献，为统一战线和中国共产党领导的多党合作事业作出了重要贡献。在新时期，以推进健康中国和美丽中国建设为工作主线，积极履职尽责，全面加强自身建设，切实担负起新时代赋予的新使命。

（六）中国致公党

中国致公党是主要由归侨、侨眷中的中上层人士和其他有海外关系的代表性人士组成的中国特色社会主义参政党。中国致公党于1925年10月10日在美国旧金山成立。坚持“致力为公、侨海报国”，切实履行参政党职能，充分发挥与海外联系广泛的特点，积极开展对海外侨胞、香港特别行政区同胞、澳门特别行政区同胞、台湾同胞和出国留学人员的联谊工作。

（七）九三学社

九三学社是主要由科学技术界高、中级知识分子组成的中国特色社会主义参政党。为纪念1945年9月3日中国抗日战争和世界反法西斯战争胜利而取名，前身为民主科学座谈会，1946年5月4日更名为九三学社，以“强国富民”为主要宗旨，常见职业为教师、医师、工程师等。改革开放以来，围绕“参政党应该发挥什么作用和怎样发挥作用”这一重大课题，以理念和机制创新推动履行职能，为建设中国特色社会主义事业作出了显著贡献①。

（八）台湾民主自治同盟

台湾民主自治同盟是主要由台湾省人士组成的中国特色社会主义参政党。台盟于1947年11月12日在香港成立，在中国共产党的领导下，参加新民主主义革命，支持台湾人民的反帝爱国民主斗争。响应中国共产党提出的召开新的政治协商会议、成立民主联合政府的“五一口号”。新中国成立以来，台盟参加人民政权和人民政协的工作，推动盟员和所联系的台湾同胞，为社会主义革命、建设、改革和促进祖国统一大业作出了贡献②。

二、民主党派在不同时期收集和反馈社情民意中的表现

政治协商、民主监督、参政议政是各参政党主要的政治职责，而反映社情民意信息是各民主党派履行其三大职能的重要表现形式。以人为本、关注民生，了解民情、反映民意，妥善协调多元利益关系，重视经济、社会和人的全面发展，是构建社会主义和谐社会的内在要求③。通过对民主党派在不同时期信息工作脉络的分析与梳理，可以为提高社情民意信息质量总结经验，更有效地促进党政领导决策的民主化、科学化，具体来看，可分为三个阶段：新中国成立初期、恢复与创新时期、全面发展时期。

（一）新中国成立初期：1949—1957年

新中国成立初期，中国共产党领导全国人民开始建设社会主义新事业。中国共产党领导的多党合作和政治协商制度正式确立于1949年9月的中国人民政治协商会议。党的八大初步明确了党际协商的方针：长

① 九三学社简介［EB/OL］. http：//www.93.gov.cn/bsjs/.

② 台湾民主自治同盟简介［EB/OL］. https：//www.taimeng.org.cn/.

③ 甘秋梅．论民主党派在构建社会主义和谐社会中的作用［J］. 湖南社会科学，2009（3）：194-196.

期共存、互相监督。在党的领导下展开充分、平等的协商，初步发挥了参政党功能。

案例：民主党派积极参加土地改革运动

土地改革法颁布后，各民主党派召开各种会议，纷纷对所属成员发出通知指示，或作出决议，要求他们学习并宣传土改法，积极支持和参加土地改革运动。从 1950 年冬季土地改革运动开始后，各民主党派部分负责人和干部分批参加政协全国委员会组织的土改工作团，先后到华东、中南、西南、西北等地农村进行土改，还有些民主党派成员，根据各自的情况，下乡参观土改①。

案例：民建总会协助做好过渡时期总路线的宣传工作

当工商业者中有不少的人以为马上就要实行社会主义，一切财产归公，感到这一关难过，流露出“爱国容易守法难”等畏难情绪时，民建总会常委会立即组织力量，分赴若干城市，了解工商界学习总路线后的思想情况，并协助做好总路线的宣传工作②。

通过以上两个案例可以看出，无论是民主党派积极参加土地改革运动或是协助做好过渡时期总路线的宣传工作，在中华人民共和国成立初期这一阶段，各民主党派成为事实上的参政党，围绕巩固新生政权、完成社会主义生产资料改造以及建设社会主义等方面，踊跃参加国家建设，在社会主义框架内代表所联系群众的利益、意见和要求，突出的特点就是坚持以社会主义过渡为大局，以有益于社会主义建设为前提③。

① 朱真．中国民主党派简史［M］．北京：华文出版社，2004：158.

② 张忆军．风雨同舟七十年［M］．上海：学林出版社，2001：461.

③ 张明莉．1949—1956 年中国民主党派发展研究［D］．大连：大连理工大学，2013.

（二）恢复与创新：1978—2012 年

中共十一届三中全会以来，中国共产党领导的多党合作制度进入了新时期，民主党派的发展也复归正轨，在改革开放的新阶段中做出了重要贡献。1982 年中共十二大提出了新时期共产党处理民主党派关系的方针，即“长期共存、互相监督、肝胆相照、荣辱与共”。各民主党派继承和发扬了与中国共产党长期合作的光荣传统，在中国共产党的领导和帮助下，制定了新的政纲，实现了工作重点的战略转移，具体表现为以下四点：参政议政，为社会主义民主政治建设服务；投身四化建设，为建设有中国特色的社会主义服务；各民主党派充分发挥自身的优势，不断开拓为四化服务的新领域；发挥自身优势，为祖国统一大业服务①。

案例：

民盟关注地区发展战略规划的研究工作，就建立黄河上游多民族经济开发区、开发长江三角洲和重建南方丝绸之路、开发大西南等重大课题提出建议。同期，九三学社也对大西南经济发展进行考察，提出《大西南连片贫困熔岩地区脱贫与振兴经济建议报告》。致公党提出了关于全面落实归侨侨眷保护法规、加强和拓宽海外联谊、改善软环境，努力发展“三资”企业等建议。1992 年以后，民革成立了经济、科教文卫和祖国统一三个专门委员会，就进行“南水北调”工程问题、抑制通货膨胀趋势问题、加强祖国统一工作等经济建设和社会发展的一些重要问题提出意见和建议。台盟从政党自身的特点出发，把统一祖国问题列为参政议政的重点，密切关注台湾岛内政治经济局势的演变以及社会多元化后产生的新情况、新问题，提出了在国务院成立台湾事务办公室、成立民间性质

---

① 李田贵．中国民主党派史［M］．石家庄：河北人民出版社，1991：347.

的中介机构等建议①。

通过以上案例可以看出，十一届三中全会以后，我国开始以经济建设为中心，民主党派也在各自领域充分发挥优势，密切联系群众，为我国经济、社会的发展积极建言献策。

（三）全面发展：2013 年至今

党的十八大以后，社会主义协商民主在理论与制度建设层面都取得了实质性进展。十九大指出，我国社会主义建设进入了新时代，在新的历史阶段，我党明确提出了“社会主义协商民主理论”。各民主党派坚守合作初心，加强自身建设，把思想政治建设摆在突出位置，围绕把握新发展阶段、贯彻新发展理念、构建新发展格局，积极建言资政，广泛汇集共识，使实践形式更加多样化。以一往无前的奋斗姿态、风雨无阻的精神状态，在服务大局中更好履职尽责，谱写新时代多党合作事业新篇章。

案例：民革积极参政议政

2020 年，民革深入推进“举全党之力抓参政议政”，把参政议政作为“一把手工程”认真谋划，紧扣改革发展建言献策，调查研究亮点纷呈、协商建言成效显著、参政议政纵向深入、信息工作质量提升。充分发挥中央专委会、中山议政会、经济研究中心等重要平台的抓手作用，不断提高履职实效。围绕中共中央决策部署，聚焦国家经济社会发展全局性、战略性、前瞻性问题，克服疫情影响，选定 10 个课题开展调研考察 17 次，向中共中央、国务院报送书面建议 14 篇，得到重要批示 63 次，“直通车”建言

① 张忆军. 风雨同舟七十年［M］. 上海：学林出版社，2001：627.

成效突出①。

三、进一步拓展民主党派在社情民意工作中的新机制

各民主党派坚定不移地同中国共产党想在一起、站在一起、干在一起，同舟共济、肝胆相照，认真听取社情，全面反映民意，为我国科学决策、民主决策提供了重要参考。在新的时代条件下，需要建立和完善一套科学、规范的机制来保障民主党派反映社情民意信息工作的顺利进行，具体来看，体现在以下三个方面：

（一）健全民意表达机制

拓宽社情民意的表达渠道，做好信息的收集工作是民主党派参政议政的基础。第一，充分发挥联系群众密切的优势。民主党派的成员来自各行各业，通过广泛联系社会各界人士，真正做到深入基层、深入实际、深入群众，将人民群众的普遍意愿和诉求，尤其是少数意见和声音，及时准确地反映到中共各级党委和政府，推动决策内容和程序的科学化，更加贴合人民的需求。第二，加强信息收集的网络化建设。随着我国互联网、微信公众号等新型社交媒体在用户规模、技术支持等方面的优势越来越显著，各民主党派在通过报刊了解民意的同时，也应重视以微博、微信等新型社交工具为媒介的信息收集渠道，拓宽交流面，更加全面了解社会焦点和难点，及时有效地反映基层群众的呼声和要求，进一步扩大基层民主，将党的主张和反映人民心声统一起来，保障人民群众的民主权利。

案例：民进中央深入调研，了解民意

2020 年，民进中央常委会加强履职能力建设，选题更加紧扣

---

① 中国国民党革命委员会第十三届中央常务委员会在民革十三届四中全会上的工作报告。

大局，把大政方针学习作为履职的首要活动，加强重点考察调研前的学习研讨，收集了60余万字相关资料，多次召开选题论证会，明确任务和思路。调查研究更加深入，着力在掌握情况、分析原因、研究对策上下工夫，专项民主监督、重点考察调研共开展了10次，调研机制更完善、方式更丰富、成果更有质量①。

（二）健全信息反馈机制

健全信息的反馈跟踪机制，是提高社情民意效力的重要保证。要进一步完善民主党派的工作条件，建立通畅的信息网络，做到件件有回复、事事有着落，确保人民群众的意见和建议有去向、有着落、有结果。第一，在门户网站、微信公众号等平台上，增加“信息反馈”板块。对已采用的社情民意信息的主题、内容、领导批示、办理进度以及结果等环节进行跟踪报道，及时予以公开，提高信息工作的透明度，加强对社情民意信息的追踪、反馈，保障人民群众所反映的问题能够有效解决。第二，各部门不应只是简单的书面回复，更应将其转化为实际的行动效果，及时将信息内容和办理情况反馈给党政有关部门及信息提供人，真正做到上情下达、下情上报。既可以使人民群众深切地感受到民主党派对其意愿和诉求的重视及认同，又可以保持民众不断提供新情况、新问题的热情。

（三）完善评价考核机制

完善民主党派社情民意工作的考核机制，能够切实推动人民的意愿和诉求“落地生根”。设立一套科学、严密、切实可行的考核指标体系，根据反映社情民意信息工作实际情况，遵循公开、公正的原则，采用平时抽查与年末汇报的考核形式，定性方法与定量方法相结合，合理

---

① 中国民主促进会第十四届中央常务委员会在民进十四届四中全会上的工作报告。

设立考核等级。通过对信息的最终实施效果进行常态化的跟踪评估，一方面可以作为激励或者奖惩的依据，另一方面可以总结经验或发现短板并不断完善，提出具有针对性和可行性建议，从而提升社情民意信息成效。

案例：苏州市各民主党派的绩效考核机制

苏州市各民主党派在工作中，不断探索实践，提炼总结经验，形成一套机制。一是在组织架构中体现参政议政和民主监督的定位，明确基层组织班子成员中专人负责；二是在苏州市范围内开展党内的争创、评比活动，建立长期考评机制，制定评比活动实施意见，对表现优异的组织和个人予以表彰；三是推送成员参加党派中央、省委和中共苏州市委统战部的相关评比，在更高层面上开拓眼界，鼓励先进；四是推荐优秀个人担任各级人大政协的代表、委员和各级特约监督员等政治安排，提高他们参与党派活动和履行党员职责的积极性①。

长期以来，各民主党派、工商联和无党派人士响应中共中央号召，聚焦党和国家中心工作，围绕改革和发展中的重大问题履职尽责，利用人才荟萃、智力密集的优势，开展战略性、宏观性研究，为中共中央决策提供了务实的对策建议，推动我国政治民主化建设。站在新的历史交汇点，各民主党派要健全民意表达、信息反馈和评价考核机制，在交流中集思广益，在共商中凝聚共识，增强议政建言实效，协助党和政府做好凝聚共识、化解矛盾、反映意见、维护稳定等工作，更好地为坚持和发展新时代中国特色社会主义凝心聚力。

【参考文献】

1. 习近平．习近平谈治国理政（第3卷）［M］．北京：外文出版

① 李清华．苏州市民主党派民主监督实践研究［D］．苏州：苏州大学，2017.

社，2020：290.

2. 蔡定剑．中国人民代表大会制度（第4版）［M］．北京：法律出版社，2003：260.

3. 闫然．立法法修改五周年设区的市地方立法实施情况回顾与展望［J］．中国法律评论，2020：168.

4. 尹中卿．人民代表大会制度理论研究（第五卷）［M］．北京：中国民主法制出版社，2017：110.

5. 杨光斌．当代中国政治制度导论［M］．北京：中国人民大学出版社，2015：233.

6. 徐纬光．杨淑琴．当代中国政治制度［M］．上海：上海交通大学出版社，2012：220.

7. 范东升，刘鸿斌．基层人大代表结构及履职状况分析——以W市P区为例［J］．长江论坛，2017：67.

8. 张大伟．地方人大代表履职问题及对策研究［D］．长沙：湖南农业大学，2019：42.

9. 徐纬光．杨淑琴．当代中国政治制度［M］．上海：上海交通大学出版社，2012：213.

10. 金江军．智慧政协建设研究初探［J］．政协天地，2020（12）：34.

11. 2020年中国人民政治协商会议曲靖市第五届委员会常务委员会工作报告.

12. 王国勤，汪雪芬．市级政协"融协商"体系的构建：框架与方法［J］．治理研究，2020（6）：45.

13. 章亚梅．四川省眉山市政协：制度建设年的工作之"新"［J］．中国政协，2020（21）：63.

14. 张忆军．风雨同舟七十年［M］．上海：学林出版社，2001：461，627.

15. 李田贵．中国民主党派史［M］．石家庄：河北人民出版社，1991：347.

16. 朱真．中国民主党派简史［M］. 北京：华文出版社，2004：158.

17. 甘秋梅．论民主党派在构建社会主义和谐社会中的作用［J］. 湖南社会科学，2009（3）：194-196.

18. 张明莉．1949—1956 年中国民主党派发展研究［D］. 大连：大连理工大学，2013.

19. 中国国民党革命委员会第十三届中央常务委员会在民革十三届四中全会上的工作报告.

20. 中国民主促进会第十四届中央常务委员会在民进十四届四中全会上的工作报告.

21. 李清华．苏州市民主党派民主监督实践研究［D］. 苏州：苏州大学，2017：22.

22. 中国国民党革命委员会简介［EB/OL］. http：//www. minge. gov. cn/.

23. 中国民主同盟简介［EB/OL］. http：//www. mmzy. org. cn/.

24. 中国民主建国会简介［EB/OL］. https：//www. cndca. org. cn/.

25. 九三学社简介［EB/OL］. http：//www. 93. gov. cn/bsjs/.

26. 台湾民主自治同盟简介［EB/OL］. https：//www. taimeng. org. cn/.

27. 习近平在中央政协工作会议暨庆祝中国人民政治协商会议成立 70 周年大会上的讲话.

28. 人民政协网［EB/OL］. http：//wswy. rmzxb. com. cn/.

第九章　社情民意是党和人民联系的桥梁

中国目前处于经济转型、社会转轨的特殊时期，并存在城乡二元结构等各种各样的内部风险，经济社会的发展使得各阶层的公民表达意愿增强。改革开放后，公民对于参政议政、个人意愿的表达、个人利益的需求迅速增加，党始终将人民群众的利益放在首位，重视人民群众的呼声与需求。政治民主化的进程，也是民意表达顺畅的进程，如果民意表达的渠道畅通，政府能够深入听取民意、了解民意、分析民意，切实做到“权为民所用，情为民所系，利为民所谋”，我们的政府更会受到广大人民的拥护，因此社情民意是影响和谐社会建设的重要问题。

第一节　社情民意的联系纽带价值

一、社情民意调查研究是落实党的初心、使命、群众路线的方法论

现代社会中，社情民意作为最广大人民群众的心声，对国家与社会的发展、治理有着重要的作用。信息化时代的到来，丰富了民意调查的途径，改变了传统民意表达的方式。建设有中国特色的社会主义，人民当家作主是不可动摇的基本原则，让人民感到满意应该成为我们党和政府行为的最高准则。因此，社情民意调查结果对各级党政机关来说，具

有非常重要的参考价值。党的十八大以来，社情民意信息工作的地位不断提升、要求不断加强、作用不断体现。充分认识社情民意信息工作的重要作用，对于践行党的初心、使命、群众路线有着重要意义。

（一）党的初心、使命的深刻内涵

习近平同志在纪念中国共产党成立 95 周年大会上向全党郑重发出“不忘初心、继续前进”的伟大号召，并结合党和国家的具体情况对此作了全面阐述。在党的十九大上，“不忘初心、牢记使命”上升为大会的主题，习近平同志明确指出：“为中国人民谋幸福，为中华民族谋复兴是中国共产党人的初心和使命，这是激励党领导人民前进的根本动力。”

党的初心与使命归根结底是以人民为中心的发展思想，党的成长与发展是依靠人民群众所实现的，一个不记得来路的民族是没有希望的，无论是党员、干部、政党，都要时刻把老百姓放在最高的位置，始终把人民对美好生活的希冀当作奋斗目标。这体现着共产党人的价值追求，要求共产党人要贴近老百姓的生活实际，关注老百姓最直接现实的利益问题，应习近平总书记号召，广泛开展调研，集中收集民意，深入基层，多谋民生之利，多解民生之忧，让发展成果更多更公平地惠及全体人民，不断提高人民的获得感、幸福感、安全感。

（二）党的群众路线的深刻内涵

中国共产党自建党之初，就提出了与其他政党不同的工作方法，即群众路线，这是中国共产党对人民群众的基本观点和立场，群众路线与民意思想关系密切，群众路线中的核心观点，就是深入了解民意，制定顺从民意的政策，实现民意，实现广大人民群众的最广大利益。在长期的革命与社会主义建设实践中，一个政党想要发展壮大，首先要考虑的就是是否真心真意为民着想，是否全心全意为人民服务，是否实现了最广大人民的根本利益。

二、国家领导人关于社情民意调查研究的价值论述

目前我国处于社会经济提质升档的转型时期，面对社会经济结构的调整，思想观念的冲突和社会矛盾的频发，高质高效地解决人民群众的需求对党和国家的前途与命运至关重要。我国历来将民意工作放在重要位置，从十六届四中全会上关于畅通人民群众的社情民意反映渠道的理论阐述，到十七大深入群众做好社情民意工作的实践要求，再到十八大以来，新形势对社情民意研究工作提出了新要求。总之，社情民意调查是一项有助于政府有效管理国家，及时了解民意，倾听人民呼声的有意义的工作，也是实现科学化、民主化、公共决策的必由之路。党中央带领集体在探索适合中国特色社会主义道路的过程中，始终关注"民意"，深刻认识到"民意"的重要性及实现"民意"的必要性，在长期的社会主义建设实践中，逐步形成了丰富且深刻的民意思想。①

（一）毛泽东同志的民意观

在中国历史上，新民主主义革命、土地革命、抗日战争、解放战争中，以毛泽东同志为首的中国共产党人把联系群众、实现民意与政治、军事的目标结合起来，将中国的红色政权深深植入农村，这也是中国共产党在解放战争中能够以小胜大、以弱胜强的原因之一。② 每一个个体或者几个个体提出的实际问题，或许是微不足道的，但正是这些微不足道的民意汇聚起来，就能从量变发生质变，广大人民的民意其实就是众多独立个体的意愿汇集，多个个体的意愿的实现，也就是广大人民的民意的实现。

毛泽东同志强调党的政策要与民意一致，他认为任何政策的出台，都要反映人民的要求，尤其是领导干部，要重视民意。人们对一个事物

① 张云筝．民意观与民意的实现［M］．北京：对外经济贸易大学出版社，2014：67.

② 中共中央文献研究室．学习马克思主义的认识论和辩证法［A］．毛泽东文集（第8卷）［M］．北京：人民出版社，1999：324.

的正确认识往往要经过从实践到认识，再从认识到实践的多次反复才能完成。人民群众作为实践的主体，在完成每一次正确的认识过程中，都发挥了不可替代的作用。毛泽东同志强调，党是人民群众利益的代表者和人民群众意见的集中者，强调共产党始终要与广大人民群众密切联系。正确的领导需要将群众的意见和需求集中统一起来，再到群众中去解决，并在解决行动中考验这些意见的正确性，反复循环，得到更精确、更深刻的民意思想。①

（二）邓小平同志的民意观

改革开放的总设计师邓小平同志把“国家富强、人民生活富裕”作为改革开放的总目标，要想达到这个目标，就要广泛听取民意，满足广大人民的利益需求。邓小平同志认为，人民群众的积极性、主动性、创造性是改革开放成败的关键，但如何发挥人民群众的积极性呢，只有紧紧依靠群众，密切联系群众，了解群众的所思所想，才能获得强大的力量，顺利地完成自己的各项任务。特别是当改革遇到困难时，一定要多沟通了解群众的难处，与群众共渡难关。②

历史实践证明，我国改革开放和社会主义建设所取得的一切成就，都是全体人民发挥积极性、主动性和创造性取得的。改革开放和社会主义现代化建设的进一步发展，也有赖于广大人民群众主体作用的进一步发挥。当今，改革开放和现代化建设事业已进入关键的攻坚阶段，我们更应大力弘扬邓小平的民意思想，为实现社会主义现代化提供绵延不绝的动力源泉。

（三）江泽民同志的民意观

以江泽民同志为核心的党的第三代中央领导集体全面继承和发展了

① 中共中央文献编辑委员会．关于领导方法的若干问题［A］．毛泽东选集（第3卷）［M］．北京：人民出版社，1991：899.

② 中共中央文献编辑委员会．邓小平文选（第1卷）［M］．北京：人民出版社，1994：85.

前两代中央领导集体的民意思想，江泽民同志指出，相信群众，一切依靠群众，从群众中来，到群众中去的群众路线当以最广大人民群众的根本利益作为根本出发点。

江泽民同志在中国共产党成立八十周年大会上的讲话指出，八十年的实践启示我们必须始终紧紧依靠人民群众，诚心诚意为人民谋利益，从人民群众中汲取前进的不竭力量。始终保持同人民群众的血肉联系，是我们党战胜各种困难和风险，不断取得事业成功的根本保证。在任何时候、任何情况下与人民群众同呼吸共命运的立场不能变，全心全意为人民服务的宗旨不能忘，坚信群众是真正英雄的历史唯物主义观点不能丢。① 江泽民在党的十六大报告中明确指出，贯彻三个代表重要思想，本质在坚持立党为公，执政为民。在不断变幻的国内和国际环境下，明确了党在推进社会主义建设过程中始终坚持执政为民的政治理念，把群众利益放在了首位。

（四）胡锦涛同志的民意观

进入 21 世纪后，我国的发展呈现出一系列新的阶段性特征。科学发展观正是在深刻分析和把握我国发展的这个阶段性特征的基础上，为适应新的发展要求而提出来的。胡锦涛同志强调：坚持以人为本，就是要以实现人的全面发展为目标，从人民群众的根本利益出发谋发展、促发展，不断满足人民群众日益增长的物质文化需要。切实保障人民群众的经济、政治和文化权益，让发展的成果惠及全体人民。

2012 年 12 月，胡锦涛同志在西柏坡学习考察的讲话中第一次明确提出了“权为民所用，情为民所系，利为民所谋”的思想，他说：“各级领导干部要坚持替人民办实事，把人民放在首位。”胡锦涛同志在党的十七届中央纪委六次全会上强调：我们必须进一步把“以人为本，执政为民贯彻落实到党和国家全部工作中”。胡锦涛同志将以人为本提

① 中共中央文献研究室．江泽民文选（第 3 卷）［M］．北京：人民出版社，2006：271.

升到了前所未有的新高度，提出在实际工作中要坚持分别在思想上、感情上、工作上把群众都放在首位，坚持发展为了人民，发展依靠人民，发展成果由人民共享，最终实现共同富裕。①

（五）习近平同志的民意观

2012年11月15日，中共十八届一中全会上习近平当选为中共中央总书记，在中国进入全面建成小康社会的决定性阶段，习近平走到了中国政治舞台中央，接过了历史接力棒。十八届中共中央政治局第一次集体学习时，习近平就大力倡导将调查研究贯彻到群众中去，到基层中去切实开展，对群众最盼最急的需求要紧抓不放，妥善解决。② 可见习近平总书记对民意调查工作的重视程度。

2014年9月，习近平在庆祝全国人民代表大会成立60周年大会上指出，加强和改进监督工作，人民的眼睛是雪亮的，人民是无所不在的监督力量。只有让人民来监督政府，政府才不会懈怠。只有人人起来负责，才不会人亡政息。加强同人大代表和人民群众的联系、各级国家机关加强同人大代表的联系，畅通社情民意反映和表达渠道，保证人民群众当家作主③。当今我国已进入信息化时代，习近平多次强调领导干部要增强同媒体打交道的能力，善于运用媒体宣讲政策主张、了解社情民意、发现矛盾问题、引导社会情绪、动员人民群众、发挥网络平台优势汇集社情民意。

新时代，习近平总书记高度重视社情民意调查研究的重要性。在中央党校青年干部培训班开班式上多次强调年轻干部要重视调查研究能力，一定要学会调查研究，在调查研究中提高工作本领，了解和掌握真

---

① 张云筝．民意观与民意的实现［M］．北京：对外经济贸易大学出版社，2014：89.

② “人民群众是我们力量的源泉”——记中共中央总书记习近平［EB/OL］．［2012-12-25］．http：//jhsjk. people. cn/article/20008291.

③ 习近平．在庆祝全国人民代表大会成立60周年大会上的讲话［EB/OL］．［2014-09-06］．http：//jhsjk. people. cn/article/25615123.

实情况，对尚未研究透彻的调研成果，要更深入地听取民意，完善后再付诸实施；习近平同志在十四五规划座谈会上强调，五年规划编制涉及经济社会发展方方面面，同人民群众生产生活息息相关，需要把加强顶层设计和坚持问计于民统一起来，鼓励广大人民群众和社会各界以各种方式建言献策，推动“十四五”规划编制顺应人民意愿、符合人民所思所盼。习近平指出：“十四五”规划编制开展了网上意见征求活动，广大干部群众关注度、参与度都很高，提出了很多意见和建议。“十四五”规划建议会对这些问题做出积极回应，使得规划更加顺民心、贴民意。①

三、社情民意调查研究实现了党与人民群众直接联系和间接联系的协调统一

自从中国共产党诞生以来，就把自己的命运与人民群众的命运紧紧地联系在一起，就把最广大人民群众的利益、密切联系群众作为自己最高的行动指南和政治品质。中国共产党区别于一切政党的显著标志是植根于人民、依靠于人民、服务于人民。把全心全意为人民服务作为宗旨，发展为了人民、发展依靠人民、发展成果与人民共享的奋斗目标赢得了广大人民群众的支持和信任。

（一）党与人民群众的直接联系

党与人民群众的直接联系是指党员干部可以直接了解来自人民群众的信息，可以直接与人民群众互动交流。了解人民群众的需求、反映人民群众的愿望、维护人民群众的利益，而非间接地有阻碍地获知人民群众信息的一种联系。

党员干部直接联系群众对于党的执政具有重要意义，党员干部深入基层进行调研必须做到“身入”基层“心到”基层，坚持从群众中来，

① “十四五规划编制基层代表座谈会”［EB/OL］.［2020-09-19］. http://jhsjk.people.cn/article/31867857.

到群众中去的工作办法，更有利于解决矛盾冲突，反映群众诉求，感知基层群众的酸甜苦辣，了解群众的经验智慧，从而不断加强改革发展的针对性和实效性，让发展更加贴近民心，更加接地气。中国共产党作为执政党，通过党员向广大群众宣传党的政策，体现了共产党的民主和科学的执政方式，有利于提高党的执政能力，这一切的基础都必须是深入群众，必须直接联系群众，从而促进党的决策的科学化，实现广大人民群众的最根本的利益。① 当今时代，要坚持党与人民群众的血肉联系，更要在总结深入基层的成功经验上积极探索。

（二）党与人民群众的间接联系

党与人民群众直接互动的同时，党与人民群众也存在间接联系，党的政策部署决定间接影响到人民群众的利益，而党与人民群众的直接联系是政策的科学性和民主性的基础，党的政治决策需要在更加了解群众的基础上才能发挥作用。例如在新经济形势下我国出台的《反垄断法》，使得市场在资源配置中的基础作用能够充分发挥，创造了公平竞争的良好的市场环境，保护了人民群众的合法权益和社会的公共福利，同时使得企业之间的竞争更加激烈，新产品越来越多，产品质量越来越好，促进了科技的发展，带动了经济的良性发展，也让老百姓享受到了物美价廉的产品与一应俱全的服务。政策的科学性与民主性都是基于我党与人民群众的深厚感情和对人民群众的深刻理解。

（三）党与人民群众的问题总结

虽然党始终代表最广大人民群众的利益，但有些直接的利益冲突使得一部分党员与人民群众成为对立面，某些基层政府未能贯彻科学发展观或者作出错误的决定，使得人民群众的利益受到损害。面对这种情况，则更需要联系群众，从群众中来到群众中去。

---

① 李君如．论党的群众工作——兼论党的群众工作传统和新世纪群众工作的特点［J］．毛泽东邓小平理论研究，2011（6）．

权力的掌握让部分党员干部成为不法分子，习近平总书记指出："人民群众痛恨什么，反对什么，我们就要坚决防范和纠正什么。"①党的十八大以来，我党深入推进扶贫工作和打击贪污腐败等违法乱纪行为，对于贪污挪用公款、党员干部优亲厚友等行为进行严厉的打击严查。最终我们取得了压倒性的胜利，贪污腐败最能割断党与人民群众的血肉联系。全面从严治党，党与人民群众紧密联系是一个永恒的话题，打击不法分子使得党与人民群众的血肉联系又提到了一个新的高度。

四、社情民意"联系纽带"中的政策下达与民意上达

政策下达与民意上达密不可分，即党下达的政策是民意上达的反馈。制定任何政策都要听取民意、重视民意，满足人民的要求。政策的制定是一个从实践到认识的过程，是一个"从群众中来，到群众中去"的过程，政策必须服从于民意。如果政策是凭空制定出来的，不能反映人民的真实意愿，那么这样的政策就无法落地生效，即使政策下达，也得不到人民的支持。

在我国"人民是国家的主人"，是决定我国前途和命运的根本力量。尊重民意，顺应民意，支持人民群众表达意愿是我党的一贯主张，人民群众的意愿在政治决策方面发挥着越来越重要的作用，积极且有针对性地回应民意有利于政策下达与政策决策。

案例：开通社情民意直通车 全力推动政策落地—国务院"互联网+督查"平台

根据习近平总书记关于加强监督工作的重要指示和李克强总理在《政府工作报告》中作出的部署安排，2019年4月22日，国务院办公厅在中国政府网站上开通了"互联网+督查"平台，同时开

① 决胜全面建成小康社会　夺取新时代中国特色社会主义伟大胜利——在中国共产党第十九次全国代表大会上的报告［EB/OL］.［2017-10-27］. http://www.moe.gov.cn/jyb_xwfb/xw_zt/moe_357/jyzt_2017nztzl/2017_zt11/17zt11_yw/2017/0/t20171031_317898.html.

通了微信小程序，利用互联网、云计算、大数据、人工智能等新技术，实时在线采集检查线索，查找政策执行中的障碍，听取政策改进建议。督查的目的是发现问题、解决问题、推动工作。“互联网+督查”平台一上线，就引起了高度关注，网民称“群众反映问题又多了发声渠道”“国家决策有了顺风耳、千里眼”。

带着线索去、跟着问题走、盯着问题改。一年来，国务院“互联网+督察”平台开通了社会形势民意直通车，广泛拓宽了检查线索的源头渠道，优化了检查方式，提高了检查效果，有效促进了企业和群众反映困难问题的堵痛点，进一步推动了党中央、国务院重大政治决策部署和实施。①

案例：通民心 道民意——赣州市政协 2020 社情民意工作综述

社情民意工作一头连着群众，一头连着党委、政府。赣州市政协坚持把社情民意工作作为建言资政、凝聚共识的重要抓手，当好“传话筒”，架起“连心桥”。将关注民生、服务民生、改善民生作为反映社情民意工作的出发点和落脚点。

例如频有发生的高空坠物问题，市政协就如何加强和规范高层建筑管理、防止高空坠物伤人深入调研，并积极听取群众意见，撰写了《防止高空坠物伤人事件的建议》，从加强文明行为养成教育、加大公共安全管理投入、织牢法律法规保护网、优化高层建筑规划设计等多个方面提出了一系列建议。

针对群众普遍关注的衣食住行等问题，市政协收集了多条相关的社情民意信息。例如《设立红绿灯等候区遮阳雨棚的建议》《建立交通“优驾容错”制度的建议》等，引起了广泛关注，促成了相关问题的解决落实。②

---

① 开通社情民意直通车，全力推动政策落地见效［EB/OL］.［2020-04-14］. http://www.xinhuanet.com/politics/2020-04/24/c_1125900324.htm.

② 通民心，道民意——赣州市政协 2020 年社情民意工作综述［N］. 赣南日报，2021-02-07.

第二节　社情民意联系纽带的机遇与挑战

随着信息化的迅猛发展，大数据时代已经来临，互联网渗透到生活的方方面面，网络用户数量持续暴增，互联网成为表达社情民意的主要渠道，人们日益习惯通过互联网这一快速直接的方式来反映自己的所见所闻和所思所想。面对着如此庞杂繁多的社情民意，如何从中挖掘出有价值的社情民意，快速有效地了解网民真正的心理诉求，及时引导社情民意朝着有利的方向发展变得日益重要。本节介绍了大数据环境下对社情民意更深层次的认识，阐述了互联网时代的社情民意工作对民众与社会的优势所在，最后梳理现阶段社情民意研究的实际意义。

一、新时代社情民意的构成异质性和认识复杂性

进入新时代，党和政府在强化基本制度框架内的民意表达途径的同时，逐步完善了选举制度、信访制度、听证制度、民意调查制度等传统方式，国家实施大数据战略以来，传统方式反映和收集社情民意的滞后性受到快速信息化的冲击，群众民意表达的主体与途径呈现异质性趋势，大数据环境下社情民意面对的新形势和新挑战有待我们进一步加深认识。

（一）新时代社情民意表达的主体

随着时代的发展，我国社情民意的表达主体呈多样化特征，不同的表达主体代表不同阶级、阶层或社会团体的需求，中国民意表达的主体主要有政党组织、新型社会团体、宗教团体、利益集团和个体公民等。

现代政党组织作为连接政府和人民的纽带，无论是执政党还是参政党，都是反映人民意愿和要求的重要民意表达主体，我国实行的多党合作与政治协商制度，得到人们广泛的支持与拥护。中国共产党作为无产阶级的执政党，既是民意表达主体，也是民意实现的政策制定者，中国

共产党在不同历史时期，都非常关注、重视人民群众的利益，各民主党派和无党派人士通过多种渠道、多种形式参与监督、检查，与中国共产党共同实现人民的需求。

社会结构的分化，社会阶层的流动，促使社会团体、社会组织形式日益多样化，不同团体、组织有不同的利益诉求。随着社会发展，NGO等新型非营利性社会组织出现，他们同妇联、红十字会、工会等团体相同，最大的特征就是民间性，突出表现为对民众的服务性，他们既是群众性的民间团体，又与政府存在着天然的联系，这些团体的优势在于，民意表达中他们的呼声最容易让政府决策者听到，在理论上可以更方便地听取民意、实现民意。

大众传媒、新媒体作为民意表达的主体之一，发挥着越来越重要的作用。除了现代意义上的大众传媒，如报纸、电视广播，新时代的互联网大数据也强势袭来。习近平总书记多次强调党政工作与新媒体的深刻内在联系，要求党员干部们要善于利用新媒体，快速了解民意、体察民情、引导社会情绪，发挥网络平台优势汇集社情民意。新媒体在互联网时代获得了快速发展，其表达效果十分惊人，随着互联网的广泛使用，大大加快了新闻事件、社情民意诉求的传播速度，新媒体已经成为我国民意表达的一个重要的阵地。①

案例：四川绵阳安州区融媒体中心搭建沟通平台，助力基层治理

2020年，四川省绵阳市安州区融媒体中心充分发挥自身的服务功能，利用现代化技术手段，将新媒体与职能部门有效结合，逐渐强化了用互联网技术推动基层社会治理的效果。

安州融媒不断强化“媒体+”思维，充分运用网络化、信息化手段，在“今日安州”App上设置了爆料板块，用户可直接在上

① 张云筝．民意观与民意的实现［M］．北京：对外经济贸易大学出版社，2014：102.

面反映问题、表达诉求。相关民生部门通过后台专用账户，动态掌握了解反映情况，并及时回复和妥善处理。安州充分运用广播电视、微信公众号、App 等融媒体平台发布各类信息，收集社情民意。指定专人每月对平台上的舆情进行收集分类整理，及时形成专题报告，为党政决策提供有效参考。

（二）新时代社情民意表达的途径

在我国，人民代表大会是我国最重要的民意表达机构。各级各领域的地方人大代表分别承载着当地群众的嘱咐与寄托，全面真实地反映民众的需求与意见，将联系群众的职能延伸到了最基层。除政府组织以外，人民团体和非政府组织的数量不断增加，充当了民众与党和政府的桥梁和纽带，其民意的表达也非常有效。其次是工作单位一直承载着人们生活诸多方面的职责，工作单位不仅承担着职工的就业，还承担着职工意愿诉求的听取、收集、协调、反馈和实现等功能。因此，私人企业、国企、事业单位仍是个人表达工作方面意见的一个重要渠道。信访部门以及公民个体的表达，都是公民民意表达的途径。

在网络化、信息化时代环境下，互联网已经成为我国民意表达的一个重要阵地。网络民意的形成，一是来源于广大网民对现实社会中发生的热点事件的关注；二是政府、媒体对热点事件的反映速度较慢或力度不够；三是现实社会的民意表达途径不够顺畅。而网络表达的成本低、速度快、表达方式直截了当，这是政府人员与民众联系的新型方式，有助于高效快速了解真实的民众情绪，推进决策的公开化、科学化、民主化。

（三）新时代社情民意认识的复杂性

进入新时代以后，社会、民众的分布、分层、分化流动日益加深，不同年龄、性别、职业、学历、身份、阶层的群体存在不同的诉求，但随着社会的发展与法制建设的不断完善，民意表达的途径越来越多样化，畅通民意表达途径，对我国政治决策、社会治理等方面的影响越来越重要。

社情民意是人民群众对社会现实的反映，包含了群众对社会舆情的观点和发展需求，这是社会意识形态的重要内容。群众的意见愿望与社会现实的真实反映构成了观念上层建筑，纷繁的社会生活带来复杂的意识形态挑战，我们始终要运用马克思主义唯物史观来看待问题、解决问题，运用正确的世界观、方法论来应对上层建筑的需要，以助于更好地推动经济基础的发展。因此，社情民意工作是一项重要的体察民心、顺应民意的意识形态工作。①

社情民意的本质是人民群众利益要求的体现，在应对社情民意和做好意识形态工作中只有深入实地感受人民群众的基层意见愿望，使用调查研究的方法，才能如实掌握社情民意工作的发言权、话语权、决策权和主动权。在政策制定的环节，因为民意往往是多元化的，就需要更多的调查研究，对不同的人群进行专项研究，最大限度地让最大部分的民众受益。

二、大数据赋权赋能“社会”和“民众”

随着时代的进步，大数据已经逐步进入我们的生活。在当前的环境里一个人如果离开了网络可能是寸步难行，国家的治理如果不能依靠互联网也会很难显现出它的优势。在当今，互联网的迅猛发展，使得国家的治理以及人民生活有了前所未有的改变，并产生深刻而深远的影响。在国家治理中，新兴的信息技术被高度重视，不论是中国的云计算还是区域链等相关技术的发展都处于世界前沿中，而这些优越的基础条件可以使得中国释放出更加强大的技术活力，通过大数据对民众和社会进行管理，将会变得更加客观更加准确，效率会有很大程度的提升，大数据的技术将成为国家治理的良术。

① 方世男. 从畅通社情民意渠道的视角看意识形态安全［J］. 南京师大学报（社会科学版），2017（5）.

（一）大数据时代下的民生

社会的“数据化”已经成为引领民生发展的必然趋势。而民生问题是人民群众最关心的问题，大数据技术已经成为解决民生问题的主要方式。目前，大数据技术已经广泛应用到民生中的教育、安全、贫困、生态环境等问题。最基础的民生是大众最关心的问题，政府通过大数据可以了解到脱贫的对象是否已经脱贫，是否需要再进行扶贫，可以通过大数据了解到民生的收入情况、失业率、就业率。这为我国的脱贫攻坚战给予了技术的支持。①

在2020年新冠肺炎疫情的冲击下，大数据在医疗制药中都得到了很好的应用。为了防止疫情扩散，我们使用了各种小程序，例如行程码和健康码的使用，通过大数据的行程追踪功能，极大程度地防止了疫情的扩散，提高了疾病预报和大众的预警能力，为民众的生活提供了便利。

随着大数据时代的到来也影响着我国的教育，教育方式已经产生了变革，当今的教育方式和教育内容已经变得多种多样，在2020年新冠肺炎疫情期间，我们可以通过一部手机实时进行直播上课，并且可以对学习中产生的相关信息进行深度的挖掘，了解学生的需求变化。利用大数据将全国教育内容整合，从而制定出针对个性化的教育内容。②

（二）大数据时代下的社会管理

随着信息和科技的不断进步发展，数据治理已经被很多发达国家实践并且成为国际发展的趋势。在习近平总书记的带领下提出了关于“社会治理建设的共治共建共享”的新要求。大数据的不断发展，让我

---

① 胡少甫．“大数据时代”给当今世界带来的变革与挑战［J］．对外经贸实务，2013（12）：17-20.

② 马红丽．大数据赋能未来教育［J］．中国信息界，2019（1）：20-21.

们可以更加准确地分析出传统技术难以把握的社会的内在和外在联系，对社会的需求、社会的问题做出了精确判断，促使政府做出精确的决策，提高社会治理能力和水平。①

在现代的民主国家中其本质是“主权在民”，大数据的发展给予了群众参与国家治理的契机，当今数据是前所未有的公开化，同时也给了群众一个便利的参与途径，大数据时代的沟通便利提高了公民在国家治理中的话语权，从传统的单向沟通改变成现在的互动式沟通，为实现群众公共决策提供了可能。② 同样是大数据时代下，对于管理者也提出了更高的要求，面对数据的多样化发展、海量数据的管理，管理者则更需要灵活地应对复杂多变的情况，为大数据时代开拓更高远的前景。

三、从大数据中深入细化对社情民意认识的新机遇

习近平总书记在2016年4月召开的全国网络信息安全工作会议上指出，人民群众中很大一部分人是网民，社区百姓使用移动互联网，他们的民意也会反映在网络上，我们应该关注民声，使大数据时代的社会形势有一个新的发展。在互联网大数据时代，我们的一些社区工作者可以提取大量的社会信息，为社区工作打下良好的基础。以下是从大数据角度了解社情民意的解释：

（一）数据化让社情民意有了更加自主表达的平台

多年来，我国互联网和移动技术发展非常迅速，人们的生活与互联网大数据密切相关，微信、支付宝的使用渗透到生活的方方面面：我们发现，社会舆论可以通过数据收集、分析、整理，进一步拓宽群众意愿

① 王浦劬．国家治理、政府治理和社会治理的含义及其相互关系［J］．国家行政学院学报，2014（3）：11-17.

② 刘旭．大数据背景下的社会管理相关问题探析［J］．现代经济信息，2019（2）：42-43.

自发表达的主要渠道。利用信息技术手段建立健全社情民意反馈机制和反馈渠道，通过数据采集、脱敏、分析等手段，及时从海量数据中掌握民众对政府部门重大决策的意见建议，让更多群众参与政策制定、实施、监督以及评估反馈，将自上而下的决策体制与自下而上的民意反馈机制有机结合起来，增强决策的科学性。

（二）大数据系统能够有效分析民意调查样本

在大数据时代，社区工作者可以通过大数据平台分析民意。如果社会有关部门想了解民意，他们可以利用微信等大数据平台进行电子问卷调查，快速、广泛地收集样本。调查样本规模的扩大为更广泛的民意创造了条件，我们可以利用网上调查平台，让人们看到形式丰富的问卷，设计部门也可以根据需要设计个性化、有针对性的问卷，从而更好地了解社会民意状况。此外，通过大数据调查社会民意也更加容易和快捷，大数据的科技处理可以使社会民意分析更加规范和有效。

（三）结合大数据社情民意基础信息，搭建民生的“连心桥”

作为党、政府和人民之间的桥梁，社区行政单位的“工作臂”可以直接延伸到基层，在与人民群众的沟通中，感受到他们的疾苦、困难，这样政府与人民群众的距离不会拉大。开展社区工作，要充分利用大数据平台，积极了解社情民意，以服务人民为出发点，关心群众，了解人民生活和工作情况。通过大数据平台分析，哪些家庭有特殊需求，哪些家庭需要特别照顾或关注才能参与大数据组合的活动。

综上所述，在大数据时代，民意信息的收集更加方便，也给社区工作、政府相关部门带来了极大的便利。相关人员要有效利用大数据，积极参与社会舆论调查工作，适应时代科技发展潮流，利用“互联网+”数据平台了解人民生活，深入群众，倾听民声，合理、科学地处理民意数据，巧妙地运用，以便开展更有意义的工作。

第三节 发挥社情民意“联系纽带”功能的路径方法

大数据作为21世纪国家治理的最重要的技术支撑，有巨大的潜在价值和应用前景，新时代将大数据与民生结合具有重要的战略意义。社情民意调查是党委政府了解民情、广集民智的重要渠道，大数据的发展给基层社情民意工作带来双重境遇，既有助于提升基层党组织执政的科学化水平、提高基层治理能力、推进基层民主政治发展，同时在治理理念、信息安全、个人隐私、利益协调等方面面临挑战。① 将大数据技术渗透到社情民意智库建设、跨界协同等多个环节中，促使大数据时代的核心技术与基层社情民意调查研究深度融合，以此为创新路径实现大数据时代社情民意调查研究的升级，推动基层治理的多元化、科学化、法治化，形成基层社会“善治”的良好局面。

一、大数据时代社情民意调查研究的智库建设与跨界协同

新时代，我国对智库的作用高度重视，习近平总书记提出将中国特色新型智库建设作为一项重大而紧迫的任务，切实抓好重点建设一批具有较大影响和国际影响力的高端智库的战略部署。2015年1月20日，我国印发了《关于加强中国特色新型智库建设的意见》②。党的十九大报告进一步明确提出，要加强中国特色新型智库建设，可见智库在社会主义新时代的重要地位。

① 高旭，曾小锋．大数据时代基层党组织治理面临的挑战与对策研究［J］．求实，2016（7）．

② 中共中央办公厅、国务院办公厅印发《关于加强中国特色新型智库建设的意见［EB/OL］．［2015-01-20］．http：//www. gov. cn/gongbao/content/2015/content_2810090. htm.

（一）社情民意的智库支撑平台

智库是进行政策研究和提出对策建议的专门机构，党中央对中国特色新型智库建设给予了高度重视，寄予了殷切期望，将其作为党和政府科学民主依法决策的重要支撑。当前，智库发展进入了一个新的时期，各种智库纷纷涌现，各级各类智库发挥着社会服务、咨政建言、舆情引导等重要作用。

简单来说，区域上的智库主要包括党委、人大、政府、政协等的研究室，以及发改委等部门的研究处室、高校、党校、社科院等研究机构，同时也有企业、社会团体等民间智库。信息社会的到来，方便了群众在网络上进行民意表达，分散了人大、政协制度平台的民意表达功能，无序的虚拟网络成为了当下社会的“民意”聚集地。因此，政协的民调部门将进一步体现政协制度的民主政治价值，依托“民意调查新型智库”建设，在促进政协成为民意表达的机关方面显现出独特的功能。智库有其不同于其他团体的特征，高水平人才是必备的客观条件，高水平人才打造高质量的智库成果。社情民意智库人才的选拔依据是智库的特殊需求，要有专业的水平与技术，将自身的知识架构与现代科技紧密相连，高效地将人民群众的需求收集反映出来，广泛进行调研，不断提升咨政建言的能力与水平。

案例：山西“民主政治，搭建智慧平台”

2019年是山西经济稳中向好、持续向好的一年，也是民主政治稳步推进的一年。各级人大及其常委会不断提高立法质量和效率，增强监督实效，充分发挥联系广泛、人才荟萃、智力密集的独特优势，凝心聚力推动山西高质量转型发展，公众有序参与社会治理的方式不断丰富。

1. “代表联络站，架起连心桥”

山西省人大常委会通过《关于加强全省人大代表联络站建设的指导意见》，基本构建形成了覆盖全省所有乡镇（街道）和五级代表的统一、规范的代表履职平台网，打通了山西各级人大代表联系群众的“最后一公里”。山西省政协在中共山西省委的坚强领导下，建设咨政建言智慧云平台，并成立政协智库，为高质量建言资政提供智力支持；依托政协所打造的智库平台，山西省政协审查立案交办1000件以上提案，并全部妥善处理，有效发挥社情民意信息直通车优势，收集社情民意一万多篇。

（二）社情民意智库的跨界协同

“十三五”时期，各地广泛建立社情民意大数据分析平台，有了数据当向导，就能更及时精准地分析大数据背后的真实社会形态和社会心态。民众的数字回声使得各治理主体更具治理感知力，通过数据挖掘技术分析总结当地社会治理面临的重难点问题，能更好地实现政府决策的科学化、服务的高效化、精准化。

随着信息化的深入发展与社会生活的日益纷繁，致使民意研究中交织着多重问题和矛盾，借助单一学科知识，难以解决专业的综合性问题。因此，智库研究必须突破单纯的学科范式，邀请多方面专家并应用多学科知识推进研究。多学科交叉可以保障智库研究应对复杂问题的专业性，很多世界知名智库都比较注重跨学科融合以及综合性、创新性研究方法的运用，因而有了更为宽阔的视野，也增强了智库的综合集成创新能力。目前我国收集、研究民意智库的研究方法综合性和创新性不足，进而制约了智库高质量成果的产出。智库要实现高质量发展，就必须真正发挥智能智库的优势，深化智库跨界协同模式，在研究方法的综合性和创新性上下功夫。智库应创新跨学科研究的研究方法与分析工具，为产出理性、科学性和政策性强的高质量成果提供可靠支撑。

二、社情民意调查研究中的大数据开发、共享与算法应用

在社情民意调查领域中，所收集的信息包括音频图片、数据、文

本、视频等各类型数据。首要考虑的是将数据进行存储，把各类信息按照一定的存储方式进行妥善保管，进而再利用大数据技术进行数据开发、分析和共享。通过对大数据深入的挖掘，能为社会、群众创造出巨大的价值，这是大数据分析应用的目的所在。①

（一）社情民意调查研究的数据开发

2017 年 6 月 28 日，国家统计局与清华大学共建的数据开发中心举行揭牌仪式，大数据这个宝库开始被挖掘。社情民意大数据应用随着时代发展进入新时期，由于网民的身份不同，受教育程度不同，综合素质千差万别，所收集的网络数据质量千差万别，网络民意一开始就存在着自发的、非理性的阐发，因为有些事件网名并不了解实际情况，却在网络没有限制的表达空间中大量发表自己的看法，导致数据开发的过程中存在一些甄别性的问题。如果一些不符合事实的虚假新闻煽动不明真相的网民，各种不顾事实的恶毒的评论充斥网络，即使最后已经被证明是一个假新闻，却仍然无法追究发帖者的责任，这给网络民意的可信度带来了一定的影响。因此社情民意调查研究的数据开发技术，需要提高辨别能力，对网上收集的问题要具备正确判断、调查解决的方式。计算机技术、网络通信技术对社情民意调查成果的数据信息进行全面的甄别、处理、整合、开发，利用专业与技能优势，为建言献策提供智力支持。

（二）社情民意大数据应用的重要基础——“计量”

计量与大数据之间存在着先天的联系，计量存在于人们生产、生活的方方面面，因计量而产生的各类数据，都将成为大数据应用广泛的数据源，参与计算和研究。在自然科学的发展中，计量工作是人们正确认识自然现象、掌握自然规律、验证科学预见不可缺少的手段。这些海量

① 江青．大数据时代——计量是大数据应用的重要基础［J］．中国计量，2017（9）．

的互联网数据中隐藏着特定人群的行为和习惯，经分析挖掘后能够帮助政府准确地识别民众的诉求，有效地将民众需求分级，从而能够既有创造力又有效率地实现民众的需求。数据需要准确计量、正确认识，并且在其中挖掘和掌握数据规律。大数据动态实时、结构多样、数据规模大、价值密度低，不同的信息量通过字节（Byte）可以具体形象地进行换算量化，然后用统计学方法分析数据背后的经济、社会现象以及复杂规律，从而有助于政府的精准决策。

三、社情民意调查研究方法的综合运用

社情民意的调查又称为舆论调查，是了解社会公众的一种办法，科学有效的调查可以如实地反应出社会公众的真实情况。充分深入民情，建立起我党与民众的“沟通桥”；充分了解民意，将被动的民众反映变为主动的调查服务；充分展开社情民意调查是我党在中国新发展阶段的必然要求，最终使得管理者的决策更加科学、更加亲民。社情民意调查研究方法分为多种，其中最重要的是座谈会、深度访问、电话访问、入户访问、问卷访问以及网络调查等，如何更有效率地了解民意，了解群体性的思想，下面总结了民意调查方法的综合运用办法。

（一）实名调查与匿名调查方法的综合运用

对于实名调查与匿名调查，两者所调查的结果大不相同。调查形式如果是匿名状态，调查结果则更加真实，如调查问卷，或者通过网络上的QQ、微博、论坛、百度搜索等各种软件进行的匿名调查。实名调查，如座谈会、电话访问等，在面对这种反映被调查者的主观意愿、意见和态度时，大多数群众会因为种种原因而不吐露自己的心声，则最终的调查结果会有回收率不高或者数据不准确等情况。所以在进行民意调查时，要综合两类方法，通过实名调查，如座谈会，引导群众踊跃发言，在各种代表进行激烈的讨论所得出结论的基础上，再将以匿名形式进行调查的结果综合起来考评。除此之外，我们还应做到具体情况具体

分析。①

（二）进行多方式、多渠道的有效沟通

民意调查是为了反映最真实的群众心声，不应只是单方面的沟通交流。如邮寄问卷调查，通过邮件的形式进行数据的收集，让受众在有充分的思考之后，再进行深度访谈，从而完成有目的有针对性的调查研究，并且扩展到更加深层次的研究层面。如2016年，石家庄“社情民意调查月”的成功案例，前期通过电话访问形式开始进行创建文明城市的相关调查，后又采用实地入户调查，进行30分钟到1个小时的入户访问，通过表格、图片给受众者最直观的感受，再进行街头随机访问调查，这三种调查形式，准确地反映出群众的呼声，反映出大致的总体趋势，市政府还专门成立了调查组。②

（三）网络与调查方法的结合

互联网时代已经来临，传统的调查方法已经与网络相结合，形成更有效的网络调查方式，网络的调查方式可以在一定程度上弥补传统调查方式的不足。网络作为一个更加开放的平台有其特有的传达民意的方式，现如今的抖音、快手、贴吧等都可以作为调研的一种平台。并且网络的匿名特点，让群众更加勇于喊出自己的心声，虽然经常会在网络上出现“负面”新闻，但有时这种“负面”可以让政府的工作变得更有效率与价值。我们可以通过网络听证、网上问卷、网络监督、舆情监督等形式进行调查研究，从而增加数据的时效性和实效性，更有利于推进政府的工作。③

---

① 董海军，汤建军．国外民意调查的历史与现状分析［J］．学习与实践，2012（2）：103-108.

② 杨飞．政务工作网络民意调查探析［J］．现代经济信息，2016（16）：34-35.

③ 黄艳．民意调查方法差异比较［J］．中国信息报，2013-11-19（007）.

四、大数据时代社情民意调查研究的风险防范与伦理建设

在技术革命和工业转型的时代下，大数据时代可以释放出巨大的能量，并且可以改变人们的生产和思考方式。为了确保此时代下社会民意调查研究进程的发展阶段，需要采取更有利更合适的措施，用来防范此时代可能会带来的伦理道德问题，从而使社情民意调查研究可以更好地在大数据时代发挥作用。

大数据发展存在伦理道德风险。在新一轮科技革命和产业转型中，大数据与社会民意调查研究相结合是一项战略技术，具有很强的“头效应”，有力地推动了社会信息民意调查研究的发展，也带来了一系列的风险和挑战。其中，道德风险和伦理风险是一个重要方面。事实上，随着大数据时代的发展，关于其可能诱发伦理和道德风险的讨论从未停止过，认为在大数据应用研究和社会民意调查中存在隐私泄露的伦理风险。社会民意测验需要大量的信息数据作为支持，正是由于大数据的使用、计算能力的提高和算法的突破，社会民意测验的研究才能得到迅速和广泛的应用。社会民意调查越准确，获取、存储和分析的信息数据就越多。在此过程中，与个人隐私相关的信息，如个人可识别的信息数据、网络行为轨迹数据，以及偏好信息、预测信息等形成的数据处理分析，通常以数据的形式存储、复制和传播。访问和处理大量信息数据不可避免地涉及个人隐私保护的道德问题。如果没有道德规范，就有可能诱发隐私泄露的伦理和道德风险。

增强伦理道德风险防控意识。伦理道德风险存在的主要原因一方面是技术不够完善；另一方面，当前社情调查研究的伦理道德保障机制还不够完善，与大数据技术的飞速发展相比，相关伦理道德规章制度的发展出现了不平衡。解决这些问题，一项基础性工作是增强道德风险防控意识，依靠制度保证大数据时代社会形势调查研究的安全可靠。最大限度地减少可能诱发的伦理道德风险，建立健全相关制度，及时发现和有效解决发展中的各种伦理道德问题。

新形势下，如何运用科学手段全面了解社情民意，及时反映市民对当前社会热点、焦点问题的看法和建议，是摆在政府面前的一项重大课题，也是政府统计部门的一项重要服务职责。在落实习近平新时代中国特色社会主义思想的大背景下，建立一个系统性强、题材多样、覆盖面广、反应迅速的社情民意调查系统势在必行。因此，我国要坚持以人民为中心的发展思想，积极回应群众呼声和民生关切，高质量做好代表建议办理工作，注重承办部门与代表之间的沟通，强化民众意见建议的跟踪督办，既要重结果，也要重过程，切实推动社情民意建议的落实。

【参考文献】

1. 张云筝．民意观与民意的实现［M］．北京：对外经济贸易大学出版社，2014：67.

2. 中共中央文献研究室．学习马克思主义的认识论和辩证法［A］．毛泽东文集（第 8 卷）［M］．北京：人民出版社，1999：324.

3. 中共中央文献编辑委员会．关于领导方法的若干问题［A］．毛泽东选集（第 3 卷）［M］．北京：人民出版社，1991：899.

4. 中共中央文献编辑委员会．邓小平文选（第 1 卷）［M］．北京：人民出版社，1994：85.

5. 中共中央文献研究室．江泽民文选（第 3 卷）［M］．北京：人民出版社，2006：271.

6. 张云筝．民意观与民意的实现［M］．北京：对外经济贸易大学出版社，2014：89.

7. 人民群众是我们力量的源泉——记中共中央总书记习近平［EB/OL］．［2012-12-25］．http：//jhsjk. people. cn/article/20008291.

8. 习近平．在庆祝全国人民代表大会成立 60 周年大会上的讲话［EB/OL］．［2014-09-06］．http：//jhsjk. people. cn/article/25615123.

9. 十四五规划编制基层代表座谈会 [EB/OL]. [2020-09-19]. http://jhsjk.people.cn/article/31867857.

10. 李君如. 论党的群众工作——兼论党的群众工作传统和新世纪群众工作的特点 [J]. 毛泽东邓小平理论研究, 2011 (6).

11. 开通社情民意直通车, 全力推动政策落地见效 [EB/OL]. [2020-04-24]. http://www.xinhuanet.com/politics/2020-04/24/c_1125900324.htm.

12. “通民心, 道民意——赣州市政协2020年社情民意工作综述” [N]. 赣南日报, 2021-02-07.

13. 张云筝. 民意观与民意的实现 [M]. 北京: 对外经济贸易大学出版社, 2014: 102.

14. 方世男. 从畅通社情民意渠道的视角看意识形态安全 [J]. 南京师大学报 (社会科学版), 2017 (5).

15. 胡少甫. 大数据时代” 给当今世界带来的变革与挑战 [J]. 对外经贸实务, 2013 (12): 17-20.

16. 马红丽. 大数据赋能未来教育 [J]. 中国信息界, 2019 (1): 20-21.

17. 王浦劬. 国家治理、政府治理和社会治理的含义及其相互关系 [J]. 国家行政学院学报, 2014 (3): 11-17.

18. 刘旭. 大数据背景下的社会管理相关问题探析 [J]. 现代经济信息, 2019 (2): 42-43.

19. 高旭, 曾小锋. 大数据时代基层党组织治理面临的挑战与对策研究 [J]. 求实, 2016 (7).

20. 中共中央办公厅、国务院办公厅印发《关于加强中国特色新型智库建设的意见 [EB/OL]. http://www.gov.cn/xinwen/2015-01/20/content_2807126.htm.

21. 江青. 大数据时代——计量是大数据应用的重要基础 [J]. 中国计量, 2017 (9).

22. 董海军，汤建军．国外民意调查的历史与现状分析［J］．学习与实践，2012（2）：103-108.

23. 杨飞．政务工作网络民意调查探析［J］．现代经济信息，2016（16）：34-35.

24. 黄艳．民意调查方法差异比较［N］．中国信息报，2013-11-19（7）.

后　记

《大数据时代社情民意研究与应用》一书是“河北省社情民意研究创新团队”全体成员的合作成果，感谢河北大学社科处给予团队的大力支持。自2017年河北大学社情民意研究院成立以来，我们一直致力于社情民意调查的教学与研究工作，同时注重将社情民意调查研究的方法和技术应用于实际部门的工作实践，组织并圆满完成了一些党政机关和实际工作部门委托的多项实地调研或测评任务。经过6年多的正常运转，研究院逐渐形成了一支结构合理、阵容强大、多学科交叉的创新团队，团队成员分别来自社会学、人口学、社会工作、哲学、经济学、政治学、文学等多个学科或专业，多数成员拥有博士学位和高级专业技术职称。正是在大家的积极配合下，通过全体成员的努力和投入，本书稿才得以顺利完成。

需要特别说明的是，本书的每一章节都凝聚着团队成员的大量心血和辛苦付出，是大家共同努力和通力合作完成的结果。全书的目录和写作提纲主要是由贾志科和梁永生负责拟定，具体章节的分工情况是：第一章，社情民意研究的现状与趋势（贾志科、刘原利、管胜军）；第二章，社情民意研究概述（王朋岗、刘筱、李苗）；第三章，社情民意数据收集与分析（杨胜利、任学倩、郭书好）；第四章，社情民意信息撰写规范（李娜、高幸、李晓榕）；第五章，社情民意在实际工作中的应用（金天星、周曼、牛靖男、白如璋、王敬铎）；第六章，社情民意队伍建设的现状、问题与趋势（于广杰、杨祎茜、穆大改）；第七章，社情民意与政府对网络舆情的应急管理（白金、尤阳阳、王闯）；第八章，社情民意在人大、政协、民主党派中的作用（敦鹏、齐佳宁、杨凯景）；第九章，社情民意是党和人民联系的桥梁（朱峰、李月、石琳琳、田腾翼）。此外，贾志科和梁永生通读了全部书稿，并提出了各章节的修订完善意见和建议，最终本书才得以正式出版。在这里，作为团队的首席专家，笔者对每一位参与者表示由衷的感谢！

此外，本书的撰写还得到了河北省社会科学院、河北省社会科学界联合会所属社会组织项目和河北省科协首批智库研究重点基地（省情研究基地，编号：KXZKZHB03）的资助以及河北省社情民意研究会、河北省资政社情民意研究院有关领导的指导、帮助和支持，在此一并表示感谢！

最后，还要感谢武汉大学出版社对本书出版给予的大力支持！感谢郭静老师及团队为本书出版所做出的各种努力！

贾志科

2023 年 10 月